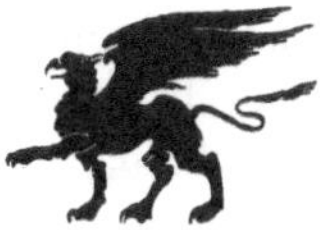

Der Kunstkritiker Kolja Reichert fängt noch einmal ganz von vorne an. Mit seinen 50 Fragen befreit er die Kunst von den Prätentionen und Missverständnissen, die uns den Zugang zu ihr verbauen. Zugleich schildert er die Welt der Museen und Galerien als unerschöpflichen Quell für Glück und Inspiration, für Debatten und Streit. Er befragt den Kunstmarkt und erklärt, warum und wie über Kunst gesprochen wird. Mit »Kann ich das auch?« hat er ein Buch für alle geschrieben, die sich ausgeschlossen fühlen von der Kunst. Und für alle, die vergessen haben, warum sie bei ihr mitmachen.

Kolja Reichert, geboren 1982, ist Präsident der deutschen Sektion des Kunstkritikerverbands AICA. Er schrieb für alle maßgeblichen deutschen Zeitungen und Kunstmagazine und arbeitete als Kunstredakteur bei der *Frankfurter Allgemeinen Zeitung* und deren Sonntagszeitung. 2012 erhielt er den Preis für Kunstkritik der deutschen Kunstvereine und der Art Cologne, 2018 den Will-Grohmann-Preis der Akademie der Künste Berlin. Als Programmkurator für Diskurs an der Bundeskunsthalle kuratierte er die Ausstellung »Alles auf einmal: Die Postmoderne, 1967–1992« (gemeinsam mit Eva Kraus). Seit Januar 2024 ist er leitender Kurator am K21 Kunstsammlung Nordrhein-Westfalen. Zuletzt erschien von ihm »Krypto-Kunst. NFTs und Digitales Eigentum« im Wagenbach Verlag.

Kolja Reichert

Kann ich das auch?

50 Fragen an die Kunst

Klett-Cotta

Bemerkung zum (Nicht-)Gendern
Es ist kompliziert. Die Bemühungen um gerechte Sprache haben dazu geführt, dass das generische Maskulinum nicht mehr wie eine Regel wirkt, sondern wie eine Entscheidung: gegen die Bemühungen um gerechte Sprache. Jede Entscheidung für eine andere Regel wirkt, als sei damit das Problem gelöst. Um nicht den Eindruck zu erwecken, es sei eine gerechte Sprache gefunden und um gleichzeitig niemanden auszuschließen, werden in diesem Buch verschiedene Formen des Genderns gleichwertig verwendet. Auf das Risiko hin, es sich mit allen zu verscherzen; und im Interesse, den großen Sensibilisierungsprozess, den unsere Gesellschaft derzeit durchläuft, nicht vorzeitig zu bremsen.

MIX
Papier | Fördert gute Waldnutzung
FSC www.fsc.org FSC® C014496

Dritte Auflage 2023

Klett-Cotta
www.klett-cotta.de

Cover: Rothfos & Gabler, Hamburg
unter Verwendung einer Abbildung von
Jimmie Durham, Still Life with Spirit and Xitle
Gesetzt in den Tropen Studios, Leipzig
Gedruckt und gebunden von GGP Media GmbH, Pößneck
ISBN 978-3-608-98796-6
E-Book ISBN 978-3-608-11849-0

Bibliografische Information der Deutschen Nationalbibliothek:
Die Deutsche Nationalbibliothek verzeichnet diese Publikation in der Deutschen Nationalbibliografie; detaillierte bibliografische Daten sind im Internet über http://dnb.d-nb.de abrufbar.

Inhalt

Anhang

1

Warum soll man dieses Buch lesen?

Kennen Sie das Gefühl der Ratlosigkeit, wenn Sie in einer Kunstausstellung vor Dingen stehen, die Sie so ähnlich aus dem Supermarkt oder dem Baumarkt kennen? Ohne dass Ihnen jemand erklären könnte, warum sie hier herumliegen? Nicht die verschwurbelten Texte, die zur Erläuterung ausliegen, nicht die in ihre Tastaturen versenkten Mitarbeiterinnen, nicht die sich unsichtbar stellenden Aufsichten, deren Räuspern von Zeit zu Zeit die schwer auf den Raum drückende Stille durchbricht? Und schon gar nicht die Besprechungen, die über die Ausstellung in der Zeitung erscheinen?

Kennen Sie das Gefühl, dass die Person, die Sie durch eine Ausstellung führt, nicht ehrlich ist, weil sie zwar so tut, als könnte sie alles erklären, ihre Erklärungen aber nur ständig neue Fragen aufwerfen?

Kennen Sie den Verdacht, dass alle, die mit Kunst zu tun haben, einander nur vorspielen, sie wüssten, was passiert, ohne dass es aber irgendeinen Beleg dafür gäbe, dass sie es wirklich wissen?

Kennen Sie das Gefühl, dass dieses ganze System aus Galerien, Museen, Auktionshäusern, Zeitschriften und Büchern dafür da ist, dass die einen sich umso dümmer fühlen, je schlauer sich die anderen fühlen?

Kennen Sie das Erlebnis, dass Ihr Geld sich wertlos anfühlt, wenn jemand auf einer Auktion Millionen für ein Bild ausgibt?

Klar kennen Sie das. Ich auch. Früher wusste ich nicht, ob ich mich empören darf. Konnte ja sein, dass ich zu wenig wusste, um es zu verstehen.

Heute weiß ich, dass ich mich empören darf. Und wann. Und wie. Und mit welchen Argumenten. Aber ich weiß auch, wann ich einfach nur dankbar sein kann, dass eine Künstlerin oder ein Künstler ein halbes Leben lang allen einfachen Versuchungen widerstanden und etwas gemacht hat, das allen Verlogenheiten und Unachtsamkeiten der Welt ein Maß an Aufrichtigkeit, Genauigkeit, Selbstlosigkeit und Geistesgegenwart entgegenstellt. Ein Maß, das mir ein Beispiel gibt und das mein Leben reicher macht und mich angstfreier, neugieriger, gelassener und großzügiger.

Die meiste Kunst ist wirklich nicht besonders gut. Auch nicht jede, die es in Galerien schafft und teils sogar in Museen. Wie aber soll man schlechte von guter Kunst unterscheiden? Und wie soll man über sie sprechen? Keins der Bücher, die vorgeben, in Kunst einzuführen, haben mir etwas Entscheidendes beigebracht. Die meisten streuen Krümel von Kanon und Kunstgeschichte unters Volk, ohne wirklich etwas zu erklären und ohne die Kunst zu hinterfragen. Noch schlimmer sind die polemischen Bücher, die glauben, sie vermittelten nützliches Wissen, indem sie sich über Kunst und Künstler erheben – womit für niemanden irgendetwas gewonnen ist.

Es gibt auch fantastische Bücher über Kunst. Die einen führen in ihre Geschichte, andere führen tief in einzelne Werke, andere in Theorien. Aber ein Buch fehlt noch: ein Buch, das so einfach ist, dass bisher kein Experte darauf kam es zu schreiben. Ein Buch, das grundsätzlich nach der Rolle der Kunst in der Gesellschaft fragt und die Kunst und ihre Institutionen infrage stellt, ohne sich auf den Gewohnheiten, dem Kanon und den Idealismen der Kunstwissenschaft auszuruhen.

Dieses Buch zeigt, was man von der Kunst alles erwarten kann. Welche Fragen man an sie stellen kann. Wie man sie kritisieren kann. Und wie man vermeidet, dass man sich, wenn man aus einer Ausstellung kommt, dümmer fühlt als vorher. Dieses Buch enthält keine idealisierenden Beschwörungen, keine Romantik, keine Träumerei und keine Belehrungen. Es zeigt, dass Kunst etwas Konkretes ist, über das jeder sprechen kann, wie über einen Film oder ein Auto, ein Kochrezept oder einen besonders interessanten Menschen.

2

Warum sollte man sich überhaupt mit Kunst beschäftigen?

Kunst nervt: Sie findet sich ultrawichtig und verlangt von allen, dass sie das auch tun. Wer es anders sieht, steht als Banause dar. So dass man sich zwangsläufig vorkommt wie das Volk in »Des Kaisers neue Kleider«: dazu verurteilt, macht- und sprachlos zuzusehen, wie der Kaiser mit wirklich allem davonkommt. (s. *Ich verstehe nichts. Liegt es an mir?*)

Kunst ist langweilig: Es dauert ewig, bis man ein Bild findet, das einem etwas sagt. Und was hat man dann davon? In derselben Zeit kann man mit Aktien handeln, Serien schauen oder Freunde besuchen. (s. *Was soll ich vor einem Kunstwerk empfinden?*)

Kunst ist elitär: Sie wird gemacht und gehandelt von Kindern vermögender Eltern, die sich Studium und schlecht bezahlte Galeriejobs leisten können, für Menschen, die sich die Kunst leisten können und die Zeit, sich mit ihr zu beschäftigen. Und wer sagt uns, dass irgendetwas anderes als Freundschaften und finanzielle Interessen darüber entscheiden, ob diese oder jene Künstlerin erfolgreich wird? (s. *Wie kommt man ganz nach oben?*)

Kunst ist unverständlich: Jedes Kunstwerk spricht seine eigene Sprache, und kaum eins gibt auf den ersten Blick preis, was es uns sagen will. (s. *Warum kann nicht alles sofort verständlich sein?*)

Kunst ist obszön: 91,1 Millionen US-Dollar für Jeff Koons' Nachbildung eines Luftballon-Hasen aus Stahl: WHY? (s. *Wie verrückt ist der Kunstmarkt?*)

Kunst ist eine schwer zu ertragende Provokation. Ihr Wert beruht auf der Annahme, dass sie für die ganze Menschheit wichtig ist. Dabei beschäftigen sich nur wenige mit ihr. Nie kann sie den Verdacht abschütteln, dass ihr Erfolg ein Zufall ist: Einer hat die Sau rausgelassen und andere haben gesagt, das ist Kunst. Und dann hat es einfach keiner mehr überprüft.

Wie konnte Marcel Duchamps signiertes Pissoir zur Ikone der modernen Kunst werden? Warum wird für die Malereien Jean-Michel Basquiats mehr ausgegeben als für einen van Gogh, obwohl sie hundert Jahre jünger sind? Was sind die Kriterien dafür, dass ein Werk erfolgreich wird? Gibt es sie überhaupt? Oder geht es – ein Verdacht, der naheliegt – in erster Linie ums Geld?

Eine mögliche Antwort ist: Es gibt diese Kriterien dafür, was ein gutes Kunstwerk ist, nicht. Jedenfalls nicht als Regeln, die sich auf jedes Kunstwerk anwenden ließen.

Eine andere mögliche Antwort ist: Es gibt diese Kriterien. Sie stecken in den Kunstwerken selbst. Beide Antworten sind richtig: Es gibt die Kriterien und es gibt sie nicht. Und genau darin liegt einer der zentralen Gründe dafür, dass die Beschäftigung mit Kunst sich lohnt, egal wie viel Mühe sie bereitet. Denn jedes gelungene Werk stellt sein eigenes Maß auf, und je mehr solcher einzigartigen Maße es gibt, die mit nichts in der Welt übereinstimmen, desto besser. Nur eine Gesellschaft, die Künstlern die Freiheit lässt, die ganze Art und Weise, wie wir die Welt sehen, alles, was wir für selbstverständlich halten, herauszufordern, ist wirklich frei. (s. *Wie frei ist die Kunst?*)

Wir sind es gewohnt, all die eigenartigen Sachen, die wir im Museum sehen, an dem zu messen, was wir aus unserem eigenen Leben kennen. Damit fallen uns zuallererst die Unterschiede auf. Und wir fragen uns: Wie kommt jemand auf die Idee?

Aber je mehr Zeit wir mit Kunst verbringen, desto mehr dreht sich das Verhältnis um: Wir leben mit bestimmten Werken, behalten sie im Kopf, im Buch, im Handy, als Kunstdruck an der Wand, weil wir uns das Original nie werden leisten können, und messen unser eigenes Leben an ihnen. Sie werden für uns zum Maß, das gleich bleibt, während wir uns verändern, und uns ein Leben lang begleitet. Es gibt uns ein Gefühl dafür, wo wir in der Geschichte stehen, im Verhältnis zu anderen Menschen, die früher gelebt haben und später leben werden. Es hilft uns, mit Menschen oder Dingen umzugehen, die uns erst fremd erscheinen, es hilft uns dabei, uns auf sie einzulassen, also ein Leben zu führen, das nicht von Angst bestimmt ist, sondern von Neugierde. (s. *Was ist der Unterschied zwischen einem Kunstwerk und einem Menschen?*) Es vergrößert unsere Freiheit, unsere Souveränität und unsere Großzügigkeit. Und es hilft, in dem, was wir für unsere eigenen Zwänge und Interessen hielten, die Interessen anderer zu sehen und uns von ihnen zu befreien.

Es ist wie wenn man sich nach ein paar Tagen Urlaub umsieht und endlich wieder spürt, wie es einem geht. Was einen freut. Was man vermisst. Nur, dass man in der Kunst nie nur alleine Urlaub macht. Alles macht Urlaub: unsere Sprache. Unser Wissen. Die Wirtschaft. Unsere Geschichte. Alle technischen Geräte. Alles macht in der Kunst eine Pause, horcht in sich rein und schaut sich um.

Einer der schönsten Momente beim Besuch eines Museums ist ja der, wenn man wieder nach draußen tritt. Wenn sich die Anstrengung, mit der man drinnen die eigenen Sinne beisammengehalten hat, löst: die Wachheit und Ausgeglichenheit, die man dann empfindet, diese überwältigende Klarsicht auf alle Einzelheiten der wirklichen Welt. Man nimmt die Lichtspiele in den Baumkronen stärker wahr, das Gezwitscher der Vögel, das verheißungsvolle Raunen der Straßen. Und je mehr man sich mit Kunst beschäftigt, desto mehr Raum gewinnt diese Wachheit und Ausgeglichenheit im eigenen Leben. Desto mehr trainiert man die eigene Wahrnehmung. Wie einen Muskel. Schärft die eigenen Sinne für die Unterschiede, Absichten, Fehler, Lächerlichkeiten, Großartigkeiten in der Gestaltung von Städten, von Autos, von Kleidung, von Serien und auch des eigenen Lebens. Es ist, als gewönne man mehr Raum für die eigenen Augen, oder mehr Augen. Man sieht die Dinge aus verschiedenen Blickwinkeln, sieht nicht nur, wie sie für einen selbst sind, sondern auch für andere. Man wird vielleicht anspruchsvoller, aber man wird auch großzügiger, neugieriger, zärtlicher, in jedem Fall: gelassener. Man lernt seine eigenen Sinne kennen und fühlt sich auch dann in ihnen zu Hause, wenn man etwas erlebt, das einen total aus der Bahn wirft. Weil man nicht mehr nur sieht, was gerade passiert, sondern auch, wie genau es passiert. Und man sich ausmalen kann, wie andere das gerade fänden; weil man nämlich in Gesellschaft unzähliger anderer Blicke ist, die je in der Geschichte geworfen wurden. Je mehr Kunst ich gesehen habe, desto reicher wurde auch die Welt um mich herum.

Und ich glaube, je weniger Kunst es gibt, desto trostloser wird die Welt. Ohne das Maß der Kunst wird jede Fußleiste, jeder Lichtschalter, die Kleidung, die wir anziehen, und alles, womit wir uns umgeben, seine Form verlieren. Oder es wird zunehmend gleich aussehen, vorgestaltet von abstrakten DIN-Normen, die sich von selbst vervielfältigen, weil ihnen niemand mehr eine lebendige Empfindung entgegenzusetzen hat. Das Ergebnis zeigt sich schon jetzt in zahlreichen Neubausiedlungen, die wie Schlafwandler abstrakten Idealen wie Geld- und Energieersparnis hinterherhinken, was dazu führt, dass kein Element mit dem anderen spricht. Ganze Straßenzüge sehen dann aus wie tausend Jahre schlechte Laune. Die Arbeit der Künstler stellt sicher, dass Menschen sehen, spüren, urteilen können. Museen und Galerien sind die Kraftwerke unserer Wahrnehmung, und Kunstwerke sind die Brennstäbe.

Wenn Museen Kunstwerke präsentieren, sagen sie: Diese Werke haben für unsere Gesellschaft Wert. Und wenn wir auf frühere Zeiten zurückschauen, dann können wir anhand der Kunstwerke, die sie für wertvoll hielten, verstehen, was ihnen wichtig war. Umgekehrt definieren Museen heute vor den Augen der Zukunft die Werte unserer Gesellschaft – so wie Zentralbanken versprechen, die Stabilität unserer Gehälter und Vermögen zu garantieren. Museen sind Zentralbanken ästhetischer Werte. Je mehr Menschen verstehen, wie diese Werte entstehen, desto besser.

Es gibt ein weit verbreitetes Vorurteil, dass es beim Kunstmachen vor allem um Freiheit ginge: Kunst sei der Bereich einer Gesellschaft, in dem keine Regeln gelten und jeder sich ausdrücken kann, wie er oder sie möchte. Wenn das wahr wäre, könnte man Kunstwerke gar nicht verstehen. Entweder man mag sie oder man mag sie nicht. Dann wäre Kunst der Ort größter Beliebigkeit, Unordnung, Spinnerei und Exzentrik, deren Zumutungen man sich hin und wieder aussetzt, um dann wieder zurück auf den Boden der Vernunft und der Tatsachen zu kehren und den notwendigen Pflichten des Alltags nachzugehen. (s. *Wie frei ist die Kunst?*)

Ich bin überzeugt, dass das Gegenteil der Fall ist: Vieles von dem, was wir im Alltag tun, ist unnötig. Wir machen es, weil wir nicht genug darüber nachdenken. David Graeber hat ein Buch darüber geschrieben, wie viele Arbeitsplätze eigentlich »Bullshit Jobs« sind, vertane Lebenszeit, die niemandem nützt (nicht einmal dem Arbeitgeber).

Auch was Vernunft überhaupt ist und was Tatsachen sind, versteht sich selten von selbst. Vieles von dem, was wir sagen, ist ungenau und nicht zu Ende gedacht, nachgeplappert oder so dahingesagt. Und die meisten Beschreibungen dessen, was man sieht, beschreiben nicht das Beschriebene, sondern irgendwas, das man im Kopf hat.

Wenn ich aber vor oder in einem Kunstwerk stehe, sagen wir, in Bruce Naumans »Room with My Soul Left Out, Room That Does Not Care«, einem Kreuz aus drei stählernen Tunneln, von denen einer senkrecht in den Boden geht, dann gibt es eine Rückstoßwirkung: Jedes Detail dieses Werks ist unabdinglich da. Jemand hat es gemacht und so und nicht anders gemeint. Dazu muss ich mich verhalten. Wenn ich mich im Werk umschaue, wenn ich den Widerhall meiner Schritte im niedrigen Stahltunnel höre, fühlt es sich an, als lauschte das Werk auf mich und schaute zurück. Aber das ist mein eigener Blick: Ich erfasse und beschreibe plötzlich nicht nur meine Umgebung, sondern nehme wahr, dass ich es tue, und wie. Und weil es dafür keine Routine gibt, weil ich etwas, das ich noch nie gesehen habe, existenziell ausgesetzt bin, hat jeder Schritt Konsequenzen. Ein gelungenes Kunstwerk ist wie ein Loch in der Welt, durch das man von außen auf sie schauen kann.

Während ich dies schreibe, 2000 Kilometer entfernt vom Museum Hamburger Bahnhof in Berlin, wo sich Bruce Naumans Installation befindet, muss ich daran denken, dass auch gerade jetzt dort in den Stahltunneln die Lampen brennen. So wie ich mir sicher sein kann, dass sich gerade jemand den Mount Everest hochkämpft. Ein gelungenes Kunstwerk verlässt einen nicht mehr.

Unser Leben ist voller Nicht-Kunst: voll von Dingen und Gedanken, die man automatisiert nach Vorschrift und Vorbild denkt und tut; oder von denen man glaubt, sie denken und meinen zu müssen. Ohne dass man begründen könnte, warum man sie tut, denkt, meint. Diese Nicht-Kunst, und nicht die Kunst, ist das Fragwürdige. Was bringt uns dazu, das Befolgen vermeintlicher Sachzwänge für wichtiger zu halten als die Offenheit, mit der etwa Kinder der Welt und all ihrem sinnlichen Reichtum im Spiel begegnen? Diese Offenheit bietet uns die Kunst. Und vielleicht steckt hinter allem Misstrauen, aller Herablassung und Aggression gegenüber der Kunst eine Scheu, ihre Handlungslücken auszuhalten. Weil sie droht, uns das Ausmaß des unbegründeten Unsinns menschlichen Tuns vor Augen zu führen.

Dabei hilft uns die Beschäftigung mit Büchern, Musik und Kunst auch, den Unsinn zu ertragen, zu erkennen, zu verändern oder sogar zu schätzen. Sie gibt uns einen Orientierungssinn, der es erlaubt, den Sinn in unserem Leben vom Unsinn zu unterscheiden. Kunst ist nicht der Ort der größten Fantasie, sie ist der Ort größtmöglicher Genauigkeit und Ehrlichkeit.

Meine ich damit die Masse dessen, was uns so als Kunstspektakel präsentiert wird? Nein. Meine ich damit den undurchdringlichen Wald an unverständlichen Texten über Kunst? Oh nein. Auch die Kunst ist voller Nicht-Kunst. Diese als Kunst getarnte Nicht-Kunst schürt immer wieder den Eindruck, Kunst sei eigentlich sinnlos. Deshalb ist es so wichtig, zwischen den einen und den anderen Werken, den gelungenen und den weniger gelungenen, der Nicht-Kunst und der Kunst zu unterscheiden. (s. *Wie erkennt man ein schlechtes Kunstwerk?*) Die Genauigkeit und Ehrlichkeit, die ich meine, sind nicht leicht zu finden, aber es gibt sie, alles in der Kunst dreht sich um sie, und wenn man sie findet, dann strahlen sie zurück ins eigene Leben.

Ich habe mich der Kunst einst mit Skepsis und Schüchternheit genähert. Die Skepsis habe ich behalten, die Schüchternheit aber hinter mir gelassen, und es hat sich wahnsinnig gelohnt. Oft saß ich mit Leuten am Tisch, die das Tausendfache von mir verdienten. Trotzdem zweifelte ich nie am Sinn meiner Arbeit und hatte sogar das Gefühl, dass ich viel besitze. Auch, weil ich oft den Eindruck hatte, mehr Gewinn aus den Werken ziehen zu können als jene, die sie sich leisten konnten.

Denn sie zu besitzen, ist nur eine von vielen möglichen Arten, mit Kunst zu leben. Man besitzt sie ja sowieso immer nur vorübergehend. Schließlich lebt man nur ein paar Jahrzehnte, ein Kunstwerk aber lebt Jahrhunderte. (s. *Was soll ich vor einem Kunstwerk empfinden?*) Nur, weil es prinzipiell allen gehört, hat es seinen Wert.

Also: Kunst ist für alle da. Hier sind die Werkzeuge, sie zu entdecken.

3

Warum schreibe ich dieses Buch?

Ich saß in einem sehr bequemen Sessel auf der Bühne des Vortragssaals der Staatsgalerie Stuttgart vor fünfhundert Gästen. Zusammen mit der Herausgeberin der Fachzeitschrift »Texte zur Kunst«, dem Direktor des Kölner Ludwig Museums und der Gastgeberin, der Direktorin der Staatsgalerie. Ein Jahr lang war das Kunstwerk »Love is in the Bin« (auf Deutsch: Die Liebe ist im Eimer) des Street-Art-Künstlers Banksy durch die Sammlung gewandert: ein altmodischer Rahmen mit Goldfarbe, aus dem unten Streifen einer Leinwand heraushängen. Bis zu seiner Auktion im Oktober 2018 in London hieß das Werk »Mädchen mit Ballon«. Es zeigte Banksys vielgesprühtes Graffiti eines Mädchens, dem ein roter, herzförmiger Luftballon davonfliegt, nur nicht wie sonst auf Häuserwänden, sondern im klassischen Format einer Malerei. Als in London der Hammer bei einer Million Pfund fiel (s. *Wie verrückt ist der Kunstmarkt?*), zog ein im Rahmen versteckter Schredder die Leinwand herab, gab sie unten in Streifen wieder aus und hielt kurz nach der Hälfte an – ein technischer Fehler, wie Banksy in einem Bekennervideo erklärte. Er hätte es nicht besser planen können: Halb hinuntergerutscht, der Luftballon noch im Rahmen, das Gesicht des Mädchens verdeckt, unten die baumelnden Streifen, wurde das Bild zur Medien-Ikone.

Die Käuferin entschied, es zu behalten und das volle Geld zu bezahlen, und Banksy erklärte es schlicht zum neuen Werk und gab ihm einen neuen Titel. Viele fanden, Banksy habe die ganze Kunst mit ihren scheinheiligen Behauptungen und beleidigenden Preisen am Schlafittchen gepackt und führe sie der Weltöffentlichkeit vor. Dabei schien die Kunst davon nicht besonders erschreckt, sondern machte gerne mit: das Auktionshaus, die Sammlerin, und auch Museen. Ein Vierteljahr später kamen 60 000 Menschen ins private Museum Frieder Burda in Baden-Baden, dem die anonyme Käuferin das Werk geliehen hatte. Dann reiste es weiter in die Staatsgalerie Stuttgart. Hier hing es ein Jahr lang mal neben einem Selbstbildnis von Rembrandt, mal neben Claude Monets »Felder im Frühling«. Ich war damals Kunstredakteur der »Frankfurter Allgemeinen Sonntagszeitung«, in der ich die Aktion als Etikettenschwindel beschrieb. »Es hat immer etwas Wunderbares, wenn sich die Massen um ein Geheimnis versammeln. Nur, während das Geheimnis von Rembrandts Selbstbildnissen eins ist, das lebt und atmet und dabei immer ein Geheimnis bleibt, gibt es bei Banksy überhaupt kein Geheimnis. Das Schreddern ist Theater ohne Konsequenzen. Das Objekt ist selbst der nackte Kaiser, ein Fetisch der Aufmerksamkeit, er handelt von nichts als von den Blicken, die er auf sich zieht.« Rembrandt neben Banksy zu zeigen sei, »als würde man eine Pizza und einen Stein in den Ofen legen und hoffen, dass zwei Pizzen rauskommen.«

Ich dachte, ich hätte es dem Museum gezeigt. Dass die Direktorin neben mir gleich noch zwei weitere ihrer Kritiker aufs Podium geladen hatte, fand ich mutig. Sie musste ja schon sehr mit dem Rücken zur Wand stehen, um sich vor den Augen ihres Publikums öffentlich grillen zu lassen. Ich erklärte, die Kombinationen mit den anderen Werken ergäben überhaupt keinen Sinn, und die Fragen, die dazu an der Wand standen, auch nicht. Ich unterstellte, das Museum spiele nur Museum, ohne zu glauben, dass es hier etwas Interessantes herauszufinden gäbe. Ich fragte die Direktorin, die immer wieder sagte, die Besucherzahlen hätten sich verdoppelt, was sie denn für kunstwissenschaftliche Erkenntnisse gehabt habe durch die Kombination von Banksy mit berühmten Kunstwerken. Sie antwortete immer wieder, die Besucherzahlen hätten sich verdoppelt. Ein Besucher sei sogar aus Japan angereist und habe vor dem Bild geweint. Das Publikum applaudierte.

Ich hatte nichts gegen Banksy. Viele seiner Graffiti im öffentlichen Raum fand ich toll. Nur verloren sie ihre Kraft, wenn man sie in einem albernen Goldrahmen ins Museum hängte. »Love is in the Bin« war jetzt einfach nur noch ein berühmtes Bild, wie die Mona Lisa, nur war es nicht das Porträt eines Menschen, sondern eins der ganzen Kunst, wie Banksy sie sieht.

Damit legitimierte das Museum eine grundlegende Verwechslung. Denn Banksy geht es um ganz andere Dinge als den Künstlern, neben deren Werken seins jetzt hing. Sie versuchten die Kunstgeschichte reicher zu machen, indem sie ihr etwas hinzufügten. (s. *Worum geht es in der Kunst?*) Banksy will das System der Kunst bloßstellen. Dabei zeigt er uns nur ein billiges Klischee von Kunst. Mit viel zu groben Werkzeugen (wer benutzt schon solche Goldrahmen?) greift seine Parodie ins Leere – sie wird selbst zu dem leeren Spektakel, das sie vorgibt zu enthüllen. »Love is in the Bin« ist nicht der Junge, der auf den nackten Kaiser zeigt, es ist der Kaiser. Aber je mehr wir auch an diesem Abend versuchten, das den Leuten plausibel zu machen, desto weniger konnten sie uns leiden.

Die Herausgeberin der Kunstzeitschrift erläuterte, wie Banksys Wertsteigerung funktioniert, nämlich gar nicht so anders wie die von anderen Künstlern auch. Der Direktor des Ludwig Museums erklärte, wenn man Banksy schon zeige, müsse man seinem Werk wenigstens dieselbe Aufmerksamkeit und Ernsthaftigkeit gönnen wie anderen Künstlerinnen auch, etwa durch eine wirklich gründliche Einzelausstellung. In der dann allerdings, ergänzte ich, anschaulich würde, wie uninteressant es ist. Das Publikum murrte.

Ich versuchte die Bürger der Autobauerstadt Stuttgart mit dem Argument zu gewinnen, dass man an ein gelungenes Kunstwerk denselben Anspruch stellen sollte wie an ein neues Auto: Es sollte nicht aussehen wie ein altes Auto, es sollte fahren und jedes Detail sollte mit größter Hingabe und Genauigkeit gefertigt sein. (s. *Was ist der Unterschied zwischen einem Kunstwerk und einem Auto?*)

Aber irgendwie drang ich nicht durch. Wenn ich die Direktorin kritisierte, wehrte sich das Publikum. Wenn die Direktorin sagte, die Besucherzahlen hätten sich verdoppelt, klatschte es. Da wurde mir klar, dass wir Kritiker nicht eingeladen waren, um die Direktorin zu grillen. Sondern dass wir gerade selbst gegrillt wurden. All unser Beharren darauf, dass ein Museum ehrlich und konkret mit seinen Gästen kommunizieren solle, erschien ebenjenen Gästen als arrogante Infragestellung ihres eigenen Urteilsvermögens. Die Direktorin hatte den Stuttgartern den Banksy gebracht, und wir mit unseren Argumenten glaubten, wir könnten darüber entscheiden, was ihnen zu gefallen habe und was nicht. Alles, was die Direktorin sagen musste, um das Feuer am Laufen zu halten, war: Die Besucherzahlen haben sich verdoppelt.

Da verstand ich, dass nichts von dem, was ich sagte, und damit auch nichts von dem, was ich seit Jahren in die Zeitungen hineinschrieb, sich irgendwie von selbst verstand. Dass es womöglich nur eine sehr überschaubare Zahl von Menschen gab, die überhaupt meine Interessen teilte. Ich hatte ja selbst in der Redaktion der Zeitung oft Schwierigkeiten, den Kolleginnen aus der Literatur- oder Filmkritik zu erklären, worauf es in der Kunst meiner Meinung nach ankam. Wenn das aber so war, dass ich hier, in Stuttgart, in dessen Nähe ich den besten Teil meiner Jugend verbracht hatte, in einem Heimspiel also, nicht in der Lage war, mit meinen Argumenten durchzudringen, dann waren meine Argumente nicht gut genug. Oder ich stand auf der falschen Seite. Ich hatte gedacht, ich verträte das Publikum in einem Prozess gegen das Museum wegen Augenwischerei. Jetzt stand das Publikum mit dem Museum gegen mich.

Am Ende stellte eine junge Frau hinten im Saal eine Frage an das Podium: »Wie elitär darf Kunst sein?«

Die Direktorin, raffiniert, siegesgewiss, reichte mir das Mikro.

4

Wie elitär darf Kunst sein?

Kunst ist superelitär, und sie war es schon immer. Die Werke Alter Meister, die wir bis heute feiern, entstanden im Auftrag von Fürsten, Königen und Päpsten. Die längste Zeit der Geschichte bekamen die meisten Menschen ihr Leben lang kein Kunstwerk zu sehen, außer vielleicht in der Kirche. Seit sich ab dem 14. Jahrhundert von Flandern und der Toskana aus der Kapitalismus durchsetzte, entscheidet das finanzielle Vermögen darüber, wer sich Kunst leisten kann. Immerhin gelang es Künstlern in der Romantik durchzusetzen, dass sie selbst bestimmen, was als gute Kunst gilt. Das Publikum, das immer größer wurde, seit nach der Französischen Revolution die königlichen Sammlungen in öffentliche Museen verwandelt wurden, fand sich damit zwei Eliten gegenüber: einer geistigen und einer finanziellen; den Künstlern, die darüber stritten, was gut war, und den Mäzenen, die das mit ihrem Geld entschieden.

Im 19. und 20. Jahrhundert gab es viele Versuche, die Kunst zu demokratisieren. Bürger gründeten Kunstvereine, um die Künstler zu unterstützen, die sich von den Kunstvorstellungen der Monarchen lossagten. (s. *Was ist der Unterschied zwischen einer Galerie und einem Museum?*) Künstler wie Virginia Woolfs Schwester Vanessa Bell konzentrierten sich auf die

Gestaltung von Gebrauchsgegenständen für den Alltag. In der jungen Sowjetunion suchten die Konstruktivisten eine universale Ästhetik, die überall verständlich und kopierbar wäre. In Deutschland versuchte das Bauhaus, Kunst und Industrie zu vereinen, um alle Mitglieder der Gesellschaft mit günstigen, schönen Alltagsgegenständen auszustatten. In den 60er Jahren drängte die Studentenbewegung in die Kunstvereine um das, was sie als bürgerliche Kunst abtat, durch politische Aufklärungs- und Propaganda-Ausstellungen zu ersetzen. In den 70er Jahren stellten Galerien Kunstobjekte in hoher Auflage her, die sich jeder leisten konnte und die auch in Kaufhäusern angeboten wurden. (s. *Ist Kunst nur was für Leute mit Geld?*)

Aber so richtig hat es nie geklappt, dass ein mündiges Publikum im Bunde mit der geistigen Elite die monetäre Elite entmachtet hätte. Bauhaus-Lampen und -Möbel sind, wenn sie Originale sind, Sammlerstücke, und wenn sie von Designfirmen nachgebaut werden, trotzdem teuer. Dass Andy Warhol endlos viele fast identische Siebdrucke herstellte, änderte nichts daran, dass heute jeder einzelne von ihnen Millionen wert ist.

Jetzt kommt Kunst wieder unter Druck. 2019 forderte ein Aufruf in der Wochenzeitung »Die Zeit«, die Kunst zu demokratisieren. Kunst habe sich von den Bedürfnissen der Menschen entfernt, Museen seien in die Abhängigkeit mächtiger Sammler geraten, und ein immer gleiches Netzwerk aus Museen und Galerien bestimme, was zu sehen sei. Es werde Zeit, dass Betrachter endlich selbst entscheiden, was sie sehen möchten, und dank sozialer Medien sei es ihnen jetzt auch technisch möglich, sich darüber zu verständigen.

Einer der vielen interessanten Leser:innenkommentare wies darauf hin, dass Menschen sich online schon lange darüber verständigen, welche Kunst sie sehen wollen, und zwar in unzähligen Foren für die verschiedensten Kunstinteressen, Mangas zum Beispiel. Wozu also bräuchten sie Museen?

Tatsächlich stellt der Vorschlag, die Last der Auswahl an die Betrachter zu delegieren, die ganze Legitimationsgrundlage von Museen infrage. Schließlich sind sie nicht nur dazu da, auszuwählen, was sie zeigen und bewahren, sondern auch zu erklären, warum sie es tun. Und man könnte mit Recht sagen, dass Ausstellungen nur ein Zwischenprodukt sind auf dem Weg zum eigentlichen Produkt, das Museen herstellen: Kriterien. Kriterien für das, was sich zu betrachten lohnt, wozu es sich lohnt aufzuschauen, woran es sich lohnt, die eigenen Werke und das eigene Leben zu messen. Diese Kriterien kann man sich nicht einfach ausdenken. Man muss sie ablesen aus Jahrhunderten der Kunstgeschichte, künstlerischer Spezialisierung und Weiterentwicklung. Also aus den Argumenten, die Künstlerinnen und Künstler in Form ihrer Werke gemacht haben. (s. *Worauf kommt es an?*)

Diese Kriterien erlauben, Kunst an sich selbst zu messen statt an Geld oder Besucherzahlen oder dem Geschmack von reichen Leuten. Deshalb gibt es Experten: Künstler, die ihr Leben der Kunst unterworfen haben und Kunsthistoriker, die ihr Leben der Kunstwissenschaft unterworfen haben, also der Aufgabe, Kriterien zu formulieren.

In vielen Bereichen der Gesellschaft werden Experten respektiert oder sogar gefeiert: Es würde ja niemand von einem Fußballstar erwarten, dass er den Platz räumt, weil man selber spielen möchte. Niemand würde es wagen, sich ohne minimale Grundkenntnisse der Atomphysik in den Schaltraum eines Kernkraftwerks zu setzen. Oder sich mit Youtube-Tutorials die Steuerung eines Raumschiffs beizubringen und dann darauf zu bestehen, eins zu fliegen. Und es stellen auch wenige die Milliarden öffentlicher Gelder infrage, die in die

Errichtung eines Teilchenbeschleunigers gehen, in die Hirnforschung oder in eine jahrelange Weltraummission zum Einsammeln einer Gesteinsprobe von einem fernen Asteroiden.

Von Museen aber wird gerne verlangt, sie sollten ihr Publikum nicht überfordern. Und Künstler, deren Werke man nicht gleich versteht, stehen erst mal unter Verdacht, die Geduld des Publikums unnötig zu strapazieren. Die Forderung, die Kunst zu demokratisieren, läuft auf die Kritik an Experten hinaus, die ihre Lebenszeit darauf verwenden, Dinge, mit denen sich die Beschäftigung lohnt, von Dingen zu unterscheiden, mit denen sie sich weniger lohnt. Für diese Kritik ist Banksy gut, denn seine Kunst versteht jeder. Ja, er gibt einem sogar das Gefühl, man habe verstanden, was die anderen Künstler machen, nämlich Quatsch, der wenigen viel Geld bringt.

Dabei ist ja auch Banksy, obwohl er Kunst zu vielen bringt, nicht davor gefeit, dass seine Kunst wenigen viel Geld bringt – gerade dass er antielitär auftritt, als Stimme des Volkes sozusagen, gibt seiner Kunst ihren Wert. Erliegt man seiner simplen Einladung, wirft man sich in die Arme der finanziellen Elite.

Leider gibt es in der Kunst nur sehr wenige Expert:innen, die in der Lage sind zu erklären, warum sie welche Entscheidungen treffen. (s. *Warum sind viele Texte über Kunst so unverständlich?*) Gibt man aber alle Versuche einer geistigen, na gut, nennen wir sie mal *Elite* auf, Kriterien zu entwickeln, die unabhängig von Geld und Besucherzahlen sind, dann überlässt man die Museen denen, die mit ihrem Geld regieren. Entlässt man derart die geistige Elite aus der Pflicht, bleibt dieser nichts anderes übrig, als sich mit der finanziellen zu verbinden, die als einzige noch ihre Arbeit schätzt.

Der Impuls, elitäre Kungelei zu kritisieren, ist natürlich immer richtig. Nur, wenn man dieser Kungelei keine konkreten Forderungen entgegenzusetzen hat, wird es gefährlich. Dann gibt man Einfluss auf und macht sich erst recht zum Opfer. Was ich auf der Podiumsdiskussion in Stuttgart erlebte, war blanker Populismus: Die Besucher:innen der Banksy-Aktion hatten durch ihr Erscheinen die Prominenz und den Marktwert eines Werks gesteigert, dessen Kunstwert gering und das im Besitz eines einzelnen vermögenden Menschen war – und sie waren stolz darauf. Den Banksy zu sehen oder sich vor ihm zu fotografieren, gab ihnen das Gefühl, etwas Besonderes erlebt zu haben. Dabei gaben sie den Anspruch auf, auf gleichem Niveau mit den Expert:innen zu diskutieren, neue Erfahrungen zu machen und mitzubestimmen. Banksy zu zeigen, und ihn auf diese anspruchslose Weise zu zeigen, als bloßes Spektakel, war also das Gegenteil von antielitär, es war superelitär.

Nach erfolgreicher Aufwertung durch ein privates und ein staatliches Museum und 150 000 Eintritt zahlende Besucher wurde »Love is in the Bin« im Oktober 2021 wieder bei Sotheby's eingereicht. Der Hammer fiel bei 16 Millionen Pfund. 15 Millionen Pfund Wertsteigerung in drei Jahren: Wogegen genau noch mal richtete sich die Kritik von Banksy und seinen Anhänger:innen?

Mir geht es hier nicht um ein moralisches Urteil über Menschen, die mit Kunst Geld machen. (s. *Wie verrückt ist der Kunstmarkt?*) Mir geht es darum, wie die naive moralisierende Fehleinschätzung, Banksy stelle den Kunstmarkt bloß, 150 000 Menschen dazu brachte, Geld und Aufmerksamkeit in ein Marktobjekt zu investieren, von dem sie nichts mit nachhause nahmen außer einem Foto von sich selbst.

Es gibt einen Reichtum, der nicht in Geldwerten zu messen ist. Ich meine nicht die Liebe oder so. Ich meine die Kunst und die Kulturgüter in unseren Museen und das Wissen, das es über sie gibt. Auf das nachvollziehbare Gefühl, von diesem Reichtum provoziert, überfordert oder ausgeschlossen zu sein, reagieren viele mit dem Impuls, diesen Reichtum zu entwerten. Im Zweifel gegen die Experten: Dieses Ressentiment lässt sich heute sehr leicht mobilisieren.

Im Ergebnis ist dieser Reichtum aller bedroht: indem er nämlich in eins fällt mit den Messwerten des finanziellen Kapitals und der Besucherzahlen. Damit droht Kunst wieder zur Repräsentation weltlicher Macht zu werden und die bestehenden Machtverhältnisse zu stützen. Und das, nachdem Museen jetzt 200 Jahre lang das Gegenteil ermöglichten: die Streuung dieses Reichtums. Jetzt mehren sich die Anzeichen dafür, dass jene, die von diesem Reichtum profitieren könnten, aus freien Stücken darauf verzichten – oder dass sie, weil der Kunstunterricht aus den Lehrplänen schwindet, diesen Reichtum gar nicht mehr verstehen oder zu schätzen wissen. (s. *Ist die Kunst noch zu retten?*) Das wäre keine Demokratisierung. Es wäre ein freiwilliger Verzicht auf die mündige Teilnahme an der Geschichte und Entwicklung der Menschheit. Und auf die Souveränität über die eigenen Sinne: über das eigene Sehen, Riechen, Fühlen, Schmecken, Hören, das Wissen und das Denken. (s. *Ist Kunst nur was für Leute mit Geld?*)

»Wie elitär darf Kunst sein?«, hatte die junge Frau am Ende der Diskussion gefragt und damit den zentralen Widerspruch des Abends auf den Punkt gebracht: den zwischen den Interessen von Menschen, die ihr Leben der Kunst widmen und den Interessen aller. Einen Gegensatz, von dem ich zeigen möchte, dass er gar keiner ist.

Nach zwei Stunden hatte ich endlich meine Stimme gefunden. »Wie lange«, fragte ich zurück, »brauchen Sie, um einen Menschen kennenzulernen? Und wenn Sie ihn wirklich gut kennengelernt haben: Wie sehr verändert sich dann im Lauf der Zeit das Bild, das Sie von ihm haben? Genauso ist es mit Kunstwerken auch. Sie verlangen von uns dieselbe Aufmerksamkeit und Geduld wie Menschen. Und wenn wir das nicht wollen, wenn wir immer alles sofort haben wollen und alles sofort verstehen wollen, dann geben wir diesen Raum der Freiheit und der Menschlichkeit auf.«

»Wie elitär darf Kunst sein?« Gemessen woran? Woran misst man denn, wie elitär Kunst ist? Gibt es dafür irgendeinen Maßstab? Die Frage, wie elitär die Kunst sein darf, klammert völlig die Frage aus, was man sich selbst von der Kunst erwartet.

Spricht man der Kunst einmal die Freiheit ab, über das, was es schon gibt und was bekannt ist, hinauszuwachsen und neue Maßstäbe zu entwickeln, ist eine Abwärtsspirale in Gang gesetzt: Es wird sich ja immer jemand finden, der sie zu elitär findet. Das ist mein Hauptproblem mit dem, was ich in Stuttgart erlebte: Es fehlte jedes Kriterium, um sich gemeinsam darüber zu verständigen, was eine nicht-elitäre Kunst oder Kunstvermittlung wäre. Und jetzt kommt's: Ich glaube, der einzige Ort, wo man diese Kriterien finden kann, ist die Kunst selbst. Dafür muss man sich ihr aber auch aussetzen. (s. *Liegt Kunst im Auge des Betrachters?*)

Dass viele dem, was auf dem Kunstmarkt passiert, skeptisch gegenüberstehen, heißt nicht, dass nicht ganz viele Menschen damit beschäftigt wären, über Kunst nachzudenken, sie anzuschauen oder sie sogar zuhause selbst zu machen. (s. *Wie groß ist die Kunstwelt?*) Was ja großartig ist. Die Werkzeuge stehen heute allen zur Verfügung, nicht nur die für die Herstellung von Kunst, sondern auch für ihre Verbreitung. Und je mehr Menschen mit Kunst beschäftigt sind, desto wichtiger wird es, dass diese Kunst auch einen Sinn erhält, der über den eigenen Bekanntenkreis hinausgeht. Dass sie in Verbindung steht mit dem unermesslichen Schatz der kollektiven Sinnlichkeit der Menschheit. Und dafür muss man sich mit diesem Schatz beschäftigen. Nur dann ist ein breites Gespräch über Kunst möglich, von dem niemand ausgeschlossen ist: nicht die, die nichts mitbringen als ihre Neugierde, aber auch nicht die, die schon sehr viel kennen.

In Stuttgart wurde mir klar, dass dieses Gespräch gefährdet ist. Für die Direktorin war das Spekulieren mit dem Banksy, das glaubte ich zu durchschauen, Theater, ein Zugeständnis an die Quotenerwartungen ihres Dienstherren, des baden-württembergischen Kultusministeriums. Auch in der Politik schwindet das Verständnis dafür, was es bedeutet, das Niveau zu heben und die Freiheit der eigenen Wahrnehmung und Empfindung gegen die Freiheit des Geldes zu verteidigen. Da beschloss ich, dieses Buch zu schreiben. Wollte ich nämlich verständlich machen, dass die sogenannten Eliten in den Museen, und vor allem in den Ateliers, tatsächlich die Freiheit aller verteidigten, dann müsste ich viel weiter ausholen als ich es je in einem meiner Artikel getan hatte. Ich müsste Erklärungen finden, die auch Menschen verstehen, die sonst nicht ins Museum gehen. Ich müsste Erklärungen finden, die alle Kulturdezernenten und Kultusministerinnen verstehen, damit sie wissen, was sie von ihren Museumsleitern verlangen können außer steigenden Besucherzahlen. Sodass Künstler wie Museumsmenschen frei wären, all ihre Leidenschaft und ihr Können zu entfalten, um die Entdeckerfreude der Besucherinnen und Besucher zu schüren, statt sie mit unterfordernden Spektakeln wie Banksy hinters Licht zu führen. Erst wenn mir das gelänge, könnte ich überzeugend behaupten, dass ich selber weiß, wovon ich rede.

Dafür müsste ich aber erst mal selbst eine Vorstellung davon gewinnen, worum es in der Kunst überhaupt geht. (s. *Wo-*

rum geht es in der Kunst?) Wozu man sie braucht. (s. *Wozu ist Kunst gut?*) Was ein gutes Kunstwerk von einem schlechten unterscheidet. (s. *Wie erkennt man ein gutes Kunstwerk?*) Und warum diese Unterscheidung wichtig ist. Vor allem aber müsste ich beweisen können, dass man diese Unterscheidung überhaupt machen kann. (s. *Wie erkennt man ein schlechtes Kunstwerk?*) Und dass jeder sie machen kann. Und am besten auch noch zeigen, wie. Sodass sich niemand von den Attraktionen, die einem so präsentiert werden, beeindrucken lassen muss. Damit also jeder eine Kunstkritikerin sein kann. Ich müsste also beweisen, dass die geduldige Auseinandersetzung mit der Kunst die eigene Souveränität steigert statt sie zu bedrohen. Ich müsste zeigen, welche Freiheit Kunst verleihen und wie man diese Freiheit erlangen kann. Ob das gelingen wird? Dieses Buch ist der Versuch.

5

Worum geht es in der Kunst?

Geht es um Schönheit? Offenbar nicht. »Schön« scheint mir meist nicht das richtige Wort zu sein für die Kunst, die sich unter Künstlern und Kunstliebhabern als herausragend durchgesetzt hat. Schön sind viele Dinge, die wir im Leben um uns versammeln, und Menschen auch, ohne dass wir uns einbildeten, sie gehörten ins Museum. »Schön« reicht als Kriterium für Kunst nicht aus.

Geht es um Geld? Für manche vielleicht schon, aber mal ehrlich: Wer schnell zu Geld kommen möchte, ist in der Kunst völlig fehl am Platz, denn um zu verstehen, wie hier haltbare Werte entstehen, muss man schon einige Lebensjahre investieren. (s. *Wie wird man mit Kunst erfolgreich?*) Ja, von allen Märkten, die es gibt, geht es in der Kunst am Ende vielleicht am wenigsten um Geld. Nur aus einem Grund ist Geld für die allermeisten Künstler, Kuratorinnen und Galeristen ein Dauerthema: Sie haben keins. (s. *Was braucht man, um Künstler zu sein?*)

Geht es um Macht? Das könnte man denken, sobald man eine Vernissage betritt. Die Schärfe der Konkurrenz ist sofort spürbar: Jeder beobachtet alle und vermutet das Schlimmste. Gespräche drehen sich darum, die Interessen der anderen zu durchleuchten, man reduziert alles, was passiert, auf Seilschaften, noch bevor man anschaut, was eigentlich die Künstler gemacht haben. Es geht immer darum, das Spielfeld zu überblicken, frühzeitig zu erkennen, wo welcher Zug nötig war oder ist, um etwas Bestimmtes zu erreichen. Wie früher bei Hof. Der Kunstbetrieb ist eine höfische Gesellschaft. Auch in den Werken selbst ging es die längste Zeit um Macht. Stifter ließen sich in Heiligengemälden und Kirchenportalen verewigen. Als der Adel größere Macht erlangte, ließ er in Kunstwerken seine Besitztümer inszenieren, das gleiche galt für das Bürgertum. Und jeder neue US-Präsident tauscht die Kunst im Weißen Haus aus und sendet damit politische Botschaften.

Geht es um Politik? Viele rümpfen die Nase, wenn sie das Gefühl haben, dass ein Kunstwerk sie politisch belehren möchte. Dabei geschieht das schon in den ältesten und aufregendsten Werken. Im Rathaus von Siena malte zum Beispiel Ambrogio Lorenzetti um 1340 ein Wandbild, das eine ziemlich offensichtliche »Allegorie der guten Regierung« zeigt. Théodore Géricault klagte 1819 mit seinem Monumentalgemälde »Das Floß der Medusa« den skandalösen Umgang der französischen Regierung mit einem Schiffsunglück an, das Hunderte Passagiere das Leben kostete und die verbliebenen zu Kannibalen machte. Käthe Kollwitz sah ihre drastisch realistischen Darstellungen von Armut in den 20er Jahren als Beitrag zur Durchsetzung des Sozialismus. Nach dem Holocaust und dem Zweiten Weltkrieg wurde die abstrakte Kunst als Anwalt der Freiheit gegen den von Stalin in der Sowjetunion diktierten sozialistischen Realismus in Stellung gebracht (übrigens unterstützt durch verdeckte Fördermittel der CIA). In den 1960ern forderten dann Künstler und Aktivisten wieder eine figurative und agitatorische Kunst. Und in den 1990er Jahren begann man in vielen Kunstakademien, künstlerische Entscheidungen mit Theorien und politischen Absichten zu legitimieren. Was viele Kunstwerke, die daraus entstanden, steifer gemacht hat und weniger kunstförmig.

Aber was heißt denn kunstförmig? Das ist ja hier gerade die Frage?

Geht es um Wahrheit? »Das Gute, Wahre, Schöne«: Seit Platon und Goethe wird der Dreiklang totgeleiert. Gibt es etwas Langweiligeres als die Wahrheit? Und was heißt schon »Wahrheit« in der Kunst? Doch sicher nicht das Gleiche wie Wahrheit in einem Satz? (s. *Was ist der Unterschied zwischen einem Kunstwerk und einem Satz?*)

Geht es um Täuschung? Es gibt dieses schöne Zitat von Picasso: »Wir alle wissen, dass Kunst nicht die Wahrheit ist. Kunst ist eine Lüge, die uns die Wahrheit erkennen lässt – wenigstens jene Wahrheit, die zu verstehen uns gegeben ist. Der Künstler muss es verstehen, die anderen von der Wahrhaftigkeit seiner Lüge zu überzeugen.« Es geht also nicht um Wahrheit, und es geht nicht um Täuschung, sondern um eine eigentümliche Verquickung von beiden. (s. *Wie entsteht ein Werk?*)

Geht es um Qualität? Bestimmt. Die Entstehung von Kunstwerken war immer vom Streit darüber begleitet, was gelungen ist und was nicht. Aber was heißt schon Qualität in der Kunst? (s. *Wie erkennt man ein gutes Kunstwerk?*, *Wie erkennt man ein schlechtes Kunstwerk?* und *Ist Kunst Geschmackssache?*)

Geht es um Provokation? Das wird oft behauptet. Und erwartet. Ich halte das für ein Klischee. Ich glaube, den meisten Künstlern, denen unterstellt wird, es gehe ihnen um Provokation, geht es gar nicht darum. Sondern um die Formulierung eines ganz bestimmten Problems, das sie nicht losgelassen hat. Etwas, das ausprobiert werden wollte, und dieses Ausprobieren hat sich dann als interessante Herausforderung erwiesen. Das Ergebnis als Provokation abzutun, heißt, sich nur mit dem zu beschäftigen, was man als Absicht des Künstlers zu erkennen glaubt, statt sich der Herausforderung dessen zu stellen, was dabei herausgekommen ist.

Geht es ums Besserwissen? Ja, ich denke, die Dichte an Besserwissern ist in der Kunst so hoch wie in keinem anderen gesellschaftlichen Bereich. Das kommt wohl vor allem aus der Unmenge an Wissen, das man hier zu navigieren hat. Ständig wird einem schwindlig, weil ein Mensch oder ein Werk oder ein Text schon wieder von Sachen handelt, die man nicht kennt.

Geht es nur um Dinge, die an den Wänden reicher Leute hängen? Nein. Es geht um das, was allen gehört. (s. *Ist Kunst nur etwas für Leute mit Geld?*)

Geht es um Freiheit? Auf jeden Fall. Aber nicht im Sinne eines individualistischen Klischees von Freiheit, nach dem Freiheit bedeutet, dass jeder macht, was er gerade so spontan möchte. (s. *Wie frei ist die Kunst?*)

Worum ging es, als Giorgio Morandi über Jahre hinweg immer dieselben Flaschen abmalte? Worum ging es, als On Kawara jeden Tag seines Lebens das aktuelle Datum auf eine Leinwand malte? Worum ging es, als Carolee Schneemann nackte Menschen filmte, die sich und Hühner mit Farbe beschmieren? Worum ging es, als Ron Tran die Tür seiner Wohnung in Vancouver aushing, in die Galerie stellte und für die Dauer seiner Ausstellung ohne Tür lebte? Es gibt so viele unterschiedliche Sachen, die als Kunstwerke gelten, dass man eigentlich die Frage stellen muss, warum wir sie überhaupt unter einem einzelnen Begriff fassen. Wenn es in ihnen um etwas Gemeinsames geht, dann darum, dass sie von einer kritischen Masse von Menschen, die sich für sie interessieren und von Menschen, die sich mit ihnen gut auskennen, als besonders und als wertvoll angesehen werden. Ungefähr so, wie wir zu Hause Gegenstände versammeln, die wir für unser Leben als besonders und als wertvoll ansehen. Unsere sorgsam kuratierten Erinnerungsstücke, Familienfotos, Kinderzeichnungen und vom Strand nach Hause gebrachten Muscheln unterscheiden sich nicht grundsätzlich von in Museen gesammelten Kunstwerken. Nur kommt bei den Dingen im Museum hinzu, dass sie nicht nur für ein Leben, für eine Familie, für einen Haushalt Bedeutung haben, sondern für alle. Dass sie untereinander Gespräche führen, die Generationen und Jahrhunderte überdauern. Selbst wenn das nur ein Anspruch ist, so verwandelt dieser Anspruch doch die ganze Art und Weise, wie auf diese Dinge geblickt wird.

Vor diesem Anspruch und vor diesem Blick müssen die einzelnen Werke bestehen. (s. *Wie erkennt man ein Kunstwerk?* und *Wie entsteht ein Werk?*) Sie alle bewerben sich um die Ausübung des Amts eines Kunstwerks und damit um Aufnahme in die Kunstgeschichte. Mit ihnen ist es wie mit menschlichen Beamten auch: Sie sind schwer zu entlassen. Aber hundertprozentig sicher ist ihre Stelle auch nicht. (s. *Können Bilder böse sein?* und *Warum ist Gegenwartskunst nicht so gut wie die Alten Meister?*) Publikum und Experten betrachten und beurteilen sie immer wieder neu. Und damit verändert sich auch immer wieder, worum es in ihnen geht.

Kunstwerke unterscheiden sich von Menschen, Filmen und Konzerten darin, dass sie stillstehen. Sie stehen oder hängen uns stumm gegenüber. Noch das mitreißendste Videokunstwerk fühlt sich, wenn man den Ausstellungsraum wieder verlässt, anders an, als wenn man einen Kinosaal verlässt: mehr wie ein unveränderliches Objekt. Das führt dazu, dass sie uns immer wieder auf uns selbst zurückwerfen. Wir spüren, dass wir jetzt gerade hier sind und das Kunstwerk anschauen und wie wir das tun. Kunstwerke sind Erfindungen

Einzelner, die den Gewohnheiten aller einen blinden Spiegel vorhalten.

Geht es in der Kunst also um uns? Ein bisschen bestimmt immer. Aber wohl weniger um uns als Personen als um unsere Wahrnehmung: Wenn wir uns durch Kunst bewegen, bewegen wir uns durch unsere Arten und Weisen, die Welt wahrzunehmen, zu begreifen und anzufassen. Kunstwerke haben eine Rückstoßwirkung: Wenn man sie anschaut, sieht man immer auch, wie man sie anschaut.

Das rückt Kunst in die Nähe der Philosophie, die darüber nachdenkt, wie man nachdenkt. Man kann sagen, dass Kunst Philosophie mit Objekten ist. Sie bringt ihre Argumente mit Dingen statt mit Worten hervor, und wenn sie dafür Worte benutzt, behandelt sie diese als Objekte. (s. *Was ist der Unterschied zwischen einem Kunstwerk und einem Satz?*) Ähnlich wie in der Philosophie fängt man in der Kunst immer wieder von vorne an mit dem Betrachten. Und sieht sich gleichzeitig immer in der Geschichte all dessen, was schon gemacht und gedacht wurde. Philosophie erlaubt es jedem Einzelnen, alles, was als sicher gilt, infrage zu stellen, vorausgesetzt, man findet gute Gründe. Mit Kunst ist es genauso.

Deshalb geht es in der Kunst letztlich um Gründlichkeit. Genauigkeit. Verbindlichkeit. Um Dinge, die so nur einer machen oder sich hätte ausdenken können. Und zugleich um Dinge, die einer allein nicht machen oder verstehen könnte. Denn hätte es in der Geschichte nur ein einziges Kunstwerk gegeben, hätten wir keine Vorstellung von Kunst.

Gelungene Kunstwerke schaffen eine Perspektive, einen Abstand, aus dem heraus man auf die Gegenwart und das eigene Leben blicken kann. Und das umso mehr, je weniger eindeutig ist, worum es in ihnen geht. (s. *Bedeutet ein Kunstwerk überhaupt etwas?*)

Viele Texte über Kunst tun so, als wüssten sie worum es geht, als ließe sich diese Frage eindeutig beantworten. (s. *Warum sind Texte über Kunst so unverständlich?*) Aber nur, wenn sich die Frage, worum es geht, nicht eindeutig beantworten lässt, geht es um Kunst.

6

Was wollen uns die Künstler sagen?

Generationen von Kunsthistorikerinnen und Kunstlehrern haben uns beigebracht, nach der in einem Kunstwerk verborgenen Bedeutung zu suchen. Als seien Künstler eierversteckende Osterhasen. Oder als seien Kunstwerke Rätsel, die sich lösen lassen. Was nur Enttäuschung produzieren kann oder Missverständnisse, weil man nie die richtige Lösung für das Rätsel finden wird. »Was will uns der Künstler sagen?«, heißt es dann immer, und bis wir es herausgefunden haben, steht er im Verdacht, dass er es selbst nicht weiß.

Ich glaube, die Antwort ist zugleich einfacher und komplizierter, als man denkt. Ich glaube nicht, dass Kunstwerke etwas bedeuten. Ich denke, zuallererst sind Kunstwerke einfach da, wie ein bestimmter Tisch oder ein Stein. Sie bedeuten nichts, sondern sind etwas. Was sie sind und wie sie sind, verdient unsere Aufmerksamkeit, nicht irgendetwas, das hinter ihnen wäre. Denn wo soll das sein?

Was zum Beispiel sollen die beiden Gemälde des Turmbaus zu Babel von Pieter Bruegel dem Älteren bedeuten? Nehmen wir das, das in Rotterdam im Museum Boijmans Van Beuningen hängt: Klar, die groteske Überdimensioniertheit des Turms im Verhältnis zur umliegenden Landschaft lässt sich schnell als Symbol für menschlichen Größenwahn verstehen.

Und auch die Überdimensioniertheit des Turms gegenüber der Bildfläche selbst, die für den riesenhaften, sich gegen den Rahmen drückenden Turm fast zu klein scheint. Die Wolken, die der Turm durchbricht, lassen sich als Unheilsboten lesen, denn spätestens da, wo der Himmel beginnt, konkurrieren die Erbauer mit Gott. Dass unter dem Baldachin der winzigen Prozession, die im Bildzentrum abwärts schreitet, wohl gerade jemand zu Grabe getragen wird, möglicherweise der Auftraggeber König Nimrod selbst, lässt sich endgültig als Zeichen dafür lesen, dass hier etwas aus dem Ruder gelaufen ist.

Kennen wir jetzt also die Bedeutung des Bildes? Ist sie: »Größenwahn bringt Unheil«?. Oder: »Gottes Größe ist für Menschen unerreichbar«? Oder: »Gegenüber der Absurdität des Lebens ist alles Streben eitel«?. Das hieße, sich mit wenig zufriedenzugeben und dem Bild selbst und der unfassbaren Menge an Details, aus denen es besteht, den Rücken zuwenden. Für mich liegt die Bedeutung des Bildes in jedem einzelnen Punkt, in jeder einzelnen Figur, in jedem einzelnen Segel jedes einzelnen Schiffs, in jedem einzelnen Blatt. Und diese Bedeutung lässt sich durch nichts so gut ausdrücken wie durch jeden einzelnen Punkt, jede einzelne Figur, jedes einzelne Segel jedes einzelnen Schiffs, jedes einzelne Blatt.

Anderes Beispiel: Was soll Richard Serras Skulptur »Prop« bedeuten, die aus einer Bleiplatte besteht und einem Bleibolzen, der gegen die Bleiplatte gelehnt ist und sie damit, nur Kraft seines Gewichtes, an der Wand hält? Will uns der Künstler sagen, dass Gewalt (der Bolzen drückt gegen die Platte) und Schutz (der Bolzen stabilisiert die Platte) oft nicht zu trennen sind? Will er uns Staunen lehren über die Gesetze der Physik (auf dem Mond, wo die Schwerkraft schwächer ist, würden beide Teile sanft zu Boden gleiten)? Sollen wir erschrecken angesichts der absurden Einfachheit dieser Situation oder über sie lachen? Ich denke, »Prop« bedeutet: Ein Bleibolzen hält eine Bleiplatte an der Wand. Er hält sie in jener Position, in der traditionellerweise Gemälde hängen. Anstelle eines Gemäldes sehen wir das bloße Industriematerial und die Spuren seiner Bearbeitung. Die Platte ist ein bisschen dunkler als der Bolzen, was wohl auch nur an der Verarbeitung liegt. Das war's.

Jetzt können wir natürlich darüber nachdenken, wie sich »Prop« zur Kunst verhält, die es vorher gab: Es löscht das Bild aus, was vor ihm schon die industriell wirkenden Würfel Donald Judds getan hatten, mit denen die Minimal Art begann. Es durchbricht aber die Starre der Minimal Art mit der Idee von Zeit und Bewegung: Schließlich kann man »Prop« nicht ansehen, ohne sich vorzustellen, wie das prekäre Gleichgewicht kippt und beide Teile auf den Boden knallen. Aber warum soll »Prop« etwas bedeuten, das nicht unmittelbar vor unseren Augen liegt?

Wir sind eine buchstabenglaubige Gesellschaft. Dingen, die sich in Worte fassen lassen, trauen wir mehr als Dingen, die den Worten widerstehen oder entgleiten. Wir glauben, erst wenn ein Kunstwerk etwas bedeutet, ist es ein gutes Kunstwerk. Ich denke, es ist umgekehrt: Wenn es klar und deutlich etwas bedeutet, ist es kein gutes Werk. Wenn ein Satz es ersetzen kann, ist es kein gutes Werk. (s. *Wie erkennt man ein gutes Kunstwerk?*)

Es gibt Genauigkeiten, für die kein Satz genau genug ist: Das sind Kunstwerke. Ein gelungenes Kunstwerk ist wie nichts anderes, das es gibt. Es stellt seine eigenen Regeln auf. (s. *Was ist der Unterschied zwischen einem Kunstwerk und einem Meterstab?*) Man kann es behandeln wie einen Code, den es zu entschlüsseln gilt. Aber dieser Code steht für nichts anderes als für sich selbst. Er führt zu keiner eindeutigen Botschaft, die sich in Worten ausdrücken ließe. Ein Kunstwerk lässt sich immer nur als ebendieses Kunstwerk ausdrücken. Es enthält keine Botschaft, es ist die Botschaft. Was uns der Künstler sagen will, sagt er mit seinem Werk. (s. *Kann man über Kunst sprechen?*)

Dann, werden Sie sagen, muss man ja auch gar nicht über das Kunstwerk sprechen. Und man braucht auch keine Kunstkritiker, die versuchen, es zu erklären oder sogar zu bewerten.

Tatsächlich würde ich sagen, wenn jemand behauptet, ein Kunstwerk bedeutet das und das: Trauen Sie dieser Erklärung nicht.

Und wenn eine Künstlerin sagt, ihr Kunstwerk handle von dem und dem: Trauen Sie dieser Künstlerin nicht.

Aber wenn ein Mensch auf ein Kunstwerk trifft, passiert etwas. Und von dieser Begegnung lässt sich erzählen. Ein Kunstwerk lässt sich beschreiben in seinen Materialien, in seinen Maßen. Es lässt sich berichten, wie es entstanden ist, und was die Künstlerin sich dabei gedacht hat. All das ist interessant. Aber um die Erfahrung mit einem bestimmten Kunstwerk zu vermitteln, muss man diese Erfahrung nachbauen. Manche zeichnen es im Museum nach. Andere, wie ich, schreiben Texte über das Werk. Aber das sind nur zwei von vielen Möglichkeiten, das Kunstwerk nachzuvollziehen, von denen keine den anderen überlegen ist. Jochen Schuff hat etwas schönes geschrieben, inspiriert vom Philosophen Ludwig Wittgenstein: Ein Musikstück zu verstehen, schreibt er, könne »darin bestehen, die Melodie mitzusummen oder dazu zu tanzen. Das Verstehen eines Gedichts kann darin liegen, es in einer dem Rhythmus oder dem Inhalt angemessenen Weise zu rezitieren. Das Verstehen einer Skulptur kann sich in Erschrecken, Mitgefühl oder Ergriffenheit äußern. Und einen Film zu verstehen, kann bedeuten, dabei zu weinen, zu lachen, erregt oder bewegt zu sein.« (s. *Was soll ich vor einem Kunstwerk empfinden?*)

Als ich begann, mit Künstlerinnen und Künstlern zu sprechen, fand ich die meisten ihrer Antworten unbefriedigend. Sie antworteten selten direkt auf meine Fragen, oder viel zu einfach, ausweichend, einsilbig und verschmitzt, sodass ich mich noch dümmer fühlte. Meist wusste ich gar nicht, was ich überhaupt fragen soll, welcher Weg mich also zur Bedeutung des Werkes führen würde.

Das lag daran, dass ich mit der Sprache der Nicht-Kunst an die Kunst herantrat. Ich war noch dabei, die Sprache zu lernen, die Menschen sprechen, wenn sie nicht nur mit Menschen sprechen, sondern auch mit Gegenständen und mit der Geschichte, und wenn sie Gegenstände benutzen, um etwas auszudrücken oder auf den Punkt zu bringen, das sich in Sprache nicht sagen lässt.

Jetzt, wo ich ihre Sprache verstehe, stelle ich Künstlern meist ganz einfache Fragen, wie sie auch Handwerker einander stellen würden: »Dieses Podest mit den abgerundeten Kanten: Aus welchem Material ist das gemacht?« Oder: »Dieses Blau hier unten: Wie hast du das gemischt?«

Stellen wir uns vor, jemand kommt auf uns zu und fragt uns: »Was machen Sie hier? Was wollen Sie?« So ähnlich ist es, wenn man sich vor ein Kunstwerk stellt und fragt: »Was bedeutet das? Gehört das ins Museum?« Es ist der objektivierende Blick auf etwas, das einem fremd erscheint. Als Nichtdeutsche gelesene Menschen kennen diesen Blick. Was aber ist die Erwartung, die hinter dieser Frage steckt? Dass das Gegenüber sich bestimmten Erwartungen unterordnet. Nur, worin sind diese Erwartungen begründet? Es gibt für sie keine Begründung außer der eigenen Gewohnheit. Sie sind absurd. Deshalb weiß man auch meist nicht, was man auf solche Fragen antworten soll, denn es gibt auf sie keine sinnvolle Antwort. (s. *Bedeutet ein Kunstwerk überhaupt etwas?*)

Ein Kunstwerk ist eine Ausnahme in der Welt. Die spezifische Form dieser Ausnahme erlaubt uns, auf eine einzigartige Weise zurück auf die Welt zu schauen. Jedes Kunstwerk setzt die Welt in einen anderen Rahmen. Wie es ist, durch diesen Rahmen zu schauen: Darüber lohnt es sich zu sprechen.

Wenn wir dagegen fragen, was die Ausnahme bedeutet, wenn wir sie in unsere gewohnte Sprache übersetzen, verpassen wir, worauf es ankommt. (s. *Worauf kommt es an?*)

7

Wozu ist Kunst gut?

Weiß man denn sonst immer, wozu etwas gut ist? Und will man es wissen? Ich denke, nicht. Denn eine Welt, in der man immer zweifelsfrei wüsste, wozu etwas gut ist, wäre eine völlig mechanische, totalitäre Welt, in der alles seine festgelegte Rolle hätte. Eine Welt ohne Mehrdeutigkeit. Ohne Wahrnehmung. Ohne Urteil. In so einer Welt hätten wir gar keine Vergleiche mehr, die uns erlauben würden zu verstehen, warum etwas zu was gut ist. Es gäbe überhaupt gar keine Frage mehr.

Wozu ist auch nur irgendetwas gut?

Kunst hält diese Frage lebendig.

8

Warum kann nicht alles sofort verständlich sein?

Weil das für nichts gilt. (Nehmen wir mal Schmerz oder Hunger aus.) Stellen wir uns vor, wir kämen als außerirdische Lebensform unter Menschen, beugten uns über einen Schreibtisch oder stünden vor einem U-Bahn-Plan. Woher sollten wir wissen, was diese Dinge bedeuten, wie sie funktionieren und für welches Problem sie überhaupt die Lösung darstellen, wenn wir nicht mal das Problem kennen?

Kinder verstehen ja auch fast nichts, wenn sie auf die Welt kommen. Sie brauchen Jahre, um ihren Körper kennenzulernen, die Schwerkraft, das Essen, die Sprache, die Zahlen, die Wahrscheinlichkeitsrechnung.

Nichts von diesen Dingen ist selbstverständlich, alles, was wir tun, beruht auf Gewohnheiten, die Menschen über Generationen ausgebildet haben. Kunstwerke brechen aus diesen Gewohnheiten aus. Aber weil man aus den Formen, in denen man lebt und die es einem erlauben zu überleben, nicht einfach ausbrechen kann; weil auch die Form, in der man ausbricht, auf dem beruht, was Menschen in Generationen vor uns getan haben, ist der Weg für einen Ausbruch äußerst schwer zu finden. Und wenn ihn jemand gefunden hat, braucht es meist etwas Zeit, bis man folgen kann.

9

Kann man über Kunst sprechen?

Es kann einen schon wahnsinnig machen, vor etwas zu stehen, dessen Sinn sich nicht erschließt und das einfach nicht zu einem spricht. Während studierte, einflussreiche Menschen beharrlich behaupten, dass es uns etwas Wichtiges zu sagen hat. Besonders ging mir das am Anfang so, als ich noch wenig Erfahrung mit Kunst hatte. Mich hat es geärgert, wenn ich wieder Werken gegenüberstand, die es schweigend mir selbst überließen, mich zurechtzufinden. Während die Galeristen oder Kuratorinnen so taten, als wüssten sie genau, worum es hier ging, es mir aber auch nicht erklären konnten. Oder wollten. Ab einem bestimmten Punkt hörten sie immer auf, es zu versuchen, und lächelten dieses Kunst-Insider-Lächeln, mit dem man einander versichert, dass jetzt das Sagbare endet und das Reich der Kennerschaft beginnt, für das es keine Worte gibt. Man fühlt sich ausgeschlossen. Man kann ja nicht mal überprüfen, ob das Gegenüber nur blufft. Man sucht nicht nur vergebens nach Antworten. Man kommt nicht mal auf die Fragen, die man stellen müsste, um Antworten zu bekommen. (s. *Ich verstehe nichts. Liegt es an mir?*)

Selten hat man das Privileg, sich mit der Künstlerin über das Werk zu unterhalten. Aber glauben Sie mir, das macht es oft nicht besser. Künstler sprechen über alles Mögliche, das Werk erklären können sie oft auch nicht. (s. *Warum sind viele Texte über Kunst so unverständlich?*) Was viele können, ist erzählen, was sie bei der Entstehung dieses Werks interessiert hat, und wann sie warum welche Entscheidungen getroffen haben. Das hilft beim Verständnis. Aber eine gültige oder auch nur interessante Interpretation ergibt das auch nicht. Meist fällt dann der Satz: »Wenn ich das, was ich mit dem Werk sagen möchte, sagen könnte, müsste ich das Werk ja nicht machen.«

Und dieser Satz stimmt einfach. (s. *Was wollen uns die Künstler sagen?*) Kunstwerke bringen etwas in die Welt, für das kein Satz genau genug sein kann. Mit Kunst unternimmt man immer Ausflüge an die Grenze der Sprache, an die Grenze menschlicher Verständigung. Wie in der Philosophie: Dort geht es auch oft um die Grenzen dessen, was man wissen, zeigen und sagen kann. Worte, Dinge und Bilder sitzen nicht in den Angeln, sondern kippen durcheinander, verhaken sich ineinander. Es ist ein bisschen, wie wenn Kinder spielen: Alles ist immer neu, und die Namen sitzen nur lose auf den Dingen. Mit dem Unterschied, dass die Dinge, die Kunstwerke sind, immer gleichbleiben und darauf beharren, dass sie eben genau so sind, wie sie sind.

Kunst ist Philosophie mit Objekten. Sie argumentiert mit Dingen statt mit Worten (und wenn sie dafür Worte benutzt, behandelt sie diese als Objekte. (s. *Was ist der Unterschied zwischen einem Kunstwerk und einem Satz?*)

Man könnte sagen, dass jedes gelungene Kunstwerk seine eigene Sprache erfindet. Der Philosoph Ludwig Wittgenstein beschrieb die Sprache als Stadt. Diese Stadt ist entstanden, ohne dass sie vorher jemand geplant hätte – je nachdem, wofür Menschen gerade Worte brauchten, setzten sich ihr Sinn und unbewusste Regeln durch.

In dieser Stadt können Kunstwerke Baustellen sein. Drehkreuze. Kreisverkehre. Durchbrüche. Sinklöcher. Und Abkürzungen.

Trotzdem kann man über Kunstwerke sprechen. Man kann zum Beispiel beschreiben, was man sieht. Nur gibt es für diese Beschreibung kein Ende, denn wann hätte man genügend Details beschrieben, um das Kunstwerk wirklich zu erfassen? (s. *Worauf kommt es an?*) Wenn Werke ihren eigenen Sinn erzeugen, dann kann man den nicht restlos in Sprache übersetzen. Aber man kann den einzigartigen Rahmen, den sie für den Blick zurück auf die Welt bieten, versuchen, in Sprache nachzubauen. Man kann über die Erfahrung sprechen, die man mit dem Kunstwerk macht: Was für Gefühle oder Erinnerungen es in einem auslöst. Man erfährt dann übrigens auch manches Interessante über die Sprache: wo ihre Grenzen liegen. Wie sie manchmal einfach nur so vor sich hin funktioniert, ohne etwas zu sagen. Dass sie eben nur ein Medium der Verständigung unter anderen ist, neben zum Beispiel Musik, Malerei, Tanz. Dass sie keinem von diesen überlegen ist; und dass es zwischen diesen letztlich keine gültige Übersetzung geben kann.

Aber es gibt sinnvollere und weniger sinnvolle Sätze über Kunst. Die sinnvolleren zeichnen sich meiner Ansicht nach durch folgende Eigenschaften aus:

1. Jemand hat offenbar wirklich hingeschaut.

2. Das heißt auch, jemand behandelt das Werk nicht wie einen Gegenstand, der nichts mit ihm zu tun hätte. Sondern baut eine Begegnung, die er mit einem Kunstwerk gemacht hat, in der Sprache nach und spricht damit zwangsläufig auch über sich selbst. (s. *Bedeutet ein Kunstwerk überhaupt etwas?*)

3. Man wird nicht mit Behauptungen überschüttet, sondern weiß immer, was gerade die Frage ist, an deren Beantwortung

gearbeitet wird (was wichtiger sein kann, als eine sichere Antwort zu haben).

Das heißt aber auch, dass jeder andere Sätze über dieselben Werke sagen wird.

Ja, man kann über Kunst sprechen. Es wird nur leider viel zu wenig getan. Auch unter den sogenannten Kunstexperten wird oft so über Kunst gesprochen, als ginge sie einen nichts an. Das führt zu einer allgemeinen Sprachlosigkeit und Ratlosigkeit darüber, worum es in der Kunst eigentlich geht. (Diese Frage lässt sich nicht losgelöst von der Frage beantworten, worum es einem selbst in der Kunst geht.)

Um die leerlaufenden Monologe zu unterbrechen, von denen Galerie- und Museumstexte voll sind, ist es entscheidend, dass es einen Austausch gibt zwischen Künstlern und Nichtkünstlern, zwischen Kunst und allgemeiner Öffentlichkeit. Und dass dieser Austausch nicht zu einer unbedeutenden Nichtbehauptung führt wie der, dass Kunst großartig und wichtig sei, sondern dazu, dass Kunst wirklich angesehen, verstanden, geschätzt und auch kritisiert wird; um den Preis, dass manchen Kunstwerken mehr Bedeutung zugesprochen wird als anderen.

Denn nur dann geht es mit jedem Kunstwerk nicht nur um dieses eine Kunstwerk und mit jedem Künstler nicht nur um diesen einen Künstler, geht es nicht nur um Geld oder kein Geld und Erfolg oder Niederlage, sondern auch noch um etwas anderes, Größeres, Drittes, das allen gehört.

10

Was ist der Unterschied zwischen einem Kunstwerk und einem Menschen?

Menschen nerven. Sie sind unkontrollierbar. Ständig machen sie etwas, womit wir nicht gerechnet haben. Aber man kommt an ihnen nicht vorbei.

Menschen verändern sich, aber etwas in ihnen bleibt gleich, ohne dass wir dieses Etwas auf einen Nenner bringen könnten. Das beginnt schon mit der Art, wie sie sich bewegen: Unsere Vertrauten erkennen wir selbst aus der Ferne in der Dämmerung an ihrem Gang. Sie sind einfach sie selbst. Das macht sie unersetzlich. Und da wir ihnen nicht entkommen können, müssen wir mit ihnen auskommen, und das konfrontiert uns fortwährend mit unseren eigenen Unzulänglichkeiten. Hätten wir andere Eltern, Freund:innen, Partner:innen, wir wären vielleicht dieselben, aber anders. Und manchmal begegnen wir jemandem, der in uns etwas öffnet, das wir nicht kannten und gegen das wir nicht ankommen: Unbehagen. Liebe. Neugierde. Mut.

Wenn wir dann mit diesem Menschen Zeit verbringen, stellt sich oft heraus, dass er uns an andere Menschen erinnert hat, die wir schon kannten, und dass er in uns die Gefühle geweckt hat, die diese in uns geweckt hatten. Je mehr wir diese Bilder abtragen, kommen wir dem Menschen wirklich nahe, und es beginnt eine Beziehung. Bis wir wirklich sagen können, dass wir ihn kennen, können Monate vergehen oder Jahre. Genauso ist es mit dem Kennenlernen von Kunstwerken: Es besteht aus dem Abtragen all der Bilder, die wir geglaubt hatten, in ihm zu sehen.

Manche Menschen sind uns ein Maß, weil wir die Art und Weise, wie sie ihr Leben führen, beispielhaft finden: Sportler:innen, Eltern, Popstars, historische Figuren. An ihrem Beispiel veranschaulichen wir Regeln, von denen wir finden, dass alle Menschen sie befolgen sollten. (s. *Was unterscheidet ein Kunstwerk von einem Meterstab?*) Aus diesen Regeln entstehen Menschenrechtserklärungen, Gesetze und internationale Abkommen. Aber letztlich können wir Menschen immer nur an Menschen messen. Und Kunstwerke an Kunstwerken. (s. *Kann man die Kunst lieben?*)

So wie es jeden Menschen nur einmal gibt, gibt es auch jedes Kunstwerk nur einmal. Selbst wenn es millionenfach als Plakat oder Postkarte reproduziert ist. Selbst, wenn es von ihm mehrere exakt gleiche Ausführungen gibt. Dann repräsentiert jede dieser Ausführungen die eine absichtsvolle Gestaltung durch einen bestimmten Menschen. Auch wenn wir nicht wissen, welcher altägyptische Kunsthandwerker ein Nilpferd aus Ton geformt hat; auch wenn wir annehmen müssen, dass es aus den Händen verschiedener anonymer Werkstattmitarbeiter kommt, sehen wir in ihm die menschliche Absicht, und sie ist es, die uns in ihrer Fremdartigkeit oder eigenartigen Vertrautheit berührt, die uns Rätsel aufgibt oder uns provoziert. In jedem Kunstwerk kommuniziert also ein Mensch mit anderen, und sei es über den Umweg von Jahrtausenden.

Der entscheidende Unterschied zu einem Menschen liegt freilich darin, dass das Werk morgen noch genauso aussieht wie heute (abgesehen davon, dass natürlich auch Gemälde, Fotografien, Filme und Skulpturen altern oder sich Materialien abnutzen). Und übermorgen auch. Und, wenn alles gut geht, in hundert Jahren auch. Und trotzdem, oder gerade deswegen, kann sich die Rolle, die es in meinem Leben spielt, über die Zeit verändern. (s. *Was soll ich vor einem Kunstwerk empfinden?*)

Wenn ich mir ein Bild an die Wand hänge, gehe ich eine Beziehung mit ihm ein. Es ist, als zöge jemand ein. Und es kann passieren, dass man sich schon bald auf die Nerven geht und es nichts mehr gibt, das einen am anderen interessiert.

Es kann aber auch sein, dass das Bild so gut in den Räumen ankommt, dass plötzlich andere Dinge nicht mehr vor ihm bestehen: Jetzt ist unübersehbar, dass es nach einem anderen Tisch oder anderen Vorhängen verlangt. Vielleicht braucht das Bild auch einen anderen Rahmen. Und vielleicht wird es zu einer Art Autorität, einem Maßstab für Integrität und Genauigkeit, der den Ehrgeiz weckt, ihm im eigenen Leben gerecht zu werden.

Die größte Ähnlichkeit mit Menschen legen Kunstwerke aber an den Tag, wenn man verschiedene von ihnen in einem Raum versammelt. Dann zeigen sie plötzlich Eigenschaften, die einem vorher gar nicht aufgefallen waren. Dann verlangen sie, in genau einer bestimmten Sichtachse mit einem anderen Werk zu stehen. Oder sie verlangen nach besonders viel Raum. Oder es wird klar, dass sie einander gar nicht vertragen. Eine gute Kuratorin ist wie eine gute Gastgeberin: Sie weiß, wen sie einander vorstellen muss, damit ein gutes Gespräch entsteht.

Ein Beispiel: Treffen sich ein Kamel, ein Gemälde und zwei Buchstaben. So geschehen 2017 in einer Ausstellung der Sammlung von Gaby und Wilhelm Schürmann im Ludwig

Forum Aachen. Das Kamel hat, in vornehmer Haltung, das rechte hintere Bein leicht eingeknickt, den Kopf nach rechts gewandt, das Maul im Kauen angehalten. Nancy Graves hat in den 1960er Jahren fünf solcher Kamele gebaut, lebensgroß, aus Fiberglas, Tierhaut, Sackleinen und Wachs, und sie mit Öl- und Acrylfarbe bemalt, bis sie wie echt aussahen.

Ein Kamel im Kunstraum: Das wäre wohl überall eine Sensation. Aber man kann diese Sensation noch interessanter machen, indem man sie mit ganz anderen Werken kombiniert.

Zum Beispiel mit einem Gemälde, auf das in krakeligen Großbuchstaben in Flämisch der Satz geschrieben ist: »Alle, die hier sind, sind von hier«, ein Zitat eines belgischen rechtspopulistischen Politikers. Der Maler Walter Swennen hält den banalen Zirkelschluss gegen den Ewigkeitsanspruch der Kunstgeschichte.

Wenn dieser Satz jetzt gegenüber einem Kamel hängt, was passiert mit beiden, dem Kamel und dem Gemälde? Das Gemälde spielt plötzlich mehrere Rollen auf einmal: Es kann eine Sprechblase für das Kamel sein, wodurch der Satz noch absurder klingt. Es gerät aber aber auch in die Rolle einer Texttafel, die das Exponat »Kamel« erklärt, wie in einem naturhistorischen Museum. Damit gerät das Kamel in die Rolle eines Beweises für einen wissenschaftlichen Sachverhalt. Weil es aber nichts beweist, außer dass da die Skulptur eines Kamels steht, zeigt es die Absurdität des Satzes noch deutlicher.

Auftritt zweier riesiger Buchstaben, aus rosafarbener Dämmstoffplatte gefräst: Ein »D« und ein »A« lehnen lässig an der Wand. »DA« liest man, wie: »Da, schau: ein Dromedar.« Weil das »A« etwas nach links verschoben steht, lese ich auch »AD«, als wolle jemand »DA« sagen, aber die Zunge klebt fest.

Über die Buchstaben läuft noch das Logo des Herstellers Austrotherm: Da spricht also auch die österreichische Industrie noch mit und erzählt von ihrer Herkunft. Heinrich Dunst, von dem diese Skulptur stammt, macht tatsächlich manchmal Sprechperformances, in denen er wiederholt das Wort »Da« sagt oder eine Verbindung vom Rosa des Industrieprodukts zum Rosa seiner Zunge schlägt oder über die rosafarbene Dämmstoffplatte und das Rosa seiner Zunge spricht, so dass man fast glaubt, das Fließband, von dem die Dämmstoffplatte stammt, laufe aus dem Mund von Heinrich Dunst. Von Dunst stammt übrigens auch die Idee, diese drei Werke zu einer Komödie über Dasein und Herkunft zu kombinieren.

Es sind also sehr viele Buchstaben im Raum. Und weil es sich ausschließlich um Großbuchstaben handelt, kann ich zwischen den Werken nicht mehr trennen, mein Blick springt zwischen ihnen hin und her, es ist, als seien Textgemälde und Buchstabenskulptur demselben Text entsprungen. Was hier ist, ist hier, und was »DA« sagt, ist da. Und dazwischen steht ein Kamel. Damit springt auch das Kamel zwischen zwei Rollen hin und her: Es steht in einem Satz, als wäre es ein Buchstabe. Weil es aber keiner ist, wird deutlich, wie unterschiedlich Sätze und Skulpturen sind, dass ein Bild grundsätzlich andere Dinge macht als die Sprache. (s. *Was ist der Unterschied zwischen einem Kunstwerk und einem Satz?*)

Diese drei Kunstwerke sind also so verschieden und verstehen einander gleichzeitig so gut, dass sie gegenseitig aneinander das zum Vorschein bringen, was an ihnen jeweils einzigartig ist und unverwechselbar. So führen sie ein Gespräch, das nirgends hätte entstehen können außer hier zwischen diesen dreien.

11

Kann ich das auch?

»Das kann ich auch!« Wer hat das nicht schon mal gedacht, wenn er im Museum vor einer Reihe Ziegelsteinen stand. Oder vor einem Gemälde, das nichts zeigt als eine zart schimmernde Spur Lila aus der Spraydose. Oder vor einem Motorrad, das in einem Motorradladen natürlich keine Kunst wäre, sondern ein Motorrad. »Das hätte ich auch gekonnt«: Es gibt auf diesen Spruch zwei mögliche Antworten. Die eine ist lustig und wahr, die andere ist auch wahr, aber ein bisschen ein Stimmungskiller.

Die erste lautet: »Hast du aber nicht.«

Die Kunstgeschichte funktioniert wie das Patentamt: Erfunden ist erfunden. Wenn einer was schon gemacht hat, macht man das nicht noch mal. Völlig egal, ob es schwierig war oder nicht. Ausnahme: die Künstlerin Elaine Sturtevant. Sie sah, wie Andy Warhol ganz einfache Umrisse von Blumen auf ganz viele Bilder druckte, dachte: »Das kann ich auch!«, und machte es auch. Andy Warhol hat die Idee so gut gefallen, dass er ihr dafür sogar sein Drucksieb lieh. Sturtevant machte also genau das Gleiche, und trotzdem etwas völlig Neues: Denn so dreist hatte vorher noch niemand die Kopie zum Kunstwerk erklärt. Und seit es Sturtevant gemacht hat, kann man es natürlich nicht mehr wiederholen.

Lange war das anders. Die Römer haben die Statuen der Griechen kopiert. Im Mittelalter malten eigentlich alle das gleiche. Und dann wetteiferten wieder alle darum, wer so gut ist wie die Griechen. Kunst kam von Können, und selbst als Künstler nicht mehr fest für die Kirche oder einen König arbeiteten, sondern alles machen konnten, was sich verkaufen ließ, dachte man, für das Können gäbe es feste Regeln. Dann kam vor gut hundert Jahren Kasimir Malewitsch und malte ein schwarzes Quadrat. Und dann kam Marcel Duchamp und stellte einen Flaschentrockner in die Galerie. Und plötzlich gab es keine Regeln mehr, beziehungsweise jeder konnte seine eigenen Regeln aufstellen. (s. *Woran erkennt man ein Kunstwerk?*)

Es gab natürlich vorher schon ganz viele, die Regeln brachen. Im Museum hängen nur die Regelbrecher, die, die so gemalt haben wie sonst keiner, die anderen werden vergessen. Jetzt kam es aber plötzlich gar nicht mehr aufs Handwerk an. Bei einem schwarzen Quadrat kann man schwer darüber diskutieren, wie treffend hier die Wirklichkeit abgebildet ist oder wie virtuos der Farbauftrag. Ein schwarzes Quadrat kann eigentlich jeder malen (die von Malewitsch – er hat dann nämlich gleich ein paar davon gemalt – sind trotzdem besonders schön. Wenn man genau hinschaut, sind sie gar keine richtigen Quadrate, sondern ein bisschen krumm).

Bei einem Flaschentrockner weiß man dann gar nicht, was das darstellen soll, außer einen Flaschentrockner, oder alle Flaschentrockner der Welt. Oder es ist umgekehrt: Nicht das Kunstwerk zeigt den Flaschentrockner, sondern der Flaschentrockner zeigt das Kunstwerk. Weil hier alles fehlt, von dem man vorher dachte, dass man es für ein Kunstwerk braucht, bleibt nur der Kaiser ohne Kleider übrig: Die Kunst selbst wird unsichtbar.

Entschuldigung, das war jetzt kompliziert. Also: Schwarzes Quadrat malen, Flaschentrockner ins Museum stellen: Das kann ich auch.

Jetzt die Stimmungskiller-Antwort: »Nein, kannst du nicht.«

Warum nicht? Naja, du bist halt kein Künstler. Das hat Duchamp nämlich mit seinem Flaschentrockner gezeigt: Was Kunst ist, entscheidet der Künstler. Dann ist natürlich die Frage, wer entscheidet, wer ein Künstler ist. Das tun die Kunstexperten in den Museen. Warum können sie das entscheiden? Weil wir ihnen vertrauen.

So. An dem Punkt kann man das ganze Spiel natürlich doof finden und einfach nicht mehr mitmachen. Allerdings wird es gerade hier erst interessant. Joseph Beuys, der Fetthaufen und lebende Hasen ausstellte, hat gesagt, dass jeder ein Künstler ist. Das hieß nicht, dass jeder gut malen kann, eher: Jeder ist gleich viel wert, jeder soll sich ausdrücken können, und keiner soll darüber entscheiden dürfen, wer mitmachen darf und wer nicht. Man könnte auch sagen: Jeder Mensch ist einzigartig, niemand macht das gleiche. (s. *Was braucht man, um Künstler zu sein?*)

Das heißt, dass jede Kinderzeichnung irgendwie ein Kunstwerk ist: Die Welt geht in einen rein und wieder raus und schaut dann anders aus. Viele berühmte Maler malen ab und zu gern wie Kinder, zum Beispiel David Hockney oder Cy Twombly.

Eltern mögen die Bilder ihrer eigenen Kinder, weil es eben ihre Kinder sind. Und weil diese Bilder zeigen, wie sie die Welt sehen. Die Bilder der anderen Kinder sind dann nicht so interessant. Dafür müssten die anderen Kinder noch ein bisschen mehr leisten. Zum Beispiel könnten ihre Eltern mit ihnen ins Museum gehen und Kunstbücher und Dokumentationen über Künstler anschauen. Dann würden sie besser verstehen, wie andere Menschen, die in ganz anderen Zeiten lebten, die Welt gesehen haben. Dann würden sie lernen, mit deren Augen zu sehen und ihre Bilder würden nicht nur von ihnen handeln, sondern auch von allen anderen Bildern, die es gibt.

Denn Kunstwerke sprechen nie nur mit dem Betrachter, der sie gerade anschaut. Sie unterhalten sich gleichzeitig mit allen anderen Kunstwerken, die es je gab und die es noch irgendwann geben könnte. Sie sind wie die Bewohner einer riesigen Stadt, die sich streiten oder lieben und die sich immer wieder treffen, einander etwas zeigen oder etwas beibringen. Und wenn man viel Zeit in dieser Stadt verbringt, dann lernt man immer besser, sich in ihr zu bewegen, und die unendlich vielen Sprachen zu verstehen, in denen die Kunstwerke sprechen. Das gibt einem Freiheit, weil man sieht, dass die Welt, in der man lebt, nur eine von vielen möglichen ist und weil man auf neue Ideen kommt, wie man gerne leben möchte.

Dann erkennt man auch die, die nur so tun als ob. Oft sind das welche, die besonders gesprächig sind oder so reden wie die anderen. Die richtig tollen sind dagegen oft die, die erstmal so aussehen, als hätte sie jeder machen können: Félix González-Torres hat zum Beispiel ein Werk erfunden, das sich im Prinzip zuhause aufbauen lässt, indem man viele Bonbons kauft und sie auf einen Haufen schüttet. Viele Museen haben das schon gemacht (sie müssen allerdings vorher fragen und Geld bezahlen, damit sie die Idee benutzen dürfen). Von den Bonbons darf jeder Museumsbesucher so viele mitnehmen, wie er will, sie werden wieder aufgeschüttet, und zwar immer so viele, dass sie alle zusammen genauso schwer sind wie der Geliebte von Félix González-Torres war, der an Aids gestorben ist. Es ist ein ganz einfaches Kunstwerk, aber es ist voller Liebe und voller Trauer. Es spricht mit allen Bildern der

Kunstgeschichte, auf denen der Tod Christi betrauert wird, es spricht mit den Ziegelsteinen, dem Flaschentrockner und mit Beuys' Fetthaufen. Deshalb fühlt es sich irgendwie an, als wäre es nicht nur hier, sondern gleichzeitig in einer anderen Welt.

Jeder hätte das machen können. Aber auf die Idee kommt man nicht einfach so.

12

Was soll ich vor einem Kunstwerk empfinden?

Erleuchtung.

Na gut, das ist vielleicht ein bisschen viel verlangt. Meist spürt man ja erst mal Misstrauen und Ratlosigkeit. Oder Unbehagen, wie auf einer extrem drögen Cocktailparty voller arroganter abweisender Gelehrter. Oder wie im Wartezimmer einer Arztpraxis, in dem lauter schlecht gelaunte Menschen auf unbequemen Stühlen kauern und die Wand anstarren.

Oder man spürt direkt Freude, weil etwas so schön ist. Die klingt dann oft auch schnell wieder ab.

Manchmal aber wächst ein Werk, das einen zuerst irritiert hat, zu einem Maß heran, das man in sich trägt und das einem Sicherheit und Sensibilität mitgibt: Sicherheit gegenüber der aufdringlichen Geschwätzigkeit allzu bemühter Werke, ihrer Oberflächlichkeit, ihrer Bequemlichkeit, ihrem Zynismus; Sensibilität gegenüber kleinsten Entscheidungen, die ein Werk von allem abheben, das es gibt.

Also doch: Erleuchtung. Warum nicht? In den Ikonen des Mittelalters sollten Christus und die Heiligen selbst präsent sein, und durch sie die Macht Gottes. Ich würde jetzt mal die vielleicht etwas übermütige und ohne Frage total kitschige Behauptung aufstellen, dass es sich ähnlich anfühlt, vor einem gelungenen Kunstwerk der Gegenwart zu stehen. Ich habe das mehrfach erlebt (nicht oft): eine Mischung aus höchster Geistesgegenwart und Ekstase (klingt paradox, aber so ist es). *It was out of this world.* An dem, was ich sehe, enden die Gesetze dieser Welt. Und deshalb fühle ich mich selbst aus dieser Welt herausgehoben. Sorry, aber warum sollte man sich mit weniger zufriedengeben?

Dieses Gefühl können (jedenfalls bei mir) die unterschiedlichsten Sachen auslösen: ein Verkündigungsengel von Simone Martini, der Maria den Olivenzweig reicht. Die Zeichnungen und Aquarelle Kara Walkers, in denen gesellschaftliche Traumata aus Jahrhunderten unbewältigter rassistischer Gewalt zum Maskenball antreten. Aluminium-Objekte von Lygia Clark mit vielen Flügeln aus dreieckigen oder kreisförmigen Schreiben, die sich in die Hand nehmen, umklappen und wieder anders hinstellen lassen.

Ich kenne Menschen, die regelmäßig vor Renaissance-Gemälden weinen, so wie andere in Filmen. Ich habe auch schon wegen Kunst geweint, allerdings in einem Traum. Ich träumte vom Werk Franz Erhard Walthers, der immer wiederkehrende Farben durch Zeichnungen, Installationen und Skulpturen schleift, in die man als Mensch hineinsteigen oder die man gemeinsam mit anderen bewegen kann. Im Traum verstand ich das transzendente Prinzip, das hinter diesen vielen Einzelmodulen am Wirken war, die Offenheit dieses Werks gegenüber dem Universum, ähnlich der Barockmusik Johann Sebastian Bachs; wie die Diskretion der mittelalterlichen Kunst, die Gott nur auf den Umwegen der Abstraktion zeigen wollte; wie eine gotische Kathedrale, aber in einer unabschließbaren Zahl einzelner, von jedem benutzbarer Module. Ich spürte ein unfassbares Glück.

Später lag ich einmal bäuchlings auf der Wiese, auf der

Franz Erhard Walther in den 60er Jahren mit seinen Freunden seine Stoffskulpturen zum Hineinschlupfen erstmals ausprobiert hatte. Mein rechter Arm steckte in einer Stoffschlaufe. Am anderen Ende, genau fünf Meter und zwölf Zentimeter entfernt, lag der neunundsiebzigjährige Franz Erhard Walther selbst mit seinem Arm in einer zweiten Stoffschlaufe. »Ich muss fast weinen«, sagte ich. »Woran liegt das?«

»Das sind die Proportionen«, antwortete Franz Erhard Walther.

So ist es. Es gibt kein allgemeingültiges Maß für die richtigen Proportionen. Aber wenn man sie erfährt, kann einen das rühren, als hätte man Gott erlebt.

So ein Erlebnis ist weit entfernt vom entleerten Gequassel darüber, was Kunstwerke angeblich alles machen: reflektieren, aufzeigen, bewusst machen, infrage stellen. Alles hölzerne Begriffe, mit denen die sogenannte Kunstvermittlung das Kunsterlebnis an die Gäste delegiert. An alle Funktionärinnen und Funktionäre, die sich nur mit Kunst beschäftigen, um sich hinter solchen Phrasen zu verstecken, um sich selbst der Infragestellung und Beurteilung durch andere zu entziehen: Wenn ihr kein Kunstwerk nennen könnt, vor dem es euch die Sprache verschlägt, keins, das euch mehr bedeutet als andere, dann sucht euch doch einen Job in der Verwaltung (nichts gegen Verwaltung!).

Nun kann es natürlich sehr gut sein, dass Sie, wenn Sie Ihre Hand in die oben beschriebene Stoffschlaufe stecken, überhaupt nichts empfinden. Wie kommt man also zur Empfindung? Gerade dass Kunstwerke sich nicht von selbst erklären, dass man sich nicht passiv in sie hineinlegen kann, ermöglicht ihnen ja einige der besten Dinge, die sie für uns tun können: Wir müssen uns selbst bewegen. Wir müssen selbst entscheiden, wie lange wir vor einem Werk stehen bleiben.

Niemand sagt uns, was wir empfinden oder denken sollen (mal abgesehen von den Erklärungstexten an der Wand). Das Geschehen spielt sich nicht im Dialog mit einem Menschen ab, der auf eine Antwort wartet, nicht am Bildschirm, nicht auf der Leinwand, nicht in TikTok, es ist in uns. In uns wird etwas umprogrammiert. Und das verschafft uns eine Art von Abstand gegenüber der Welt, der es uns zugleich erlaubt, aufmerksamer zu sein für ihren unerschöpflichen Reichtum an interessanten Einzelheiten.

Wenn ich darüber nachdenke, was das Besondere, das Unersetzliche an Kunstwerken ist, dann ist es erst mal, dass sie da sind. Klingt banal, ist es aber nicht. Wir drehen uns weg, und sie sind immer noch da. Wir verlassen das Museum, und sie sind immer noch da. Wir kommen wieder, sie sind immer noch da. Wir bringen eine neue Liebe mit, sie sind immer noch da. Wir sterben, und sie sind immer noch da. Sie geben uns Beispiel, Leitung, Trost. Und schüchtern uns ein.

Und das, indem sie einfach nur ihre stoffliche Anwesenheit zur Verfügung stellen für unsere eigenen Empfindungen und Gedanken. Sie entfalten ihre Wirkung in uns, wir schreiben sie fort, fühlen uns gefragt. Es kommt auf jedes ihrer Details an, und genauso auf jedes Detail von uns. All das passiert live, in Beziehungen. Und deshalb geht es eben nicht darum, den Sinn oder die Bedeutung von Werken ein für alle Mal festzuschreiben, sondern mit ihnen zu leben.

13

Ist Kunst nur was für Leute mit Geld?

Wie viel Geld braucht man, um sich auch mal zuhause ein Original von, sagen wir, Chagall aufzuhängen, von Kandinsky oder Picasso?

Zehn Euro. So viel kostet die zweimonatige Ausleihe eines Werks in der Artothek Kassel, die auch Arbeiten von Georges Braques, Lyonel Feininger oder Richard Hamilton in der Sammlung hat.

Josef Albers: 2,50 Euro. In der Graphothek der Stuttgarter Stadtbibliothek zahlen Inhaber eines Bibliotheksausweises nur diese kleine Versicherungsgebühr, um ein Werk für acht Wochen mit nach Hause zu nehmen und, falls niemand anderes Interesse anmerkt, es bis auf ein Jahr zu verlängern. In der Artothek des Bonner Kunstvereins gibt es auch viele spannende Arbeiten lebender Künstlerinnen wie von Isa Genzken, Nan Goldin oder Marlene Dumas.

Gut, hier handelt es sich nie um erstrangige Werke. Oft sind es Zeichnungen oder Drucke, die in Auflagen erschienen sind. Die können aber, wenn man sie gut aufhängt und genau anschaut, genauso inspirierend sein. Außerdem spart man sich durch das Leihen nicht nur den Kauf, sondern auch den Stress mit der Rahmung: Für einen guten Rahmen zahlt man nämlich oft nochmal ähnlich viel wie für eine Zeichnung.

Mit Kunst zu leben, zu erfahren, wie ein Werk das Zuhause verändert und vielleicht auch einen selbst, kann sich also eigentlich fast jeder leisten, der ein Zuhause hat. Die nächste Artothek zeigt die Website artothek.org. Der einzige nennenswerte Preis, den man zahlen muss, ist, dass das Werk einem nicht gehört. Es gehört einem Verein, einer Stadt oder dem Staat – der Öffentlichkeit also und damit gewissermaßen allen, also auch einem selbst.

So wie die Werke in öffentlichen Museen.

4,20 Euro. So viel kostete im Durchschnitt der Eintritt in ein Museum in Deutschland im Jahr 2017. Da sind natürlich auch alle Freiluft- und Heimatmuseen mitgezählt. Je größer das Interesse, desto teurer die Tickets. Die 12 Euro, die aufwändige Sonderausstellungen kosten, wie 2021 Vermeer in Dresden, sind aber immer noch günstiger als ein durchschnittliches Kino-Ticket. 8 Euro kostet der Besuch in der sagenhaften Sammlung alter Kunst der Berliner Gemäldegalerie, 7 Euro der der Alten Pinakothek in München, in der sich die ganze Kunstgeschichte Europas seit dem 16. Jahrhundert entfaltet, 10 Euro der für die Pinakothek der Moderne. Sonntags ist es nur 1 Euro, und in Berlin ist am ersten Sonntag jeden Monats der Besuch in jedem Museum umsonst. Und da das alles weniger von unseren Tickets finanziert wird als von Steuern, sollten wir auch mal hingehen und schauen, was man mit unseren Steuern so macht.

0 Euro: So viel kostet der Besuch in einer kommerziellen Galerie (s. *Was ist der Unterschied zwischen einer Galerie und einem Museum?*). Hier kann sich jede und jeder umsehen wie in einem Laden, zu dem Preis, dass man sich dabei von den Galeriemitarbeitern beobachtet und geprüft fühlt. Das Gefühl verschwindet aber mit wachsender Übung. Bei Eröffnungen bekommt man mit Glück sogar noch einen Sekt obendrauf,

was dazu geführt hat, dass man in jeder größeren Stadt die Schnorrer schon kennt, oft Leute ohne Geld, die sich darauf spezialisiert haben, die Kalender der Galerien zu studieren. Um sich in Galerien wohlzufühlen, braucht man kein Geld, man braucht ein anderes Kapital, Soziologen nennen es das kulturelle Kapital: Dessen Umfang lässt sich daran messen, wie sehr es Menschen einem ansehen, dass man sich auskennt und weiß, was man will. Dieses Kapital lässt sich auch ohne Geld aufbauen.

10 bis 20 Euro im Jahr kostet der Ausweis für eine städtische Bibliothek, in deren Kunstbuchsammlung man sich endlos fortbilden kann – falls man sich die Kataloge nicht leisten kann.

Und wer die eigenen künstlerischen Fähigkeiten kennenlernen und ausbilden möchte, kann für 640 Euro einen zweiwöchigen Kurs bei erfahrenen Künstlern an einer Sommerakademie buchen, etwa in Salzburg oder Schwäbisch Hall.

Für dasselbe Geld kann man aber auch schon Kunst erwerben: Zeichnungen, kleinformatige Malereien oder kleine Skulpturen von Künstlern, von denen sich noch nicht herumgesprochen hat, wie gut sie sind. Man findet sie in interessanten, von Künstler:innen betriebenen Ausstellungsräumen, auch in kleineren Galerien und am einfachsten auf den jährlichen Rundgängen durch Kunsthochschulen, wo Studierende und Absolvent:innen ihre Werke zeigen.

Die allermeisten Werke auf der Welt dürften nicht mal tausend Euro kosten. Gerhard Richters Gemälde »Sekretärin«, heute in der Sammlung der Bundesrepublik Deutschland und geschätzt auf sieben bis acht Millionen Euro Marktwert, verkaufte der Galerist Alfred Schmela 1964 für 450 D-Mark. Und so sind Geschichten möglich wie die der Bibliothekarin Dorothy Vogel und des einfachen Postangestellten Herbert

Vogel, die in ihrer New Yorker Zweizimmerwohnung mit bescheidenen Einkommen eine der angesehensten Kunstsammlungen überhaupt aufbauten – allein durch Kennerschaft und sicheren Blick.

Als das junge Paar Mitte der 60er Jahre die eigenen Malversuche aufgab und beschloss, stattdessen Kunst zu kaufen, waren Werke von Künstlern des Abstrakten Expressionismus und der Pop Art für sie schon lange unerschwinglich geworden. Aber gerade wandten sich Künstler bescheideneren Formen zu, machten statt riesigen Gemälden kleine Textarbeiten mit Schreibmaschine oder Skulptürchen aus Draht – was bald unter den Begriffen Minimal Art und Konzeptkunst Furore machen sollte. Die Vogels schlossen den Pakt, dass Dorothys Gehalt in Lebenshaltung ginge und Herberts in Kunst. Damit standen ihnen immerhin 23 000 US-Dollar im Jahr zur Verfügung. Die Vogels verzichteten auf Ausgehen und Reisen und verbrachten jede freie Minute in Ausstellungen und Künstlerateliers. Sie waren die Ersten, die ein Werk von Sol LeWitt kauften, der später als Pionier der Konzeptkunst verehrt wurde. Künstler schätzten ihren sicheren Blick, den sie in Kunstgeschichtskursen an der New Yorker Universität und unzähligen Vorträgen und Atelierbesuchen geschult hatten. Deshalb ließen sich Künstler herunterhandeln oder in Raten bezahlen, immer an Galeristen vorbei, womit schon mal die Hälfte des Preises wegfiel. Im Notfall belieh Herbert Vogel seine Lebensversicherung oder seine Pension. Bald lag es auch im Interesse der Künstler selbst, mit besonderen Werken in dieser bedeutenden Sammlung vertreten zu sein.

Als Christo und Jeanne-Claude im Jahr 1971, selbst noch ohne Rücklagen, versuchten, einen Vorhang durch ein 400 Meter breites Tal der Rocky Mountains zu spannen, wofür sie 400 000 US-Dollar brauchten, und einen Anruf der Vogels bekamen, dachten sie, jetzt hätten sie das Geld beisammen: So gut war der Ruf der Vogels schon damals, dass sie als reiche Kunstsammler galten. Doch mit Geld konnten die Vogels nicht helfen. Sie hüteten stattdessen die Katze der Künstler. Dafür schenkten diese ihnen nach getaner Arbeit eine Collage.

Nach zwanzig Jahren hatten die Vogels auf den 42 Quadratmetern ihrer Wohnung, die sie sich mit 20 Schildkröten, acht Katzen und einem Aquarium teilten, eine Sammlung mit Schlüsselwerken einiger der berühmtesten lebenden Künstler aufgebaut. Über einer Tür hing ein kleines Drahtknäuel von Richard Tuttle. Unter dem Bett lagerten ungerahmte Fotografien von Cindy Sherman. Irgendwo lag die Anleitung für eine Wandzeichnung von Sol LeWitt, für deren Ausführung ihnen aber eine ausreichend große Wand fehlte. Überall hingen Gemälde, meist abstrakt, mitunter ein bisschen schräg gehängt. All diese Kunst war so bescheiden in Form und Mitteln wie ihre Besitzer. Dass dafür in vielen Fällen bald fünf- und sechsstellige Preise gezahlt wurden, dafür konnten ja die Künstler nichts (s. *Wie verrückt ist der Kunstmarkt?*) – und die Vogels schon gar nicht.

Nie verkauften die Vogels ein Werk, ja, sie interessierten sich nicht einmal für die Preise, die Galerien inzwischen für Werke ihrer Freunde nahmen. Mehrere Angebote von Museen, ihre Sammlung anzukaufen, schlugen sie aus. Stattdessen schenkten sie sie 1990 der National Gallery of Art in Washington. Fünf Lastwägen waren nötig, um die 2400 Werke aus der kleinen Wohnung nach Washington zu transportieren, wo der Lastenaufzug des Museums tagelang belegt war. Die Apanage, die das Museum seinen Stiftern jährlich zahlte, die außer ihren bescheidenen Pensionen keinerlei Rücklagen besaßen, steckten diese wieder in neue Kunst.

»Wir hätten leicht Millionäre werden können«, erklärte Herbert Vogel einmal in einem Interview. »Wir hätten Dinge verkaufen und in Nizza leben können und hätten immer noch etwas übrig gehabt. Aber das war uns nicht wichtig.«

Die Vogels wurden mitunter »die Maskottchen der Kunstwelt« genannt, was ziemlich herablassend klingt, wie ich finde. Sie habe sonst nie Leute mit so niedrigen Einkommen in ihren Räumen gesehen, sagte eine Galeristin. In die Verehrung für die Kunstkenntnis der Vogels mischte sich immer auch etwas Spott mit hinein: Schaut mal, wie uns die primitiven Arbeiter vormachen, was gute Kunst ist. Als gehörten die Vogels nicht wirklich dazu. Als seien sie die Ausnahme, die die Regel bestätigt. Und tatsächlich sind solche Beispiele für den Aufbau von Reichtum aus nichts außer dem eigenen Urteilsvermögen selten. Kunst ist eine Klassenfrage. Die meisten bekannten Kunstsammler kommen schon aus Verhältnissen, in denen ihnen die Umgangsformen vererbt werden, mit denen man auf jeder Eröffnung eine gute Figur macht. Aber auch in Deutschland und Belgien haben zur selben Zeit Lehrerinnen und Zahnärzte aus Begeisterung für das Neue Kunst gesammelt, die sie sich leisten konnten, und damit beachtliche Sammlungen aufgebaut. Klar: Einkommenschancen waren gleichmäßiger verteilt als heute, Immobilien waren wesentlich günstiger als heute, und viel mehr Menschen hatten Chancen Vermögen aufzubauen. Bei den Vogels kommt eine weitere historische Besonderheit hinzu: dass von den 60ern bis in die 80er Jahre die halbe Kunstwelt aus New York regiert wurde und insofern mit einer U-Bahn-Fahrt zu erreichen war (s. *Wie groß ist die Kunstwelt?*). Künstler, die zu Preisen verkauften, die die Vogels zahlen konnten, könnten sich heute das Leben in New York gar nicht mehr leisten.

Trotzdem zeigt das Beispiel der Vogels, dass es möglich

ist, Klassengrenzen zu durchbrechen: im Vertrauen auf die eigenen Fähigkeiten und im ehrlichen Interesse für die Fähigkeiten und Ideen anderer. Die Frage ist nicht, was der Zugang kostet. Die Frage ist, wofür genau man den Zugang möchte. Wer das weiß, kann einfach eintreten. Die Vogels stehen für das zivilisatorische Versprechen der Kunst: Jeder kann in jedem Moment mit Kunst anfangen. Geld ist eine Macht. Aber die menschliche Wahrnehmung ist auch eine Macht. Und jeder hält diese Macht in der Hand.

14

Was ist der Unterschied zwischen einem Kunstwerk und einem Buch?

Wenn ich ein Buch in die Hand nehme und anfange zu lesen, entstehen Bilder in meinem Kopf. Wenn ich ein Gemälde betrachte, ist es umgekehrt: Ich verliere mich in der Fülle konkreter Einzelheiten, und in meinem Kopf entstehen Geschichten.

Die Bilder, die beim Lesen im Kopf entstehen, mögen bei allen andere sein. Aber was wir erleben, wird sich ähneln. Über das, was im Buch steht, wird wenig Streit entstehen, und wenn, lässt er sich mit einem Blick in den Text lösen (drum sind Gesetze ja in Texten verfasst und nicht in Bildern).

Auch die Beschreibungen, die man später vom Gemälde hört, werden sich voneinander unterscheiden. Ich kann die Formen beschreiben, die ich sehe; ich kann einzelne Pinselstriche beschreiben; ich kann versuchen, den Stil zu beschreiben; ich kann eine Erzählung dessen erfinden, was auf dem Bild passiert; ich kann verschiedene Interpretationen anstellen, und diese Interpretationen können einander sogar widersprechen. Auch bei dem, was man sieht, kann der Streit anfangen: Es ist manchmal erstaunlich, wie unterschiedlich man Details erinnert und wie sich Fehldeutungen festsetzen, nur weil man nicht genau hingeschaut hat oder weil man im

Bild etwas wiederzuerkennen glaubte, das man vorher schon im Kopf hatte. (s. *Liegt Kunst im Auge des Betrachters?*) Aber am Ende wird man sich doch auf einigermaßen genaue Beschreibungen einigen können. Es gibt da ja das konkrete Material. Nur, wenn man Bedeutungen sucht, wird es beliebig, (s. *Was wollen uns die Künstler sagen?*)

Ich kann in einem Buch Seiten überspringen, kann das Ende zuerst lesen. Aber ich werde jede Passage in eine bestimmte Richtung lesen müssen, nach links auf Arabisch, nach rechts auf Französisch, nach unten auf Japanisch. Bei einem Kunstwerk weiß ich oft nicht, wo ich anfangen soll. Bei Gemälden in mittelalterlichen Handschriften ist es einfach, sie erzählen Geschichten von links nach rechts. Und Renaissance-Gemälde lenken meist den Blick von Figuren im Vordergrund ins Bild hinein. Aber wo fängt man beim schwarzen Quadrat an? Wo bei einem Flaschentrockner? Skulpturen stehen einfach vor einem, wie ein Baum, und man weiß nie, wann man sie zu Ende angeschaut hat. Wenn man in Installationen tritt, fühlt man sich oft besonders dumm, weil man einfach nicht weiß, wie man sie lesen soll. Man erfasst Kunstwerke einfach anders. Jedes ist ein anderer Organismus mit anderen Elementen, die zueinander je anders im Verhältnis stehen.

Man kann es so sagen: Bücher sprechen. Kunstwerke sind stumm. (Selbst wenn sich riesige Ventilatoren drehen oder von einer Leinwand Blitze zu Discomusik auf mich niederzucken, bleibt der Eindruck einer unüberbrückbaren Kluft.) Dieses Stummbleiben der Kunstwerke, ihre Weigerung, sich zu erklären, wie sie es uns überlassen, sie zu beleben, das ist die Grundlage ihrer Wirkung. Und so ist eins der schlimmeren Dinge, die man über ein Kunstwerk sagen kann (wie freilich auch über einen Roman), es sei geschwätzig.

Oft kann ich mich einfach nicht auf ein Werk konzentrieren

und gleite immer wieder ab. Dann nehme ich manchmal mein Handy in die Hand, drücke auf Sprachaufnahme und fange an, mir zu erzählen, was ich sehe. Ich bin dann selbst überrascht, welche Details ich auswähle und zu welchen ich weitertreibe. Ich bin ganz im Bild und habe bewusste Eindrücke, an die ich mich auch später noch erinnere (auch wenn sie nachträglich nicht leicht zu beschreiben sind).

Ich stand mal im Frankfurter Museum für Moderne Kunst und war vom Schlag getroffen. Es war in einer Einzelausstellung der Amerikanerin Cady Noland. Noland hatte ab 1989 mit knallharten Installationen sofort Kultstatus erlangt, der sich noch verstärkte, als sie der Kunstwelt nur drei Jahre später den Rücken kehrte und nie wieder etwas zeigte. Bis jetzt, dreißig Jahre später. Diese Ausstellung war ihre erste große Retrospektive überhaupt. In Nolands Werk kehren dieselben Elemente in immer neuen Kombinationen wieder: Absperrstangen aus Aluminium, Baseballhelme, Einkaufskörbe, Budweiser-Dosen, Waffen, die amerikanische Flagge. Sachen, die man in den USA oft benutzt. In den weißen Ausstellungshallen, unter dem forschenden Laboranten-Blick der Besucherinnen, werden sie zu beunruhigenden Zeugnissen eines gewalttätigen Systems. Wenn die Vereinigten Staaten ein Alphabet wären, bestünden sie aus diesen Buchstaben. (Klar, jemandem mit weniger düsterem Weltbild würden andere Buchstaben einfallen. Die pazifischen Sonnenuntergänge in Ed Ruschas Gemälden vielleicht.) Tatsächlich arrangiert Noland diese Gegenstände wie Buchstaben, hintereinander, übereinander, und manchmal schüttet sie auch noch Kartoffelchips dazwischen.

Ich hatte also schon viele unterschiedliche Kombinationen dieses Alphabets gesehen, als ich in jenen Raum im zweiten Stock trat. In der Mitte, auf dem Boden, war einfach Abfall über eine Matte für Autofußräume geschüttet. Ein Paar Handschellen lag auch drauf. Und an der Wand hing einer der riesigen Siebdrucke von Andy Warhol, auf dem das Zeitungsfoto eines am Steuer verunglückten Autofahrers fünf Mal zu sehen war. Ich spürte einen Klumpen im Hals und war den Tränen nahe. Gleichzeitig schwebte ich fast über dem Boden vor Euphorie. So was Großartiges hatte ich lange nicht gesehen, so eine schlagende Kombination. Der trostlose Abfall, der sich mit mir den Raum teilte – und an der Wand im Bildraum der allerkühlste, nüchternste Verweis auf den Tod. Noland ließ den Warhol rückwärtslaufen. Alle medialen Übersetzungen, die sich über den Unfall gelegt hatten – das Nachrichtenfoto, die Zeitungsseite, der Siebdruck der Zeitungsseite, die Vervielfältigung des Siebdrucks – blätterten ab und gaben den Blick auf den Unfall selber frei.

Ich kann Ihnen das jetzt hier in diesem Buch erzählen, wie ich will. Was ich im Raum erlebt habe, kann ich im Text nur versuchen nachzubauen. (s. *Kann man über Kunst sprechen?*) Genau eben diese Wirkung kann man nur mit echten Dingen schaffen, die sich selbst nicht erklären. (Später fiel mir übrigens ein, dass Cady Noland als Kind einen traumatischen Autounfall erlebt hatte. Es war, als hätte sich in ihrer Installation das Trauma übertragen. (Ganz abwegig ist das nicht. Gute Künstler arbeiten wie gute Therapeuten mit Intuition. Irgendwann stimmt es einfach, und der nächste, der in den Raum kommt, spürt, dass hier was nicht stimmt. Die Handlungslücke, die zwischen dem abgelegten Material und der Szene auf der Leinwand klaffte – sie erlaubte diesen Schock.))

Am nächsten kommt dem, was man mit Kunst machen kann, dieses Stolpern über Lücken zwischen gewohnten Sinnzusammenhängen und das Stürzen in sie, in der Sprache wohl die Lyrik. Sie kann Wörter oder Silben so überraschend kombinieren, dass sich der Boden auftut. In den 1960er Jahren hat sich die Konkrete Lyrik auch dem Bild angenähert, zum Beispiel mit in die Schreibmaschine gehämmerten Flächen aus immer gleichen Wörtern.

Es gibt einen weiteren entscheidenden Unterschied zwischen Büchern und Kunstwerken: Wenn ich ein Buch lese, habe ich das literarische Werk vor mir, in meiner Hand. Wenn in diesem Buch aber ein Kunstwerk abgebildet ist, dann habe ich nur eine Abbildung des Werkes vor mir. Niemand würde behaupten, er habe nur eine Kopie des Buches in der Hand, auch wenn es zehn Millionen Exemplare dieses Buches auf der Welt gibt, und auch, wenn in einem Museum das Manuskript als Original ausgestellt wird. Ein Kunstwerk aber gibt es nur je einmal. Klar wird sich immer jemand finden, der auch das aufwändigste und schwierigste Gemälde kopieren kann. Dass es sich dabei um das Original handelt, wird man dem Käufer aber nur solange erzählen können, bis der Schwindel irgendwann auffliegt. (s. *Woran erkennt man ein Kunstwerk?*) Auch bei theoretisch endlos reproduzierbaren Werken wie Fotografien oder Drucken gibt es nur eine bestimmte Anzahl autorisierter Exemplare, belegt durch die Unterschrift des Künstlers oder ein unterschriebenes Zertifikat.

Das macht Kunstwerke zu Orten im engsten Sinne: etwas, das jetzt gerade nur hier ist. Paris ist ein Ort, aber die Mona Lisa ist auch ein Ort. Wir wissen, wo sie ist, und von ihr geht ein Versprechen aus. Man kann ein Kunstwerk als Poster, Postkarte oder im Katalog genießen. Man weiß dabei immer, dass man nur eine Abbildung vor sich hat und das Original irgendwo anders im Museum hängt. Und je mehr Abbildungen man gesehen hat, desto größer wird der Wunsch es mal in echt zu sehen.

Ähnlich ist es, wenn man mal vor dem Originalmanuskript

eines geschätzten Buches steht. Und natürlich gibt es auch für solche Originale eine große Sammlerschaft, ganz besonders für Werke mittelalterlicher Buchkunst, die, wie Gemälde, je für sich Unikate bilden.

Aber Leser sind sich einig, dass sie, wenn sie einen abgegriffenen Raubdruck in der Hand halten, im Prinzip das Gleiche vor sich haben wie etwa in einem limitierten Sonderdruck mit Signatur der Autorin: nämlich das literarische Werk. Bei einem Kunstwerk ist es anders: Es befindet sich meist woanders. Aber man kann zu ihm hingehen. Es teilt sich prinzipiell mit uns den Raum, ist wirklich physisch da, während Bücher nur die Träger sind und das literarische Werk virtuell. Das gibt Kunstwerken ihre Strahlkraft, ihre Aura. Es erlaubt, sie als Stars zu inszenieren, wie die Mona Lisa im Louvre oder den Salvator Mundi, den Christie's vor der Versteigerung auf wertsteigernde Welttournee schickte. (s. *Wie verrückt ist der Kunstmarkt?*) Und es erlaubt, ihre Strahlkraft auf Gebäude und Orte zu übertragen; durch Gründungen von Museen Tourist:innen anzuziehen, wie mit dem Guggenheim Bilbao oder dem Louvre Abu Dhabi; und dadurch die Ökonomien ganzer Regionen zu verändern.

15

Was ist der Unterschied zwischen einem Kunstwerk und einem Satz?

Ein Bild sagt mehr als tausend Worte, heißt es. Stimmt, oft sagt es so viel auf einmal, spricht mit so vielen Stimmen durcheinander, dass man gar nicht weiß, was es einem sagen will. Oder es bleibt einfach stumm. Aber vielleicht will es gar nichts Bestimmtes sagen. Es ist einfach da. (s. *Was wollen uns die Künstler sagen?*) Was sich mit Kunstwerken sagen lässt, wird klar, wenn man sie mit Sätzen vergleicht. Das wiederum geht am einfachsten, wenn man sich Kunstwerke anschaut, in denen Sätze vorkommen.

Einer der bekanntesten Sätze in einem Bild ist »Das ist keine Pfeife«. Er steht unter einer Pfeife, auf René Magrittes Gemälde »Verrat der Bilder« von 1929. Der Satz tut, als würde er das Bild erklären, aber das Bild widerspricht dem Satz. Es ist, als würden sie miteinander darum ringen, wer gewinnt. Aber der Kampf ist nicht zu entscheiden. Das Auge springt hin und her und bringt keins der beiden Elemente miteinander oder mit sich selbst zur Deckung. Das ist das eigentlich Spannende an diesem Bild, das, was es eigentlich zeigt: dass Sprache und Bild oft zusammenarbeiten, aber eigentlich nichts miteinander zu tun haben. Sie mögen vom Gleichen handeln, von derselben Hand mit demselben Pinsel aufgetragen sein; und trotzdem so unterschiedlich funktionieren, dass sie sich so scharf widersprechen können. Das ist der Grund, warum man so viele spannende Dinge anstellen kann, wenn man beide kombiniert.

Auf mittelalterlichen Gemälden und in Handschriften arbeiteten Schrift und Bild zusammen. Mit der stärkeren Verbreitung des geschriebenen Wortes durch den Buchdruck wurden die Kombinationen abenteuerlicher. 1500 schrieb Albrecht Dürer auf sein Selbstbildnis im Pelzrock in Latein: »So schuf ich, Albrecht Dürer aus Nürnberg, mich selbst mit charakteristischen Farben im Alter von 28 Jahren.« Dass der Maler nicht nur durch das Abbild seines Gesichtes spricht und durch die gestalterischen Entscheidungen, die er mit Pinseln und Farben getroffen hat, sondern auch mit einem geschriebenen Satz, erweitert die Macht des Künstlers. Ein Satz im Bild erläutert das Bild, er bindet das Bild stärker an seinen Schöpfer, macht es Satz-ähnlicher. Dürer spricht durch sein Gemälde von Dürer als Dürer.

Etwas ganz anderes hat neun Jahre später Lucas Cranach der Ältere gemacht. »Bezwinge mit ganzer Anstrengung deine Liebesgelüste«, steht auf seinem Bild »Venus mit Cupido«, »damit nicht Venus dein umnebeltes Herz besitzt«. Nun ist es so, dass das Bild dieser moralischen Warnung mit aller Macht entgegenarbeitet. Mit entblößten Brüsten, Schultern und Hüften hat Cranach seine Venus als größtmögliche Versuchung gemalt. Ihr Geschlecht ist durch einen durchsichtigen Schleier eher noch betont als verdeckt. Und der kleine Liebesengel, den sie mit der rechten Hand nicht mal halb entschlossen zurückhält, hat den Betrachter schon ins Visier genommen, der Bogen ist gespannt. Zu allem Überfluss trägt er eine Kette mit glänzenden roten Perlen, der Farbe der Versuchung. Das Bild sagt: Spüre Deine Lüste! Der Satz sagt:

Halte sie im Zaum! Verbot und Verbotenes steigern sich gegenseitig.

Was aber passiert, wenn ein Werk nur Worte und keine Bilder enthält? Ich denke an Monica Bonvicinis Grafik »It's Time Again« von 2019. »Es ist Zeit, wieder wütend zu werden«, steht da in fetten Kleinbuchstaben wie aus der Schreibmaschine, umgeben von Farbspritzern. Kurz irritiert über den Inhalt des Satzes und seine Absicht, schweift mein Blick sofort über alle Einzelheiten der Gestaltung: die Kleinschreibung, die etwas von der Anarchie digitaler Pioniere in den 90er Jahren ausstrahlt. Die schwarz-weiße Kopier-Ästhetik, die dem Kunstcharakter die ebenfalls anarchische Ausstrahlung eines politischen Flugblatts entgegenstellt. Die sorgfältig platzierten Farbspritzer und die von den Buchstaben heruntergelaufene Farbe. Es soll wohl so aussehen als sei der Spruch mit einer Schablone aufs Papier gesprüht worden. Ist er vielleicht auch, wie in einer Guerilla-Street-Art-Aktion. Nur, die Sprühästhetik von Street Art folgt ja einer praktischen Notwendigkeit, nämlich möglichst schnell möglichst einprägsame Botschaften im öffentlichen Raum unterzubringen, ohne erwischt zu werden. Eine Künstlerin, die im Schutzraum ihres Ateliers und aus der Sicherheit einer Karriere ihre Gestaltungsentscheidungen trifft, hat völlig andere Möglichkeiten. Warum entscheidet sie sich gerade für diese? Sie möchte vielleicht auch etwas von der Radikalität von Street Art mitnehmen.

Und jetzt wird der Unterschied deutlich zwischen einem Satz, den man sagt, und einem Satz, den man auf ein Kunstwerk schreibt. Auf einem Kunstwerk wird der Satz zum Exponat, zum Objekt. Der Fluss der Sprache, der sich sonst linear im Sprechen oder Lesen entfaltet, ist angehalten, und man hat einen Ausschnitt vor sich, den man von allen Seiten betrachten kann. Und dabei spricht der Satz plötzlich nicht alleine, sondern es mischt sich ein Chor unzähliger kleinster Details hinein. (s. *Worauf kommt es an?*) Es ist ein bisschen, wie wenn man den Satz im Kopf wiederholt: »Es ist Zeit, wieder wütend zu werden. Es ist Zeit, wieder wütend zu werden …«. Man wird dabei sehr wahrscheinlich vergessen, wütend zu werden. Der Inhalt des Satzes fällt von ihm ab und nur seine Form bleibt stehen.

So hält das Kunstwerk die größte Distanz zu diesem Satz. Und auch zur Street-Art-Ästhetik, die dadurch etwas Cartooneskes bekommt. Das Kunstwerk neutralisiert seine Botschaft. Es ist eben nicht identisch mit der Stimme der Künstlerin. Aus einem Werk spricht nicht die Künstlerin, aus einem Werk spricht die Kunst, das heißt, dieses Werk im Verhältnis zu allen anderen Werken, die es je gab und die es je geben wird.

Ich finde, Sätze in Kunstwerken funktionieren umso besser, je mehr sie dem Betrachter überlassen, was er aus ihnen macht. 1982 erschienen auf der riesigen Werbefläche am New Yorker Times Square über den durchlaufenden Börsenkursen Sätze wie: »Money creates taste«; »Private property created crime«; »Abuse of power comes as no surprise«, und dann, blinkend: »Protect me from what I want«. Die Sätze waren nicht als Kunst zu erkennen, sie sahen aus wie Werbebotschaften. Aber ihr Inhalt riss den Boden unter den optimistischen Verheißungen auf, die sonst so über die Werbefläche jagten. Das lag vor allem daran, dass unklar war, wer spricht. Selbst als der Name der Künstlerin eingeblendet wurde: Jenny Holzer.

Holzer verwendet Sätze als das, was sie sind, sobald sie Teil von Kunstwerken werden: als Objekte. Noch dazu bringt sie sich selbst zu den Sätzen in Distanz, indem sie sie »Truisms« nennt, Binsenweisheiten, also etwas, das sich ohnehin von selbst versteht und im Grunde gar nicht gesagt werden müsste. Indem sie sich derart von den Sätzen distanziert, statt ihnen mit allen Mitteln Autorität zuzuschreiben, überlässt sie ihnen erst ihre volle Macht. Indem sie die Sätze selber sprechen lässt, statt ihrerseits selbst zu sprechen. Einige von ihnen sind zu Klassikern geworden. Aus dem berühmtesten, »Protect me from what I want«, hat die Band Placebo 2003 einen Song gemacht.

16

Was ist der Unterschied zwischen einem Kunstwerk und einem Meterstab?

Wenn ich einen Raum mit Kunstwerken betrete, reagieren meine Sinne vor meinem Verstand: Ich spüre, dass ich mich innerlich verschließe, wie wenn man in eine Versammlung von Menschen kommt, die sich komisch anfühlt; oder ich spüre, dass ich mich öffne, weil ich sofort Neugierde empfinde und Vertrauen, dass mich hier eine Erfahrung erwartet, die mich abholt und weiterbringt. Manchmal habe ich gleich gute Laune oder sogar, nun ja, ein erhebendes Gefühl. (s. *Wie erkennt man ein gutes Kunstwerk?*)

Das innere Verschließen erlebe ich meist dann, wenn ich den Eindruck habe, dass hier jemand, ohne es selbst zu bemerken, in eine Idee von Kunst verstrickt ist, die schon lange bekannt ist. Neugierde erlebe ich meist dann, wenn ich zunächst gar nicht genau weiß, warum ich das Anwesende jetzt so großartig finde und immer neue Details entdecke, die die anfängliche Begeisterung bestätigen. Wenn ich einer Logik gegenüberstehe, die nicht auf die Logiken reduzierbar ist, die ich schon kenne, sondern ihnen ein neues Maß hinzufügt.

Einem neuartigen Kunstwerk zu begegnen ist gar nicht so anders wie das, was Ethnografen erleben, wenn sie einem fremden Volk begegnen, dessen Lebensweise sie nicht verstehen: Nicht nur die Zeichen und Handlungen erscheinen ihnen rätselhaft, sondern deren ganzer Zusammenhang. Wenn sie es eilig haben, werden sie zu Erklärungen kommen wie: »Die Eingeborenen haben eine irrige Auffassung der Naturgesetze, pflegen irrationale Rituale und sind nicht in der Lage, Pläne zu entwerfen und ein Ziel effizient zu verfolgen.« Bei solchen Erklärungen handelt es sich jedoch nur um Selfies der eigenen Kultur. Denn höchstwahrscheinlich herrschen in der anderen ganz andere Vorstellungen von Zielen und Mitteln. Diese können sich zeigen, wenn man eine Weile in ihr lebt. Um den Preis, dass man sich auch selbst ein Stück weit verändert. Und mit dem Gewinn, dass einem dann womöglich die eigene Kultur weniger selbstverständlich erscheint.

So kann es einem auch mit Kunstwerken gehen. Nicht nur das Kunstwerk muss sich an den mitgebrachten Erwartungen messen lassen. Die Erwartungen selbst sind an ihm zu überprüfen. Und aus dem Widerstand, den das Kunstwerk leistet, können ganz neue Erwartungen entstehen. Das funktioniert aber nicht bei jedem Kunstwerk. Nur bei solchen, die ihr eigenes Maß aufstellen.

Der Begriff des Maßes klingt mechanisch, technisch und zweckhaft. Die Maße, die Kunstwerke sind, sind aber das genaue Gegenteil. Ein Maß ist ein Kunstwerk nicht, wenn es mit etwas übereinstimmt, sondern wenn es letztlich mit nichts ganz übereinstimmt. Erst dann, wenn ein Kunstwerk sich von bestehenden Maßstäben löst, kann es ein Maß sein.

Kunstwissenschaftler messen die ganze Zeit: Sie vergleichen Bilder miteinander. Sie bestimmen die Originalität eines Werks aus seinen Unterschieden zu anderen. Dass man Werke selbst bislang nicht als Maße bezeichnet hat, kommt vielleicht daher, dass man sich ein Maß nie so vorgestellt hat, dass es nur mit sich selbst übereinstimmt. Aber vielleicht sind das die wichtigsten Maße.

Ein einzigartiges Maß kann natürlich vieles sein. Martin Luther King ist ein Maß. Der Ford Mustang ist ein Maß. Der Eiffelturm. Designgegenstände sind Maße, die unmittelbar verändern, was wir machen können und wie wir es tun. Man denke an den ersten Stuhl oder das erste Smartphone. Das iPhone ist ein Maß. Aber Designgegenstände veralten viel schneller als Kunstwerke. Sie werden von der Veränderung der Handlungen, die sie ermöglichen und anstoßen, überholt. Kunstwerke aber sind einfach da. Zehn Jahre später immer noch. Hundert Jahre später auch.

Manchmal sagen Leute, Gemälde veränderten sich über die Zeit. Damit meinen sie, ihre eigene Beziehung zu den Gemälden verändert sich. Dass sie immer mal wieder Neues darin entdecken. Voraussetzung dafür ist, dass die Gemälde gleich bleiben. An der Veränderung unserer Beziehung zu dem Kunstwerk können wir unsere eigene Entwicklung messen.

Ich denke, jedes gelungene Kunstwerk ist wie das Urmeter in Paris – es bringt ein Maß in die Welt, das sich über die Zeit behauptet (auch wenn das Urmeter 1960 von Lichtwellen abgelöst wurde und seitdem selbst ein historisches Objekt in einem Museum ist). Nur hatte das Urmeter Vereinheitlichung zum Ziel, während jedes Maß, das ein Kunstwerk einführt, die Welt vielfältiger macht und schwerer auf feste Maße reduzierbar. Die Begegnung mit diesen Maßen schafft ein ständiges Wechselspiel von Aufmerksamkeit, Berührung, Empathie, Befremden und damit eine Beweglichkeit, die es erlaubt, den eigenen Standpunkt mit anderen abzugleichen und in allen Bereichen infrage zu stellen – eine Fähigkeit, die eine liberale Gesellschaft braucht.

Deshalb können wir von diesen Maßen nicht genug haben.

17

Was ist der Unterschied zwischen einem Kunstwerk und einem Auto?

Zu den besonders deprimierenden unter den vielen deprimierenden Erlebnissen, von denen Galerist:innen erzählen können, gehört, dass ein Kunde, der Interesse an einem großen, teuren Gemälde äußert, sich am Ende doch für einen neuen Sportwagen entscheidet. Falls Sie selbst Sammlerin sind: Suchen Sie bei Ihrem Galeristen dafür kein Verständnis. Und verschweigen Sie die Investition unbedingt dem Künstler. Denn indem Sie Ihr Geld für ein industriell hergestelltes Luxusprodukt bei einem Konzern gelassen haben, haben Sie es sich vielleicht leicht gemacht, Ihre Freunde zu beeindrucken. Aber Sie haben damit Künstler mal wieder an den Katzentisch verwiesen, wo die Sachen hergestellt werden, die niemand braucht und die man sich vielleicht mal zwischendurch leistet, wenn man gerade Lust darauf hat, sich als Gönner der Kunst aufzuspielen. (s. *Warum soll man sich überhaupt mit Kunst beschäftigen?*)

Das heißt nicht, dass Künstler nichts für Autos übrighätten, im Gegenteil. Kaum knatterten die ersten Autos durch die Städte, landeten sie schon auf den Leinwänden von Luigi Russolo oder George Grosz. Viele Künstler sammeln selbst welche, Francis Picabia tat das zum Beispiel schon in den 20er

Jahren. Jackson Pollock starb 1956 betrunken am Steuer. Robert Rauschenberg und John Cage entdeckten das Ausmaß der Freiheiten, die man sich in der Kunst nehmen kann, als sie einen der Reifen eines Autos mit Farbe beschmierten und ihn über eine Bahn aus zwanzig zusammengeklebten Papieren steuerten. Der sechs Meter lange Balken hat durchaus Ähnlichkeit mit einem Pinselstrich, nur eben dem eines Riesen.

Seit Autos serienreif wurden, herrscht zwischen ihnen und Kunstwerken eine produktive Konkurrenz. Als Initialzündung der Modernen Kunst wird oft das »Futuristische Manifest« zitiert, in dem der Dichter Filippo Tommaso Marinetti 1909 Autos den Vorrang gegenüber Kunstwerken gab: »Wir erklären, daß sich die Herrlichkeit der Welt um eine neue Schönheit bereichert hat: die Schönheit der Geschwindigkeit. Ein Rennwagen, dessen Karosserie große Rohre schmücken, die Schlangen mit explosivem Atem gleichen … ein aufheulendes Auto, das auf Kartätschen zu laufen scheint, ist schöner als die Nike von Samothrake.«

Kartätschen sind mit Schrot gefüllte Artilleriegeschosse. Und die Nike von Samothrake ist eine atemberaubende Skulptur der geflügelten griechischen Siegesgöttin Nike aus dem 2. Jahrhundert vor Christus, deren Kopf verschollen ist. 1863 wurde sie von französischen Archäologen auf der Insel Samothrake entdeckt und nach Paris gebracht, wo sie heute am Kopf der großen zentralen Treppe des Louvre über den zu ihr aufsteigenden Besuchern jeden Moment abzuheben scheint.

Klar, dass sich das 19. Jahrhundert für diesen Fund begeisterte, war es doch besessen von in der Geschichte verborgenen künstlerischen Schöpfungen. Marinetti reißt dagegen den Blick nach vorne und beschwört die Begeisterung für die im technischen Fortschritt angelegte Zukunft. Die künstlerische Darstellung körperlicher oder geistiger Kräfte kann bei ihm nichts ausrichten gegen die Schönheit der tatsächlichen Kräfte, die das Industrieprodukt unmittelbar entfesselt. Die Ballistik siegt über sinnliche Versenkung.

Künstler sprechen über Werke oft wie Ingenieure: »Das funktioniert gut«, sagen sie, oder: »Schau, so funktioniert es besser.« Als würden sie Maschinen bauen. Dabei bauen sie etwas, das nichts Messbares produziert, etwas für das es keine Regeln gibt, bei dem man sich also Schritt für Schritt vortasten muss, bis »es funktioniert«. Was aber heißt in der Kunst, dass etwas »funktioniert«?

Bei einem Auto ist es klar: Es fährt. Es lenkt. Es bremst. Es produziert keine Überraschungen, weil es sich immer verhält wie alle anderen Exemplare derselben Serie. Und es hält.

Ein Kunstwerk aber muss auch halten: Es darf nicht aufhören, immer wieder neu zu faszinieren und zu überraschen. Obwohl es gleich bleibt. Hier ist es der Mensch, der in Bewegung bleibt. Worin genau aber diese Bewegung besteht und wie sie aussieht, ob sie vorwärts oder rückwärts oder in Schlangenlinien verläuft, ist völlig unvorhersehbar. Es gibt ja fürs Machen und Anschauen von Kunst auch keinen Führerschein. Zum Glück. Außer die Diplome und Magister von Kunsthochschulen und Universitäten, aber die müssen nicht bedeuten, dass es sich bei ihren Inhabern um die besseren Fahrer handelt. (s. *Kann man Kunst lernen?*) Es ist in der Kunst einfach unklar, was »gutes Fahren« heißt. Außer, dass man genau und aufmerksam ist und sich bewusst, dass man sich im Straßennetz des Kunstverständnisses nie alleine bewegt.

Aber auch ein Auto muss nicht nur funktionieren. Es sollte auch schön oder aufregend aussehen. Es sollte sich gut anfühlen, die Tür zu öffnen und einzusteigen. Und im Idealfall strahlen die Materialien und ihre Verarbeitung nicht nur Luxus aus, sondern auch den Sinn für gute Formen, raffinierte Effekte und das Bewusstsein von der Geschichte des Automobils. Hier gelten für Autos und Kunstwerke tatsächlich ganz ähnliche Maßstäbe. Ja, natürlich sollen auch Autos faszinieren. Und die, die über lange Zeit bis heute faszinieren, werden genauso als Ausweise der überragenden Erfindungskraft und des Witzes ihrer Gestalter angesehen und als Zeugnisse handwerklicher Perfektion wie Kunstwerke. Autos, für die nur vorhandene Ideen kopiert werden, geraten dagegen in Vergessenheit. Genauso ist es mit Kunstwerken auch.

Nur wird an Kunstwerke oft nicht derselbe Anspruch angelegt wie an Autos. Es werden Werke durchgewunken, deren Ideen veraltet sind wie ausgefahrene Gebrauchtwagen. Es landen Bilder an Wänden, die, wenn sie Autos wären, beim Fahren auseinanderfallen würden. Das liegt wahrscheinlich daran, dass es so unendlich viel schwieriger ist, ein Werk zu bewerten als ein Auto. (s. *Wie erkennt man ein schlechtes Kunstwerk?*) Die Rolle, die Kunstwerke in unseren Leben spielen, ist nicht mal ansatzweise so klar wie die Rolle, die ein Auto spielen soll. Und so werden Kunstwerke oft nicht nur weniger kennerhaft ausgewählt als Autos, sondern auch weniger gut behandelt als diese. Sie bleiben im Depot, liegen ungerahmt in der Mappe oder werden selten angeschaut. Während geliebte Wagen immer wieder aus der Garage geholt werden. Denn Autos wollen regelmäßig gefahren werden. Kunstwerke halten auch ohne Betrachter. Solange sie eine:r jener vielen unsichtbaren Hausmeister:innen der Kunst hin und wieder entstaubt und sicherstellt, dass Raumtemperatur und Luftfeuchtigkeit stabil sind. Oder solange sie über Jahrhunderte halbwegs sicher in der Erde eingeschlossen sind, wie die Nike von Samothrake.

Anders als es das »Futuristische Manifest« versprach, wurden Kunstwerke nicht von Autos ersetzt. Obwohl sie so viel langsamer sind. Wie langsam sie tatsächlich im Vergleich sind, zeigen manche Arbeiten Jimmie Durhams. Er hat Steinen lächelnde Gesichter aufgemalt und sie dann mit einem Kran in Autos gesenkt, deren Karosserien unter dem Gewicht nachgaben. Durham hat den von Marinetti ausgerufenen Wettbewerb in einem Hase-und-Igel-Wettlauf zugunsten des Kunstwerks entschieden: Es gewinnt gerade wegen seiner Trägheit, die das Auto für immer als unterlegenen Gegner im Museum festhält. Marinettis futuristischen Wahn, der als Maßstab nur die Überbietung kennt, die ja ihrerseits keinen Maßstab kennt außer das jeweils Nächste, beantwortet Durham mit Abbremsung. Das ist wohl der deutlichste Unterschied zwischen Autos und Kunstwerken: Die einen beschleunigen, die anderen bremsen ab. Die einen fahren geradeaus, die anderen lassen einen die Raserei unterbrechen, anhalten, zu sich kommen. Die einen haben ein Ziel, die anderen tragen das Ziel in sich. In ihrer Fähigkeit, Verlangsamung zu schaffen, Klarheit, Genauigkeit, Besonnenheit, liegt die Leistungskraft der Kunst.

Auch bei einem Auto kann natürlich der individuelle Geschmack über die Frage der Funktionalität triumphieren. Zum Beispiel, wenn sich jemand für einen Oldtimer entscheidet. Er drückt seine Wertschätzung für eine bestimmte Leistung eines bestimmten Designers aus, oder für die Handwerkstradition einer bestimmten Automarke. Er nähert sich dem Verhalten eines Kunstkäufers an, und tatsächlich findet er die Objekte seiner Begierde oft auf demselben Markt, nämlich bei Auktionshäusern, die auch Kunst versteigern – und zunehmend sogar in denselben Auktionen.

Aus der Sicht eines Auktionshauses gibt es zwischen Autos und Kunstwerken keinen grundlegenden Unterschied: Bei beiden handelt es sich um Sammlerobjekte, für die es einen lukrativen Markt gibt, gebildet von Kennerinnen und Liebhabern mit Geld. Christie's und Sotheby's handeln bei Weitem nicht nur mit Kunst, sondern auch mit Möbeln, Schmuck, Handtaschen – und Autos. Christie's hat zum Beispiel schon zwei von Michael Schumachers Ferraris versteigert, einen sogar 2017 in einer Auktion für zeitgenössische Kunst – darauf wettend, dass sich die kulturelle Strahlkraft von Kunst und Formel 1 gegenseitig erhöhen.

Auf diesen Funkenschlag zwischen Auto und Kunst setzte auch der Autohersteller BMW, als er 1975 den Künstler Alexander Calder einlud, ein einzigartiges Auto zu gestalten. Calder, berühmt für die Beschleunigung der Kunst in motorisierten Skulpturen und im Wind hängenden Mobiles, ließ einen BMW 3.0 CSL in Gelb, Rot, Weiß und Himmelblau lackieren. Anschließend trat der Wagen beim 24-Stunden-Rennen von Le Mans an (wo er nach sieben Stunden wegen einer defekten Kardanwelle aus dem Rennen genommen werden musste). Aus der Idee wurde eins der berühmtesten Marketingprojekte der Kunstgeschichte. 21 Künstler von Andy Warhol bis Jenny Holzer haben inzwischen eins der BMW Art Cars gestaltet, die im BMW Museum in München versammelt sind. Hier fuhren Kunst- und Automobilgeschichte tatsächlich im selben Wagen.

Als Robert Rauschenberg 1986 eingeladen war, das nächste Art Car zu gestalten, beklebte er einen BMW 635 CSi mit schwarz-weißen Reproduktionen berühmter Motive aus der Kunstgeschichte, darunter die nackte Große Odaliske von Jean-Auguste Dominique Ingres. Als er später von seiner Jungfernfahrt erzählte, lieferte er eine schöne Erklärung dafür, was es bedeutet, wenn ein Kunstwerk »funktioniert«: »Es gab auf dem Weg bestimmt neun Unfälle, weil andere Autofahrer sich umschauten und sich fragten: Was war das denn? Und so wusste ich, dass mein Kunstwerk funktionieren würde.«

18

Wie entsteht ein Werk?

Sie sitzen am Meer und lauschen den Wellen. Sie spüren die Hitze der Sonne und den Wind auf der Haut. Sie lesen ein paar Zeilen und schauen wieder auf. Die Brandung rauscht immer noch. Oben auf dem Felsgrat verschwinden die Badegäste, die gerade noch nebenan saßen. Aus den hinteren Zimmern Ihres Bewusstseins treten Gedanken hervor. Sie lassen die Gedanken ziehen. Ihre Umrisse verschwimmen. Sie treten aus sich heraus. Da kommt Ihnen eine Idee.

Sie sitzen in einem Café und betrachten die Passanten. Sie rühren in Ihrer Tasse. Der Verkehr verschwimmt zu einem formlosen Strom. Gedankenverloren spielen Sie mit Ihrer Gabel in der Zitronentarte, trennen noch wie unabsichtlich ein Stückchen ab und schieben es sich in den Mund. Da fällt Ihnen etwas ein.

Das ist Muße: der Zustand, in dem die Ideen kommen. In dem einem keine dringenden Aufgaben das Bewusstsein verstellen, keine drückenden Sorgen auf einem lasten. In dem alles, was den Geist an äußere Abläufe bindet, seinen Griff lockert. In dem Gedanken ihre Kontur verlieren und vor sich hintreibend die Form verändern wie Wolken. Das ist der Zustand, in dem Isaac Newton im Garten seines Elternhauses unter einem Baum lag und ein herunterfallender Apfel ihn auf die Theorie der Schwerkraft brachte. Erinnerungen treten an die Oberfläche und fühlen sich plötzlich leichter an. Eine Melodie liegt auf der Lippe. Eine Gestalt zeichnet sich ab. Man ist verschwunden und woanders herausgekommen.

Das ist ästhetische Wahrnehmung. Sie liegt direkt neben der strategischen, zweckorientierten Wahrnehmung der Erledigungen. Man vergisst nur manchmal, die Tür zu öffnen, oft klemmt sie auch. Aber dann: Zwischen dem, was man vor sich hat und dem, was man im Kopf hat, tut sich ein Raum auf.

Um ästhetisch wahrzunehmen, muss man nicht ins Museum gehen. Aber je mehr Zeit man mit Kunst verbracht hat, desto leichter fällt es, sich überall auf ästhetische Wahrnehmung einzulassen, desto weiter können die Gedanken, die Assoziationen, die Einfälle reisen. Manche melden sich jetzt dafür an, einen Segelschein zu machen. Andere planen für ihre Gäste ein Menü. Und wieder andere greifen zum Stift und fangen an zu skizzieren. So entsteht ein Werk.

Der Alltag im Atelier ist freilich weit schwieriger. Die Miete ist zu bezahlen und die Mitarbeiterinnen, wenn man welche hat. Die Buchhaltung will erledigt werden, das Archiv aufgeräumt, Leinwände gespannt, Pinsel gereinigt, Material bestellt. Dann die unbeantworteten E-Mails. Den Großteil ihrer Zeit verbringen Künstlerinnen mit Organisation. (s. *Handelt es sich bei Kunst um ehrliche Arbeit?*) Und bei vielen erfolgreicheren Künstlerinnen entstehen Werke so wie andere Luxusgegenstände auch: Man lässt sie durch eine auf Kunstproduktion spezialisierte Firma herstellen. Trotzdem hängt der ganze Erfolg vom Grad der Muße ab. Davon, dass man Ideen hat, die tragen.

Was aber sind Ideen, die tragen? Die Malerei, die beim verträumten Spiel im Sand mit einem Stück Treibholz entsteht oder beim Kratzen mit dem Teelöffel im Kaffeesatz, ist es nicht. Auch mit dem Zusammenschweißen alter Rohre zu Skulpturen ist es nicht getan. Man kann natürlich immer einfach so drauflos bauen und malen, nur kommt man damit selten zu einem Werk. Denn es reicht nicht, die gewählte Technik zu beherrschen, das Malen etwa, die Steinbildhauerei oder die 3D-Modellierung. Man sollte mit ihr Dinge machen, die etwas Neues sind, das den Blick auf das Bisherige verändert. Dafür muss man sich frei machen von allem Bekannten. Dafür wiederum muss man das allerdings erst mal kennen, sonst wird man es unfreiwillig kopieren. Nur wenn man das Vorbild kennt, kann man von sich aus ein Verhältnis zu ihm eingehen, es umgehen oder ihm etwas hinzufügen. Darüber hinaus muss man Zugang zur eigenen Ehrlichkeit finden, und das kann oft Jahre dauern. Etwas wirklich Neues, Einzigartiges zu machen, das nicht nur ein Gag ist, sondern alle bestehenden Maße hinter sich lässt, ist unfassbar schwierig.

Was dann trägt, sind in der Regel keine höheren Einsichten, keine Einblicke in irgendwelche hinter den Dingen liegende Welten oder höhere Wahrheiten. Es sind schlicht neue Arten und Weisen, Dinge zueinander ins Verhältnis zu setzen. Die Malerin Alice Neel zum Beispiel gab ihren Porträts in der Art, wie sie schmale und breite Umrisse einander umspielen und Hintergründe unbemalt ließ, eine solche Lebendigkeit, dass man die intimen Beziehungen zu den Porträtierten spürt. Joseph Kosuth kam auf die Idee, drei Stühle zu zeigen: einen als Fotografie an der Wand, daneben einen echten und daneben einen fotokopierten Lexikon-Eintrag über den Begriff Stuhl. Damit hatte Kosuth vorgeführt, wie wenig die drei miteinander zu tun haben, er hatte gewissermaßen alle Stühle aus ihrem Stuhlsein befreit. »One and Three Chairs« galt bald als eine der wichtigsten Arbeiten der Konzeptkunst. Sie zeigte, dass eine gute Idee mehr produzieren kann als malerische oder bildhauerische Fertigkeiten.

Das hatte freilich schon Marcel Duchamp mit seinem Flaschentrockner gezeigt. Er gab die einfachste Antwort auf die Frage, wie ein Werk entsteht: Man nimmt einen Gegenstand und erklärt ihn zum Werk. Andy Warhol ging sogar irgendwann dazu über, Geldscheine zu signieren, was wohl als Nullpunkt der Kunstanstrengung gelten darf. Das könnte wirklich jeder machen. Aber versuchen Sie es mal. Sie werden nicht weit kommen. (s. *Kann ich das auch?*)

Das Besondere an einem Werk liegt also nicht unbedingt in seinen stofflichen Eigenschaften, sondern darin, welches Verhältnis es mit diesen Eigenschaften zu allen anderen Werken eingeht, die es schon gab und die noch entstehen könnten. Deshalb muss man, um zu prüfen, ob eine Idee trägt, sie ausprobieren. Man lässt seine Bilder eine Weile hängen und schaut, ob sie funktionieren. Wenn man auf sie vertraut, gibt man sie in eine Ausstellung. Dort können sie sich dann immer noch als Peinlichkeit erweisen.

Die Kunstgeschichte ist ein Säurebad. Misslungene Werke zersetzt sie, gelungene schwimmen obenauf. Ein Werk zu schaffen, bedeutet, etwas in dieses Säurebad der Kunstgeschichte zu setzen und zu sehen, ob es schwimmt.

Das macht anschaulich, wie viel für Künstler auf dem Spiel steht. Ein Kunstwerk machen ist wie allein auf einer Bühne zu stehen, und alle Augen sind auf einen gerichtet. Und zwar nicht nur die aller lebenden Menschen, sondern auch die aller Menschen, die je gelebt haben und je leben werden.

Ja, so dramatisch ist es.

19

Was braucht man, um Künstler zu sein?

Geld ist schon mal sehr hilfreich. Wer von Haus aus genügend Geld mitbringt, um sich keine Gedanken machen zu müssen, wie sie oder er das Studium finanziert, die Leinwand, die Farben, den Stahl oder die Pause von Nebenjobs, kann sich ganz der Kunst widmen. Der ist wirklich frei. Auch wenn es bitter ist: Die Freiheit der Kunst endet oft beim Geld. (s. *Wie frei ist die Kunst?*)

Aber natürlich ist Geld nicht alles, und zu den Wundern der Kunst gehört, dass hier im Prinzip jeder Vermögende von Mittellosen aus dem Rennen geworfen werden kann. Wenn die Mittellosen zum Beispiel die besseren Ideen haben, die größere Ausdauer, den produktiveren Umgang mit Enttäuschungen. Vielleicht das größere Herz. Oder den direkteren Zugang zum eigenen Schmerz. (s. *Ist Kunst nur etwas für Leute mit Geld?*)

Ich kenne Künstler Mitte sechzig, die in Einzimmerwohnungen leben und nie in den Urlaub fahren, weil sie zu wenig verkaufen, um ein Leben zu führen, das ihren Erfolgen angemessen wäre. Sie werden von ein, zwei Galerien im Programm behalten, von Kolleg:innen geschätzt, ohne auf Professuren berufen zu werden, von Sammler:innen geschätzt, ohne gesammelt zu werden. Und sie gehen trotzdem jeden Tag mit der Zuversicht und dem Tatendrang eines jungen Menschen ins Atelier. Sie beziehen den Sinn ihrer Arbeit nicht aus dem Geld, sondern aus ihrer Arbeit: aus dem Erforschen der Materialien, dem Durchbohren von Fragen, dem Verfolgen von Intuitionen. Sie haben ein unglaubliches Wissen angehäuft im Laufe eines Lebens, von dem sie zehren und das sie weitergeben. Sie messen sich nicht nur an den Lebenden. Sie wissen sich in einer großen, generationenübergreifenden gemeinsamen Künstlerwerkstatt, nur ein paar Tische entfernt von Agnes Martin, Giotto oder Rodin. (s. *Wie wird man mit Kunst erfolgreich?*)

Um Künstler zu sein, braucht man also Fantasie. Selbstlosigkeit. Eine ganz besondere Mischung aus Ehrgeiz und Bescheidenheit. Man braucht Mut. Fleiß. Und eine Distanz zu sich selbst und dem, was man macht. Ehrlichkeit und Aufrichtigkeit. Das alles zusammen erlaubt es, die eigenen Fähigkeiten und Erfahrungen so mit den verfügbaren Formen der Kunst kollidieren zu lassen, dass etwas Einzigartiges entsteht, das niemand anderes so hätte machen können.

Vielleicht braucht es dafür auch Talent. Aber ohne die genannten Eigenschaften bringt Talent einen nirgendwo hin.

20

Handelt es sich bei Kunst um ehrliche Arbeit?

Kennen Sie den? Banker sprechen vor allem über Kunst; Künstler vor allem über Geld.

Gut, ist ja nicht überraschend, dass jemand, der ganz selbstverständlich sehr viel Geld bewegt, weniger über Geld nachdenken muss als jemand, für den Geld unmittelbar mit dem Überleben verknüpft ist, weil sie oder er so sehr darum kämpfen muss, überhaupt welches zu haben. Der Witz ist nur dann witzig, wenn man dem modernen Klischee anhängt, Künstler würden nur leben, lieben und feiern. Als lebten sie in einer ganz anderen Ökonomie, frei von wirtschaftlichen Zwängen.

Noch weiter bröckelt das Klischee, Künstler seien nur am Feiern, wenn man zuhört, wie sie wirklich reden. Noch mehr als über Geld sprechen sie nämlich über Arbeit, mehr als über alles andere. »Ich habe den ganzen Tag gearbeitet«, sagen sie, oder: »Ich fahre noch ins Studio, ein bisschen arbeiten«, oder: »Ich arbeite gerade an einer neuen Arbeit.« Was früher Kunstwerk hieß, heißt heute Arbeit. »Hast du schon die neue Arbeit von der und dem gesehen?« »Ja, die Arbeit ist wirklich super.« »Werk« klang wie etwas, das über die Dinge, die aus rationalen Gründen täglich hergestellt werden müssen, hinausragt. Wer »Arbeit« sagt, verzichtet auf die Überhöhung. Er beansprucht aber auch, als Arbeitender unter anderen ernst genommen zu werden.

Die Frage, ob es sich bei Kunst um ehrliche Arbeit handelt, ist schnell beantwortet, wenn man sich klarmacht, dass weit über die Hälfte der meisten Künstlerleben aus Korrespondenz, Verwaltung und Organisation bestehen. Entweder muss man fortwährend kommunizieren – mit Galerien, Museen, Handwerkern, Produktionsfirmen oder Sammlern. Oder man hat das Glück, dass man sich Mitarbeiter leisten kann, die das übernehmen. Dann bleibt immer noch die Aufgabe, das eigene kleine Unternehmen zu führen.

In der Kunst war nicht immer so viel Geld zu verdienen wie heute. Erst in den 80er Jahren wurden die Werke Lebender wirklich teuer. Seitdem hat sich die Kunstwelt enorm professionalisiert. Es arbeiten viel mehr Menschen in ihr und verdienen immer mehr Geld in immer stärker ausdifferenzierten Berufen. Und der Beruf, um den sie alle kreisen, der Künstlerberuf, ist eben auch nicht mehr nur Berufung, also etwas, das man aus sich heraus macht, sondern Beruf: etwas, das laufen muss, um die Rechnungen zu bezahlen. Vielleicht kommt es auch daher, dass heute kaum noch eine Künstlerin sagt, sie habe ein »Werk« gemacht. Alle sprechen von »künstlerischen Arbeiten«. Als sei der Unterschied, dass ihre Arbeiten künstlerisch sind, nur ein technisches Detail.

Aber was ist eigentlich die Arbeit der Künstler:innen? Und wo entsteht ihr Wert? Wenn sie Leinwände aufspannen, Farben anrühren und auftragen? Wenn sie Skizzen machen? Wenn sie dasitzen und nachdenken? Oder wenn sie schlafen, so wie es Mladen Stilinović suggeriert, der eine Arbeit gemacht hat, die aus einer Reihe von Fotos von sich im Bett besteht und die er »Künstler bei der Arbeit« genannt hat? Wie beurteilt man eine Arbeit, die sich an keinen Regeln messen lässt, weil sie darin besteht, neue Regeln zu entwickeln? Wie unterscheidet man zwischen sinnvoll und sinnlos investierter Arbeit? Zwischen Arbeit, die zu nichts führt und Arbeit, die zu etwas führt?

Ein mögliches Maß wäre die Bezahlung: Über Generationen hinweg machen Künstler:innen immer dieselbe Erfahrung, dass das Verständnis ihrer Eltern für ihre Bemühungen in dem Maße wächst, in dem sie mit ihrer Arbeit Geld verdienen. Aber was für ein perfides, barbarisches Maß ist das denn? Ist die Arbeit eines Finanzspekulanten, der sein Geld mit Wetten auf Wetten anderer auf die Arbeit anderer verdient, mehr wert als die des arm gestorbenen Vincent van Gogh? Es ist doch oft so, dass die, die den größten Schaden anrichten, am meisten verdienen. Die, die an der Entwicklung wirklich neuartiger Dinge arbeiten, mit denen sie ein Gespräch der gegenwärtigen Menschheit mit den Menschen anderer Jahrtausende aufrechterhalten, verdienen am wenigsten.

»Kunst ist schön«, sagt der reiche Bauernsohn Wenzel in Max Ophüls Filmoper »Die verkaufte Braut« von 1932. »Macht aber viel Arbeit«, antwortet die Tänzerin Esmeralda. (Das Zitat wurde später irrtümlich Karl Valentin in den Mund gelegt, der aber im Film nur als Schauspieler mitwirkte.)

Es ist wahr, Kunst macht verdammt viel Arbeit, sie kann zu den härtesten Arbeiten überhaupt gezählt werden. Auf jeden Fall zu den ehrlichsten – weil sie nur erfolgreich sein kann, wenn die an ihr Arbeitenden sich selbst involvieren; weil das Entscheidende an ihr aus einem selbst geschöpft werden muss.

Manche Kunstwerke sehen tatsächlich aus, als hätten sie keine Arbeit gemacht, als seien sie in nur wenigen Momenten entstanden. Und manchmal ist das auch tatsächlich der Fall. Aber diesen entscheidenden Momenten sind oft Jahre der Vorarbeit vorausgegangen, das Betreten und Verlassen von Irrwegen, monatelanges Brüten über Ideen, Ausprobieren und Verwerfen. Die meiste Arbeit, die Künstler verrichten, bleibt unsichtbar. Wir sehen nur extrem konzentrierte Kondensate.

Über die Frage, wie viel Arbeit Kunst machen müsse, um teuer sein zu dürfen, wurde auch schon vor Gericht gestritten. Im Juli 1878 reichte der Maler James Whistler vor dem Londoner High Court Klage gegen den Kunstkritiker John Ruskin wegen Beleidigung ein. Ruskin hatte über Whistlers Gemälde »Nocturne in Schwarz und Gold: Die fallende Rakete« geschrieben: »Ich habe schon genug Gassenjungen-Frechheit erlebt, trotzdem hätte ich nicht gedacht, daß ein Hanswurst es wagen würde, für einen Topf Farbe, den er dem Publikum ins Gesicht wirft, 200 Guineen zu fordern.« Um zu prüfen, ob es sich hierbei um eine Beleidigung handelte, musste das Gericht feststellen, wie angemessen die Kritik war. Der klagende Künstler wurde also selbst zum Gegenstand der Untersuchung.

Man könnte Whistlers Gemälde »Nocturne in Schwarz und Gold: Die fallende Rakete« auf den ersten Blick als Zusammenspiel von Farbschlieren und lose auf die Leinwand gespritzten Punkten beschreiben. Der größte Teil der Leinwand besteht aus Verwischungen von graugrün und schwarzbraun. Im unteren Teil sind drei Figuren angedeutet, die aber zu geisterhaften Silhouetten verschwimmen, wie Spiegelungen im Wasser des Sees, an dessen Ufer hier wohl einem Feuerwerk beigewohnt wird.

Nun ist aber die Art, wie hier das Feuerwerk wiedergegeben wird, schön und bemerkenswert: Die Farbe wird nicht genutzt, um das Feuerwerk zu illustrieren. Eher scheinen die Explosionen, die Funken und der Rauch ihrerseits die Farbe zu bewegen. Der Maler macht also seine malerischen Werkzeuge, macht den Farbauftrag selbst zum Thema der Malerei. Und hält man einen Holzschnitt des japanischen Meisters Hiroshige daneben, ahnt man auch, mit dem Studium welcher Kunst der Künstler seine Lebenszeit verbrachte.

Doch der Geschmack der Zeit bevorzugte Bilder, die Geschichten erzählten, die mit Szenen der Antike Gelehrsamkeit demonstrierten und in jedem Detail Kunstfertigkeit und Mühe ausstellten. Wie die des erfolgreichen Malers Edward Burne-Jones, der als Zeuge aussagte, niemand sehe Whistler als ernsthafte Person an, seine Bilder seien nur unfertige Skizzen.

Der aufstrebende Kunstkritiker Oscar Wilde, noch entfernt von seinem Ruhm als Schriftsteller, gab schriftlich zu Protokoll, Whistlers Bild sei es wert, so lange betrachtet zu werden, wie man eine wirkliche Feuerwerksrakete betrachte, also für etwas weniger als eine Viertelminute.

Ruskins Anwalt versuchte nachzuweisen, dass es sich bei Whistlers Bildern gar nicht um Darstellungen der Gegenstände handle, die im Titel angegeben seien. Auch der Richter bezeichnete Whistlers Bilder mehrmals als »unvollständig«.

Schließlich fragte der Anwalt des Kritikers, wie lange der Maler gebraucht habe um sein Gemälde fertigzustellen. Zwei Tage, gab Whistler zu Protokoll. »Ist es die Arbeit von zwei Tagen, für die Sie zweihundert Guineen verlangen?«, fragte der Anwalt. Darauf antwortete Whistler mit dem Schlüsselsatz: »Nein. Ich verlange sie für das Wissen, das ich bei der Arbeit eines Menschenlebens erworben habe.« Die Zuschauer applaudierten.

Was hier zur Verhandlung stand, war ein ganzes Kunstverständnis: Muss der Preis für ein Kunstwerk durch die für seine Fertigung aufgebrachte Arbeit gerechtfertigt sein, oder lässt er sich auch mit den außergewöhnlichen Fähigkeiten des

Künstlers rechtfertigen, die er über viele, viele Jahre erworben hat? Der Maler Albert Moore und der Kunstkritiker William Rossetti, die für Whistler als Zeugen aussagten, vertraten letzteren Standpunkt.

Und so entschied auch die Jury: Der Kritiker habe nicht nur seine Meinung über das Gemälde geäußert, was sein gutes Recht war. Er habe den Künstler beleidigt. Weil es sich aber um keine besonders schwere Beleidigung handelte, wurde dem Beschädigten statt 1000 Pfund nur ein symbolischer Viertelpenny zugesprochen – mit der Folge, dass Whistler die Hälfte der Prozesskosten von 250 Pfund zahlen musste. Die Kunst, die er vertrat und die später abstrakte Kunst genannt werden sollte, hatte gewonnen. Aber der Sieg war teuer erkauft: Whistler musste Bankrott anmelden, seine Porzellansammlung und einen Teil seines Hausstands verkaufen. Erst zehn Jahre später erfuhr seine Kunst ein Comeback: 1892 verkaufte er die »fallende Rakete« für 800 Guineen, also das Vierfache des umstrittenen Preises.

So glücklich endet nicht jedes Risiko, das ein Künstler eingeht, sobald er sich eigene Regeln gibt. Handelt es sich dabei um ehrliche Arbeit? Ja. Vielleicht sogar um eine der ehrlichsten. Die Kuratorin Bice Curiger hat mal gesagt: »Künstler arbeiten ohne Fallnetz, wer sich in ihrer Nähe aufhält, wird selber beflügelt, die eigenen Konventionen des Tuns zu relativieren und dabei nur das Beste zu wollen.« Dem kann ich mich anschließen. Künstler sind Menschen, die daran arbeiten, Dinge, die nur sie können, in die genaueste, aufrichtigste Form zu bringen. Damit erweitern sie unsere Vorstellungen von dem, was man machen, wie man es machen und wie man es wahrnehmen kann.

Ein bisschen Vertrauensvorschuss sollten wir ihnen dafür schon geben.

21

Kann man Kunst lernen?

24 staatliche Kunsthochschulen gibt es in Deutschland, dazu noch etliche private. Außerdem gibt es verschiedenste Sommerakademien und Kurse. Wer Kunst lernen möchte, hat also eine große Auswahl. Wobei die Nachfrage weit größer ist als das Angebot: Von allen, die an staatliche Akademien wollen, wird jährlich nur ein kleiner Teil überhaupt zum Studium zugelassen. Was aber erleben sie eigentlich in den folgenden Jahren? Kann man Kunst überhaupt lernen?

Die meisten erfolgreichen Künstler waren auf einer Kunsthochschule. Irgendwas müssen sie dort also gelernt haben. Wenn man aber nachfragt, was sie gelernt haben, oder wenn man Lehrende fragt, was sie Studierenden beibringen, bekommt man selten eine eindeutige Antwort. Oft hört man, dass man Kunst überhaupt nicht lernen kann. Natürlich kann man auf der Kunsthochschule die richtigen Leute für die eigene Karriere kennenlernen. Vielleicht wird man auf einer der Jahres- oder Abschlussausstellungen schon von einer Galeristin entdeckt. Aber soll das alles sein, worum es im Kunststudium geht?

Klar, man kann das Zeichnen lernen. Man kann alle Techniken der Malerei lernen. Man kann die Steinbildhauerei lernen, das Weben, den Videoschnitt. Und man kann die Geschichte der Kunst studieren. Aber selbst wenn man all das beherrscht, ist noch nicht gesagt, dass man gelernt hat, Kunst zu machen. Denn was man nicht lernen kann, ist, aus dem Gelernten auszubrechen und all den Werken, die es schon gibt, etwas Neues hinzuzufügen. Kunst beruht auf unendlich vielen Disziplinen, die zu beherrschen sich lohnt. Aber selbst ist sie keine Disziplin. Wenn, dann ist sie die Disziplin, die darin besteht, jede andere Disziplin hinter sich zu lassen und sich eine eigene Disziplin zu erfinden.

Kunst zu lernen bedeutet also, die Nicht-Kunst zu verlernen: all das, was schon formuliert ist und sich automatisch aufdrängt. Und dieses Verlernen kann man lernen. Vor allem, indem man gemeinsam Kunst anschaut und diskutiert. Man lernt, genau hinzusehen. Man lernt, alle Entscheidungen zu verstehen, die in den Werken eingeschlossen sind, die man vor sich hat: Weil man die verwendeten Techniken kennt, weiß, was mit ihnen möglich ist und daher erkennt, wofür und wogegen sich die Künstlerin entschieden hat. Weil man weiß, welche Kunst die Künstlerin zu ihrer Zeit kennen konnte, woran sie anschloss und wogegen sie sich abgrenzte. Weil man weiß, was es noch alles an Kunst gibt und welche Bedeutung das hat, was man vor sich hat, welchen Ort es einnimmt in der Landkarte der bekannten Kunst. Und dann bekommt man ein Gefühl dafür, welchen Ort die eigenen Ideen einnehmen könnten, was mit ihnen möglich sein könnte und auf welche Details es ankommen wird. Man lernt, dahin zu gehen, wo man keine Routinen und keine Sicherheiten hat, und der eigenen Neugierde zu vertrauen. Und mit dem Risiko zu leben, dass einem gar nichts gelingt – oder Unglaubliches, das aber niemand versteht. Wenn man diese Genauigkeit und diesen Wagemut gelernt hat, dann hat man das Wichtigste gelernt.

Dafür braucht man Lehrende, die sich viel Zeit nehmen, die in der Lage sind, sich einzufühlen in das, was ihre Studierenden umtreibt und die vorleben können, wie diese Aufbrüche in Unbekanntes zu machen und zu ertragen sind. Und die einem ehrlich sagen, wenn sie glauben, dass man das Entscheidende nie lernen wird und die eigenen Qualitäten woanders besser aufgehoben sind. Von diesen Lehrenden gibt es leider zu wenige. Viele ruhen sich auf der Sicherheit, die eine lebenslange Professur bietet, aus. Sie nutzen das ihnen von der Hochschule zur Verfügung gestellte Atelier zur Verfolgung der eigenen Arbeit, besuchen ihre Klasse aber mit Glück einmal im Monat, lassen sich die neuesten Arbeiten zeigen und geben dann lustlos ein paar Tipps, die mit dem, was sie vor sich sehen, nicht viel zu tun haben. Den Rest der Zeit überlassen sie ihre Studierenden sich selbst. Die wissen sich nicht anders zu helfen als sich an dem zu orientieren, was sie sonst so mitbekommen. Sie konzentrieren sich auf die erlernten Abkürzungen zum Erfolg, das strategische Netzwerken, die Selbstvermarktung auf Instagram und die Rechtfertigung der eigenen Arbeit mit den gerade angesagten Theorien. Sie streuen also sich und anderen Sand in die Augen, weil sie das Entscheidende nicht gelernt haben: alle Regeln der bekannten Welt hinter sich zu lassen und eigene zu erfinden.

22

Worauf kommt es an?

Auf alles. Nehmen wir eins der berühmtesten Bilder der Gegenwart, David Hockneys »Portrait of an Artist (Pool with Two Figures)«, das Bild mit dem Mann im Pool vor dem Mann am Pool. Ist das Bild so gut, weil es die Wirklichkeit realistisch wiedergibt? Nein, es ist so gut, weil es Dinge erfindet. Weil die Reflektionen auf dem Pool nicht aussehen wie auf dem zugrundeliegenden Foto, sondern ihren eigenen Regeln folgen, ein eigenes Muster bilden, so spannungsvoll, dass sie hin- und herzuspringen scheinen, wenn man sie mit den Augen abfährt. Weil der Pool aus einem anderen, etwas höheren Winkel gezeigt ist als die an seinem Rand stehende Figur. Und weil das Pink von deren Sakko so heraussticht, weil es eine solche Freude macht, zu verfolgen, wie das Sonnenlicht den Herren vom Hintergrund abhebt, sein leichtes Vorgebeugtsein, das scheu ganz leicht nach vorn gestellte linke Bein, das Zögern, das sich in der Haltung ausdrückt. Nicht auf das, was das Bild zeigt, kommt es an, sondern wie es das zeigt, auf jedes einzelne Detail. Die Details ergeben zwei Männer mit Pool. Aber das, was umgekehrt passiert, ist das Entscheidende: Welche Details ergibt das Sujet zweier Männer mit Pool?

In der Kunst gibt es keine Abkürzung. Jedes Detail zählt. Es gibt kein geglücktes Kunstwerk, in dem irgendwo was nicht richtig stimmt. Niemand würde sagen: Fast alles an diesem Gemälde ist perfekt, nur diese Figur hier links ist ein bisschen missglückt. Es kann ja sogar sein, dass der Eindruck einer »missglückten Figur« genau das ist, was das Gemälde perfekt macht, perfekter als wenn die Figur perfekt aussähe (so wie Hockneys Bild nicht so gut wäre, würde es streng die Regeln der Zentralperspektive erfüllen). Aber wenn das nicht der Fall ist, ist das Gemälde eben nicht perfekt. Dann kann man auch seinen Rest nicht retten. Der schrumpft dann zur guten Absicht, zum Übermaß an Wollen, entlarvt durch einen entscheidenden Fehler. Jedes Detail in einem Kunstwerk entscheidet über das Gelingen des Ganzen. Jede Veränderung eines Details verändert das ganze Werk. (s. *Wie erkennt man ein gutes Kunstwerk?*)

Damit kommen wir zurück zur Frage, wie man denn erkennt, dass alles stimmt. Und können sie mal wieder nicht allgemeingültig beantworten, weil ein gelungenes Kunstwerk sich nun mal darin zeigt, dass es seine eigenen Regeln aufstellt.

Schauen wir uns Max Klingers monumentales Ölbild »Kreuzigung Christi« an, das im Museum der Bildenden Künste in Leipzig hängt, wo auch Klingers berühmtes Beethoven-Denkmal steht. Seine »Kreuzigung« ist 4,65 mal 2,51 Meter groß, misst sich also mit Wandgemälden der Antike und der Renaissance, auf die es auch in der linken Figurengruppe anspielt. Bewundert wurde Klingers Kreuzigung für die durchaus innovative Idee, dass der gekreuzigte Christus zum ersten Mal in der Kunstgeschichte nicht frontal im Zentrum des Bildes gezeigt ist, sondern rechts und von der Seite. Außerdem trägt Christus keinen Lendenschurz, sein Penis ist zu sehen, so wie es damals bei Hinrichtungen üblich war, um den Verurteilten auch den letzten Rest ihrer Würde zu nehmen. Damit bricht Klinger mit der herrschenden Ikonografie und setzt an ihre Stelle einen Realismus. Er holt Christus als Sterblichen unter andere Sterbliche. Nur kann er sich im ganzen Bild nicht entscheiden zwischen Realismus und symbolistischer Theatralik. Der sehr konkrete Penis passt nicht zu der Formelhaftigkeit des Bildes, oder? Die Figuren sind steinern wie Statuen und bilden untereinander keine Beziehungen. Christus starrt aus leeren Augen – nichtssagend, man weiß nicht wohin. Und die einzige Figur, bei der man ahnen kann, welche Emotion sie zeigen soll, Maria Magdalena, die im Zentrum in die Arme eines steinern, den Betrachter anstarrenden Johannes sinkt, hat keinen Ausdruck im Körper, wirkt flach und erweckt nicht den Eindruck, als teile sie sich mit dem beweinten Christus dasselbe Bild. Sie wirkt wie eine Schlafwandlerin, die sich aus einem anderen Bild hierher verirrt hat. Die Augen geschlossen, die ausgestreckten Hände verschränkt, scheint sie eine ganz andere Szene zu sehen als wir. So kann's gehen, wenn einer, der alles kann, zu viel will.

Was Klinger alles konnte, zeigt sich dagegen im kleinen 20. Blatt des Zyklus »Opus XIV«, der die erfundene Geschichte einer »gefallenen Frau« bebildert. In einer späten Szene kämpft sich die Protagonistin gegen eine herabprasselnde Steinlawine einen Hang hinauf. Das Blatt ist total verblüffend, weil es so spannend komponiert ist wie ein Comic, obwohl es damals keine Comics gab. Klinger hatte keine Vorbilder für diese Bildidee. Da es sich um eine Radierung handelt (mit dem Druck der heißen Nadel in die Druckplatte lässt sich die Dicke des Strichs bestimmen) und das Bild aus diesem Grund keine Farben enthält, dürfte man sich schnell darüber verständigen können, worauf es bei ihm ankommt.

Die Linienstärke: Stellen wir uns vor, alle Figuren und Gegenstände seien mit derselben Linienstärke gezeichnet: Die ganze Dynamik und der Eindruck von Tiefe wären weg, der sich daraus ergibt, dass die Hauptfigur nur aus wenigen Strichen angedeutet ist, während alles Bedrohliche dicke schwarze Umrisse hat.

Die Komposition: Stellen wir uns vor, die sich Rettende wäre in der Mitte des Bildes gezeigt. Die Dramatik wäre viel schwächer, weil sie noch viel Weg vor sich hätte. Jetzt, so das Versprechen, hat sie es fast geschafft. Dass der Figur dennoch alles Mögliche zustoßen könnte, verdeutlichen die durch dicke Umrisse und Schatten dramatisierten Steine. Flögen sie nicht so nah an uns vorbei, wirkten sie weit weniger bedrohlich. Und kann man sich das Pferd des Verfolgers im Vordergrund in einer dramatischeren Stellung vorstellen? Wir sehen es in genau dem Moment, in dem es auf dem Rücken gelandet ist, wir sehen den Ausdruck der Verzweiflung in seinen uns zugewandten Augen, im nächsten Moment wird es aus der Bildfläche gerutscht und gekullert sein, wie auch sein Reiter, dessen rechtes Bein unter dem Pferdeleib eingequetscht ist.

Licht und Schatten: Stellen wir uns jetzt noch vor, der Hintergrund wäre einheitlich gefärbt und nicht in verschieden helle Streifen unterteilt. Im Vordergrund, da, wo wir sind, ist es am Dunkelsten, da, wo die Frau sich den Hang hochkämpft, also dort, wo sich die Hoffnung konzentriert, am hellsten. Und im Hintergrund tritt zu den verschiedenen Stärken, Richtungen und Dichten der Linien noch ein weiteres Gestaltungs element hinzu: Striemen, die einen Sturm andeuten.

Stellen wir uns jetzt noch vor, die Figur hätte etwas an. Würde das viel ändern? Ich finde nicht. Dass sie nackt ist, macht das Ganze ein bisschen zu einer Männerfantasie, aber es stört das Bild nicht.

Das Fantastische an diesem Blatt ist seine Freiheit: Kein Element gehorcht hier einem Kalkül, das außerhalb des Bildes läge. Jedes Element wirkt autonom, und trotzdem sind sie so aufeinander bezogen, dass sich zwischen ihnen die größtmögliche Spannung ergibt.

Wer wissen will, worauf es bei einem bestimmten Kunstwerk ankommt, der wende die Warum-genau-so-Prüfung an. Der stelle sich vor, die Elemente, die besonders auffallen und verwundern, würden fehlen oder sähen anders aus. Wie würde sich das Werk dann verändern? Und jetzt nimmt man ernst, dass sie so sind, wie sie sind, und misst den Rest des Werks an ihnen. Dann ist man an das Eigentümliche herangekommen, dann ist man auf dem Weg ins Werk hinein und kann mit neuem Blick zurückkommen.

Wenn diese Gedankenspiele nichts ergeben, es also relativ egal erscheint, warum die Künstlerin sich so oder so entschieden hat, dann ist das Werk eben nicht gelungen. Wenn eine Linie auch anders hätte verlaufen können, eine Farbe auch einen anderen Ton hätte haben können: Dann hat die Künstlerin einfach keine echten Entscheidungen getroffen, und das Werk stellt keine eigene Formulierung dar. Es kommt dann in diesem Werk auf nichts an, und damit kommt es eben auch auf das Werk nicht an.

Gut, manchmal kommt es eben gerade darauf an, Vorstellungen von einem gelungenen Werk zu unterlaufen. Es gibt zum Beispiel ein ganzes Genre namens »Bad Painting«. Aber auch da, würde ich behaupten, lässt sich zwischen Bildern unterscheiden, die schlecht schlecht gemalt sind, also mehr aus Zufall als aus Absicht bestehen, und solchen, die gut schlecht gemalt sind, also gerade dadurch, wie sie bestehenden Erwartungen ausweichen, ein Maß darstellen und den Blick auf alle anderen Kunstwerke schärfen. Worauf kommt es an? Auf jedes einzelne Detail.

Um alle entscheidenden Details zum Sprechen zu bringen,

ist es außerdem wichtig, sie von denen zu unterscheiden, die das nicht sind. Zum Beispiel kommt es nicht unbedingt darauf an, dass ein Werk der Videokunst ruckelfrei und perfekt auf dem neuesten Stand der Technik inszeniert ist, so wie man das von einem Fernsehbeitrag erwarten würde. Denn das würde bedeuten, dass man das Werk mit Dingen vergleicht, an die man sich gewöhnt hat, die aber mit dem Werk nichts zu tun haben. Das wären völlig willkürliche Kriterien, die nur den Gewohnheiten folgen, die sich massenhaft etabliert haben. Für die meisten bestehenden Formate gibt es Regeln fürs Gelingen: guter Filmschnitt, gute Tontechnik, eine mitreißende Fernseh- oder Netflixserie, ein überzeugender Ted Talk. Für Kunstwerke gelten nur die Regeln, die sie selbst aufstellen. (s. *Woran erkennt man ein Kunstwerk?*) Alle Entscheidungen, die in ein gelungenes Kunstwerk eingingen, ergeben einen einzigartigen Organismus. Dieser Organismus folgt eigenen Regeln, die sich mit der Warum-genau-so-Methode identifizieren lassen.

Um zurück zum Beispiel der Videoarbeit zu kommen: Es zählt nicht, dass sie gängigen Vorstellungen eines »professionell« gemachten Videos genügt. Aber die Entscheidung für eine bestimmte Technik zählt, für ein bestimmtes Format und gegen die Professionalität und die Inkaufnahme der ruckeligen Kamera, all das zählt, jedes kleinste Detail, jedes Licht, jedes Pixel.

Ich möchte noch auf einen Grenzfall zu sprechen kommen, auf ein Werk, das für viele wahrscheinlich erst mal völlig zufällig aussieht, wenn nicht faul. (s. *Handelt es sich bei Kunst um ehrliche Arbeit?*) Auf der rechten Seite des Raums stehen Dutzende Schraubgläser verschiedener Größen ohne Deckel, weiter vorne außerdem billige Kunststoff-Flacons von billigen Kosmetikprodukten. Nach hinten hin werden die Gläser etwas spärlicher, aber auch an der linken Wand stehen noch ein paar, und zwei Gläser befinden sich ungefähr in der Mitte des Raumes. Im ganzen Raum ist Schmutz verteilt, Dreck, Erde, kleine Stück Abfall, mal dichter, mal loser. Und direkt vor uns liegt ein bisschen Kleingeld. Ja, das ist ein Werk, es stammt vom Künstler Jason Dodge, dessen Arbeiten sich eigentlich ganz treffend so beschreiben lassen, dass er Sachen scheinbar ungekünstelt irgendwo liegen lässt. Kommt es hier auf schöne Bilder an? Offenbar nicht. Kommt es auf handwerkliches Können an? Offenbar nicht. Kommt es auf besondere Objekte oder Materialien an? Ganz offensichtlich nicht.

Aber jetzt nehmen wir mal das Kleingeld weg: Das Ganze verändert sich. Sammeln wir alle Gläser ein und lassen nur die Kosmetikfläschchen stehen: Es ist was anderes. Kehren wir den Dreck auf: langweilig. Da fällt mir auf, vorne liegt noch eine Vogelfeder. Mich rührt diese Arbeit total. Sie macht mich traurig. Sie weckt in mir das Gefühl von Einsamkeit und Verlassenheit. Nicht, weil da so viel rumliegt. Sondern weil diese paralysierende Menge an lauter kleinen scheinbar unbedeutenden Dingen den Eindruck weckt, dass irgendetwas Entscheidendes fehlt (der Inhalt der Gefäße? Der Mensch, dem das Kleingeld gehört? Das Werk?). Da das Werk zum ersten Mal nach dem ersten Corona-Lockdown zu sehen war, stand es natürlich unweigerlich im Verhältnis zu Verlust, Abwesenheit, Tod. Das, was hier fehlt: Darauf kommt es an. Auf das, was ein Werk *nicht* macht, auf die Erwartung, die es bricht, auf die Regel, der es sich entzieht: Darauf kommt es an.

Ach, jetzt lese ich: Dodge hat auch den Titel weggelassen. Genial.

23

Ich bin in einem Museum. Was soll ich tun?

Bevor Sie zu den Bildern gehen, leisten Sie sich einen Audioguide. Eine fremde Stimme im Ohr zu haben, die meine Aufmerksamkeit fort von den Geräuschen der anderen Besucher lenkt, hin auf das Bild, hilft mir immer, mich auf die einzelnen Werke einzulassen. Dafür spielt es keine Rolle, wie gut der Audioguide gemacht ist. Es geht erst mal nur darum, dass man in eine bestimmte Richtung schaut und nur in eine. Denn das ist ja die schlimmste Herausforderung im Museum: dass man einfach nicht weiß, wohin man schauen soll.

Lauschen Sie also dem, was das Museum selbst Ihnen zeigen möchte, folgen Sie seiner Stimme, seinem eigenen Blick auf seine Werke. Und jetzt wehren Sie sich gegen die Stimme. Entdecken Sie in dem Werk vor Ihnen mehr als das, was die Stimme sieht. Suchen Sie Gegenbeweise zu dem, was sie sagt. Und jetzt erzählen Sie sich selbst, was in dem Werk passiert, oder Ihrer Begleitung, oder Fremden, die gerade über das gleiche Bild rätseln.

Haben Sie das Gefühl sich aufzulösen? Weil es unmöglich ist, aus dem, was Sie vor sich sehen, irgendeinen Sinn abzuleiten? Weil Sie sich nicht vorstellen können, auf welche Weise es wem gefallen könnte? Oder sind Sie dabei zu platzen, weil

Sie sich für dumm verkauft fühlen? Bleiben Sie streng. Halten Sie sich an Ihre eigene Urteilskraft. Aber folgen Sie dem Prinzip der Unschuldsvermutung. Werden Sie zur Ermittlerin. Besorgen Sie sich alle Materialien, die das Museum zur Erklärung bereitstellt (Ausstellungstexte an der Wand; Kataloge im Buchladen; andere Werke derselben Künstlerin). Vergleichen Sie Werke der Künstlerin im Internet. Wenn es dem Museum nicht gelingt, Sie vom Werk zu überzeugen, ist es selbst schuld. Es muss nicht an Ihnen liegen (kann aber). (s. *Ich verstehe nichts. Liegt es an mir?*)

Haben Sie ein Werk entdeckt, das Sie besonders neugierig macht? Bleiben Sie davor stehen, bis Ihnen langweilig wird (das passiert schnell), und dann ein bisschen länger. Fahren Sie mit Ihrer Aufmerksamkeit die Details nach, seine Form, seinen Strich. Welche Gefühle löst es aus? Was ist es, das Sie fasziniert?

Sie wissen es nicht? Bestes Zeichen. Schauen Sie, wie das Bild in Ihnen weiterarbeitet, wenn Sie zu Hause sind, und kommen Sie wieder.

Sie wissen es? Vielleicht ein bestimmtes Detail? Das Licht auf einem Knie? Der Blick einer Figur? Die rätselhafte Form einer abstrakten Skulptur? Eine bestimmte Sorte Gelb? Sie sind im Gespräch.

Natürlich können Sie auch an einer Führung teilnehmen. Ich wurde mal in zwei Stunden von zwei Kuratoren durch ihre Ausstellung von Lucas Cranach dem Älteren geführt. Danach hatte ich das Gefühl, ich weiß alles Entscheidende über das Werk. So viel Glück hat man in der Regel nie, und oft hat man Pech. Viele Führungen verunglücken am Prinzip der Stillen Post. Ein Künstler hat ein Werk gemacht. Ein Kunsthistoriker hat seine Annahmen darüber. Dazu hat er Annahmen darüber, was das Publikum interessiert und was es versteht.

Diese Annahmen vermittelt er den Leuten, die die Führungen machen. Die wiederum bringen ihre eigenen Annahmen darüber ein, was man dem Publikum zumuten kann. Und im schlimmsten Fall hat sich dann alles versendet, was das Werk ausmacht. Immer öfter wird den Führenden auch beigebracht, ständig das Publikum zu fragen, was es denkt, um es bei Laune zu halten wie eine Gruppe Kinder. Aber ich komme doch nicht ins Museum und zahle für eine Führung, um zu erzählen, was ich denke. Sondern um etwas zu erfahren, das ich noch nicht wusste.

Es gibt auch gute Ausstellungsführer:innen, und es lohnt sich, nach ihnen zu suchen. Sie kennen sich nicht nur wirklich mit den Werken aus, sie haben auch eine persönliche Beziehung zu ihnen, sie wissen, was sie selbst fasziniert oder abstößt, und sie wissen, dass sie die meisten Menschen mitreißen können, wenn sie einfach nur diese ihre eigenen Erfahrungen mit ihnen teilen. So wie die Kunsthistorikerin im Film »Museum Hours« von Jem Cohen, die einer Gruppe im Kunsthistorischen Museum ihre Sicht auf das Gemälde »Die Bekehrung des Paulus« von Pieter Bruegel dem Älteren erklärt: König Sauls Gefolge kämpft sich den Berg von Jerusalem nach Damaskus hoch, als Saul die Stimme Jesu hört und durch einen Lichtstrahl vom Pferd geschleudert wird. Die Hauptfigur des Bildes sei aber nicht der König, erklärt die Kunsthistorikerin, sondern der kleine Junge, der etwas abseits steht, einen zu großen Helm aufgezogen hat und nichts sieht. Jedes Detail in Bruegels Bildern ist gleich wichtig. (s. *Was wollen uns die Künstler sagen?*) So wie in allen Kunstwerken.

24

Was ist der Unterschied zwischen einer Galerie und einem Museum?

Galerie, Museum, Kunsthalle, Kunstverein: Am Anfang war mir der Unterschied zwischen diesen Orten unklar. An allen wurden Dinge gezeigt, die mir unverständlich schienen und von Leuten betrachtet wurden, die mehr wussten als ich. Dann fiel mir auf, dass sie an unterschiedlichen Tagen geöffnet hatten, Galerien zum Beispiel nie am Sonntag und am Montag. Und dass sich der Besuch in ihnen ganz unterschiedlich anfühlte.

In einem Museum weiß man, wo man ist, vor allem in einem öffentlichen, also von Staat oder Land oder Stadt oder Gemeinde finanzierten Museum: Es steht außer Frage, dass dieser Ort wichtig ist, weil die Gesellschaft ihn für wichtig hält. Auch der Handel, den man hier eingeht, ist klar: Man kauft ein Ticket und erwirbt damit den Anspruch, etwas geboten zu bekommen. Das Museum nimmt einen an die Hand: Es klebt Texte an die Wand oder gibt sie einem mit, die erklären, worum es in einer Ausstellung und in einzelnen Werken geht. Man kann sich von der Reihenfolge der Werke leiten lassen, sich dabei einigermaßen unbeobachtet fühlen und geht am Ende klüger wieder raus. Man weiß, was man gesehen hat und kann davon erzählen. So ist es auch in einer Kunsthalle, die sich auf den ersten Blick auch gar nicht vom Museum unterscheidet – außer, dass sie keine Sammlung hat.

Auch in Kunstvereinen bekommt man in der Regel einen Zettel in die Hand. Nur sind sie kleiner, zeigen meist nur eine, vielleicht zwei Ausstellungen gleichzeitig und darin Kunst, die gerade erst entstanden ist und noch nicht im Museum gezeigt wurde. Kunstvereine sind deshalb auch weniger bekannt, weshalb sich Menschen, die sich weniger mit Kunst beschäftigen, nur selten hierher verirren. Was schade ist, denn hier könnten sie am meisten Einfluss auf das Gezeigte nehmen. Dazu später.

Richtig schlimm ist es in einer Galerie. Hier bekommt man gleich beim Betreten das beklemmende Gefühl, dass man selbst das Exponat ist, das unter Beobachtung steht. Schwierig, sich nicht am falschen Ort zu fühlen, wenn die Mitarbeiterin hinter dem großen Bildschirm höchstens einen kalten Gruß für einen übrighat. Es sieht aus wie in einem Laden, nur dass alle Möbel rausgeräumt sind. An der Wand ein paar einfarbig bemalte Sackleinen ohne Rahmen, am Boden besprühte Stahlklumpen. Hier ist man wirklich auf sich allein gestellt beim Versuch, dem Geschehen und der eigenen Anwesenheit Sinn und Bedeutung zuzuschreiben. Zumal die ausgelegten Texte meistens unverständlich sind. (s. *Warum sind Texte über Kunst so unverständlich?*) Man muss schon sehr viel Glück haben, wenn die Mitarbeiterin sich dazu herablässt, eine Erklärung zu geben und man sich danach nicht dümmer fühlt als vorher. Galerien wollen eben verkaufen. Und sie wollen nur an Leute verkaufen, die wissen, was sie tun, was sie vor sich haben und denen kein Preis zu hoch ist.

Die beste Zeit werden Sie deshalb in einer Galerie haben, wenn Sie genau diesen Eindruck vermitteln. Sprechen Sie lauter als die Mitarbeiterinnen. Vermitteln Sie Freude und Unabhängigkeit. Erzählen Sie, was Ihnen an den Werken gefällt. Stellen Sie Fragen. Fragen Sie zum Beispiel nach dem Preis und nicken auf die Antwort bestätigend, egal wie hoch er ist. Lassen Sie sich mehr Abbildungen von Arbeiten der ausgestellten Künstlerin zeigen. Vielleicht bekommen Sie einen der meist sehr guten Espressi und können in Katalogen blättern. Tragen Sie sich in den Newsletter ein und kommen Sie zur nächsten Vernissage wieder. Lassen Sie sich also nicht vom Geld erniedrigen, und überlassen Sie den Möchtegern-Bescheidwissenden nicht das Feld. Fordern Sie die Kunstmenschen heraus. Locken Sie sie aus den Verstecken ihres Stolzes. Jeder möchte gerne unterhalten werden. Also tragen Sie zur Unterhaltung bei.

Wenn es Ihnen aber auf Dauer langweilig wird, dass hier am Ende nur Einfluss ausübt, wer genug Geld mitbringt, dann werden Sie Mitglied im nächsten Kunstverein. Gegen einen moderaten Mitgliedsbeitrag können Sie den Vorstand mitwählen, der die künstlerische Leiterin beruft, oder sich selbst in den Vorstand wählen lassen. Sie können sich von den Künstler:innen durch die Ausstellungen führen lassen oder mit der Leiterin und den Mitgliedern auf Exkursionen zu anderen Ausstellungen fahren. Sie können also die Kunst in Ihrer unmittelbaren Umgebung ermöglichen und mitgestalten. Das geht natürlich auch als Mitglied des Fördervereins oder Freundeskreises des nächsten Museums, allerdings haben da wieder nur jene richtigen Einfluss, die über genug Geld verfügen, um dem Museum hin und wieder mal gemeinsam ein Werk zu schenken.

Früher hieß Galerie, was heute Museum heißt: etwa die Uffizien in Florenz, in denen die Medici-Fürsten ab 1580 ihre Kunstsammlung allen öffentlich zugänglich machten. Auch heute sind Museen voller Galerien, was letztlich ja nur so viel heißt wie »eine Folge von Ausstellungsräumen«. Oder die Museen heißen sogar »Galerie«, wie die Moderne Galerie in Saarbrücken. Dann gibt es noch städtische und kommunale Galerien, die von Gemeinden finanziert werden, ähnlich wie Projekträume, die aber von Künstlern selbst verwaltet werden.

Erst im 19. Jahrhundert begann man, die Räume von Kunsthändlern »Galerie« zu nennen. Sie waren oft Orte des Aufstands gegen das, was im Museum gezeigt wurde, sie setzten mit den Geldern privater Sammler:innen die Kunst der Moderne durch, die heute im Museum als wertvoll gilt (nachdem die Nationalsozialisten sie zu vernichten versuchten): die Impressionisten etwa (Ambroise Vollard in Paris), die Expressionisten (Herbert Tannenbaum in Berlin). (s. *Wie groß ist die Kunstwelt?*)

Auch Kunstvereine entstanden im 19. Jahrhundert als Orte, an denen Bürger die Kunstförderung selbst in die Hand nahmen. Nirgends gibt es heute so viele wie in Deutschland, nämlich über 300. Die wenigsten können sich aber durch ihre Mitglieder finanzieren, fast alle erhalten Fördergelder ihrer Städte. Aufwändige Ausstellungen besonders interessanter Künstler:innen können sie sich oft nur leisten, weil die Galerie die Produktion bezahlt. Manchmal wird sogar ein Kunstverein zum Instrument der Galerie, um den Zoll für die Wiedereinführung eines Werkes von der Kunstmesse Art Basel in der Schweiz nach Deutschland zu sparen: Der ist nämlich niedriger, wenn es im Kunstverein ausgestellt wird. Wer das beklagenswert findet, unterstütze den lokalen Kunstverein und helfe ihm, eine der vielen ehrgeizigen Kurator:innen zu finden, die in der Lage sind, nach eigenen Regeln und Neugierden zu arbeiten und die Künstler:innen zu finden, die das auch tun.

Auch Museumsausstellungen erinnern manchmal an verlängerte Verkaufsräume der Galerien. Die Produktion neuer Werke erfolgreicher Künstler ist derart eng mit der Galerie verknüpft, dass eine Galerie viel effizienter eine Ausstellung produzieren kann als das Museum mit seinen bürokratischen Vorgaben. Zwar stellen die Regeln öffentlicher Häuser meist sicher, dass die öffentliche Hand am Ende das Geld bezahlt. Die inhaltliche Arbeit überlassen die Museen trotzdem immer öfter den Künstlerinnen und Galerien, dankbar, dass sie sich mit deren Kunst schmücken dürfen. Vielleicht werden sie noch belohnt mit einer Arbeit für die Sammlung, mit Rabatt oder gar einer Schenkung des Künstlers. In den USA bekommt sogar oft nur eine Ausstellung, wer von einer erfolgreichen Galerie vertreten wird: Fast ein Drittel der Einzelausstellungen in US-amerikanischen Museen zwischen 2007 und 2013 galten Künstler:innen derselben fünf großen Galerien. Eine Galeristin hat mir mal in einem Interview beschrieben, wie US-amerikanische Museen Galerien regelrecht in Bietergefechte schicken: Nur wer genug Geld mitbringt, bekommt die Einzelausstellung.

Bis in die 80er Jahre hinein versuchten Galerien übrigens, Museen zu gleichen: Die Büroräume waren versteckt, damit kein Anschein von Verkaufsdruck die Wirkung der Kunst beeinträchtige. Heute gilt es, den Eindruck geschäftlichen Erfolgs mit auszustellen, die Kunst also als Teil eines Marktes zu zeigen, der sie einem in jedem Moment vor den Augen wegschnappen könnte.

Was sich heute als wertvolle Kunst durchsetzt, entscheiden nicht öffentliche Museen, sondern Galerien. Wen das stört, der wähle kluge Kulturpolitikerinnen, die kluge Museumsdirektorinnen berufen, die kluge Kuratorinnen berufen, die in der Lage sind, so interessante Fragen und Themen zu formulieren, dass Künstler:innen dankbar sind, in ihren Ausstellungen vorzukommen, statt umgekehrt.

25

Warum kosten nicht alle Kunstwerke gleich viel?

Ein Galerist erzählte mir mal, wie er den Künstler Hans Peter Feldmann im Atelier besuchte und fragte, was ein bestimmtes Werk kosten solle. »Das kostet zehntausend Euro«, sagte Feldmann. »Und diese Skulptur da hinten?« »Zehntausend Euro«, antwortete Feldmann. Und diese wiederum vollkommen andere Arbeit hier? »Die …« – Feldmann sah aus als würde er gründlich überlegen – »… die kostet zehntausend Euro.«

Feldmann machte sich offenbar lustig über die Preise, die für Kunstwerke bezahlt werden. Wenn die eh willkürlich sind und keinen klaren Maßstäben folgen, kann man sie ja auch einfach selbst festlegen – was tatsächlich die meisten Künstler und Galeristen machen, wenn auch nicht derart offensichtlich.

Der Preis kann aber tatsächlich so sehr über den kommerziellen Erfolg eines Werkes entscheiden wie das Werk selbst. Als der Galerist René Block 1969 auf dem ersten Kölner Kunstmarkt, dem Vorläufer der späteren Art Cologne, sah, dass die Bilder von Robert Rauschenberg am Nachbarstand 110 000 D-Mark kosteten, beschloss er, für Joseph Beuys' Installation »Das Rudel« einfach dasselbe zu verlangen. »Das Rudel« bestand aus einem VW Bulli und 24 hölzernen DDR-

Sportschlitten, die aus der Heckklappe zu quellen schienen. Auf jeden Schlitten waren gerollte Filzdecken und Taschenlampen geschnallt. Rauschenberg stand damals für die aufregendste neue Kunst aus Amerika. In Amerika stand Beuys bald für die aufregendste neue Kunst aus Deutschland. Ohne Blocks Chuzpe wäre das vielleicht nicht so schnell passiert. Tagelang wurde er von seinen Galeristenkollegen und sogar von Beuys selbst bedrängt, den Preis zu senken. Bis der Publizist Jost Herbig die 110 000 D-Mark zahlte. Schlagartig waren die Preise, die für Kunst aus Deutschland verlangt werden konnten, an das Niveau des US-Markts angepasst. Preise sind offenbar so sehr Ermessenssache wie die Kunstwerke selbst.

Preise für Kunst unterscheiden sich so sehr wie die Vermögen auf der Welt. (s. *Wie verrückt ist der Kunstmarkt?*) Zwischen den 100 Euro, die eine Kunststudentin für eine Keramik verlangen kann, und den 142 Millionen Dollar, die für ein Triptychon von Francis Bacon bezahlt werden, herrschen aber keine fließenden Übergänge. Es gibt psychologische Schwellen, unter denen Werke schlicht zu billig sind, um das Interesse vermögender Käufer zu erlangen. Um deren Vertrauen zu wecken, sollten Preise mindestens fünfstellig sein, besser im oberen Bereich. Ab 100 000 Euro werden Werke dann ganz anders angeschaut, als ließen sich in ihnen andere Dinge erkennen, künftige Wertsteigerungen zum Beispiel. Auf der Art Basel Miami Beach erzählte mir mal der Berliner Galerist Javier Peres, er habe die Gemälde der Künstlerin Dorothy Iannone bisher nicht gut verkaufen können, obwohl sie mit ihren folkloristischen Szenen geistiger und körperlicher Liebe dem Geschmack des latein- und US-amerikanischen Publikums entsprechen müssten. »Vielleicht waren bisher schlicht die Preise zu niedrig. Das ist für Sammler eine

Kopfsache. Deshalb habe ich sie einfach mal verdoppelt.« Für bis zu 150 000 Euro gingen die Gemälde in amerikanische und europäische Sammlungen. Es gibt also nicht nur einen Kunstmarkt, sondern mehrere, und der Galerist hatte schlicht den Markt gewechselt: von dem für schwer erschwingliche Kunst auf den für sehr schwer erschwingliche Kunst.

Wie also kommt ein Preis zustande?

Im Mittelalter, als es noch kein Konzept von Kunst gab und Malerei und Bildhauerei schlicht als Handwerk galten, wurden schlicht Material und Arbeitszeit bezahlt. Erst in der Renaissance begann der Ruf des Künstlers mitzuzählen, Raffael, Michelangelo und später Rubens und Caravaggio waren so umworben, dass sie Fürsten und Päpste hochhandeln konnten. Dennoch suggerierte selbst noch im Impressionismus eine Formel, dass man es mit nachvollziehbaren Maßstäben zu tun habe: »Breite plus Höhe mal x«. X hing vom Marktwert des Künstlers ab. Spätestens mit dem Kunstboom der 80er Jahre, angefeuert durch die Entfesselung der Finanzmärkte und dem dortigen Boom der Spitzeneinkommen, sind alle Regeln gefallen.

Wenn man also nach Regeln für Preise auf dem Kunstmarkt sucht, dann könnte man sagen: Was jemand bereit ist zu zahlen, das wird auch verlangt. Wie aber soll man wissen, wie viel jemand bereit ist zu zahlen, wenn ich dieselben Werke erst verkaufen kann, wenn ich ihre Preise verdopple? Was jemand bereit ist zu zahlen, hängt von so vielen Faktoren ab: vom Ruf des Künstlers natürlich, davon etwa, wie auf den Fluren zwischen den Messekojen über neue Namen gesprochen wird. Aber auch davon, wie selten die Gelegenheiten sind, ein Werk des Künstlers zu erstehen. Galeristen halten gerne Werke zurück und erstellen lange Wartelisten, um den Wert nach oben zu treiben. Auktionshäuser tun alles, um die

Versteigerung begehrter Werke als einzigartige Ereignisse zu vermarkten, mit ein Grund, warum auf Auktionen meist deutlich mehr gezahlt wird als in Galerien. Und nicht selten ist der anonyme Käufer der Galerist selbst, der den Marktwert nach oben treiben möchte, um auch die Galeriepreise erhöhen zu können; oder weil er sich nicht anders zu helfen weiß, um einen drohenden Preisverfall seines Künstlers im Falle eines Scheiterns zu verhindern.

Am besten ist der Preis so hoch, dass er sich der Nachvollziehbarkeit entzieht. Dann setzt ein alchemistischer Vorgang ein: Objekt, Bedeutung und Preis schaukeln einander gegenseitig hoch – bis sie in höchsten Höhen zur Harmonie kommen und miteinander verschmelzen, das Werk nicht mehr vom Preis zu trennen ist. Ja, spürt die Interessentin: Natürlich ist dieser Preis für dieses Werk genau der richtige.

Kunstwerke kosten nicht gleich viel, weil sie nicht gleich sind. Es unterscheidet sich die Lebenszeit, die in sie eingegangen ist (s. *Handelt es sich bei Kunst um ehrliche Arbeit?*), es unterscheidet sich das verwendete Material und in der Folge ihre Gestalt. Außerdem sind Kunstwerke unterschiedlich gut. Manche sind einfach besser als andere, und deshalb ist es auch fair, dass sie mehr kosten. (s. *Woran erkennt man ein gutes Kunstwerk?*)

Dass die Preisunterschiede so gewaltig sind, dafür können die Kunstwerke nichts. Solange es so viele unermesslich hohe Vermögen gibt wie zuletzt zur Zeit des Feudalismus, ist es nicht nur logisch, sondern auch gerecht, dass sich die Preise für Kunstwerke derart unterscheiden. (s. *Wie verrückt ist der Kunstmarkt?*) Problematisch wird es nur, wenn die Werke selbst, und wie sie gemacht sind, keine Rolle mehr spielen. Wenn kein Gespräch mehr darüber stattfindet, welche Werke es sich warum lohnt zu unterstützen oder zu haben. Und nur das Geld selbst darüber entscheidet, wo es hinfließt. Die einzige Lösung für dieses Problem ist, dass sich ausreichend Menschen ehrlich für Kunst interessieren und ihre Meinungen öffentlich äußern können.

26

Wie verrückt ist der Kunstmarkt?

Ja, also schon ziemlich verrückt. Oder wie erklärt man sich, dass jemand 91,1 Millionen Dollar für einen ein Meter hohen Ballonhasen aus Stahl bezahlt? Oder 120 000 Dollar für eine an die Wand geklebte Banane aus dem Supermarkt? Oder 450 Millionen Dollar, also mehr als jedes Produktionsbudget eines Hollywood-Films, für ein Gemälde von Leonardo da Vinci, von dem viele sicher sind, dass es gar nicht von Leonardo da Vinci stammt?

Wenn man sich den Kunstmarkt genauer anschaut, wirkt er aber immer weniger verrückt. Jedenfalls nicht verrückter als viele andere Märkte auch. Vor allem nicht verrückter als, sagen wir, die Verteilung der Vermögen auf der Welt. Sondern ziemlich exakt genau so verrückt wie diese Verteilung der Vermögen.

Lange war der Kunstmarkt eine bedächtige Veranstaltung. Erst in den 50er Jahren wurden Auktionen Gesellschaftsereignisse, die Nachrichten produzierten. Doch bis zur Jahrtausendwende blieben sie eher gesetzte Abendveranstaltungen, auf denen sich eine eingeschworene Gemeinschaft traf, ohne dass die breite Öffentlichkeit davon viel mitbekam. Erst in den Nullerjahren, als mit dem Wachstum der Milliardärsklasse vor allem in Asien, aber auch in den USA und Großbritannien die Kaufkraft stieg, wurden Auktionen zu öffentlichen Schaukämpfen – nicht zuletzt befeuert durch die Digitalisierung, welche die Reichweite und damit die ikonische Macht der zum Verkauf stehenden Werke vergrößerte. (s. *Was ist der Unterschied zwischen einem Kunstwerk und einem Buch?* und *Wozu braucht man Originale*?) Durch die zunehmende Konzentration von Kaufkraft in immer weniger Händen und die andauernde Senkung der Leitzinsen strömte in den 2010er Jahren zunehmend Investment-Kapital in die Kunst. Vier Jahre nach der Finanzkrise von 2009 wurden am oberen Ende plötzlich Preise erzielt, die in keinem Verhältnis mehr zum Rest des Marktes standen. Als 2013 auf der Herbst-Auktion von Christie's in New York 142 Millionen für ein aus drei Leinwänden bestehendes Werk von Francis Bacon gezahlt wurden, nahmen das auch hartgesottene Kunstmarktexperten als Kategoriensprung wahr. Der Kunstinvestor Asher Edelmann, der noch bei laufender Auktion den Saal verließ, wurde mit den Worten zitiert: »Ich weiß überhaupt nicht, was Geld heute noch bedeutet.«

Seit dem Jahr 2000 hat sich die Zahl der Millionäre auf der Welt mehr als vervierfacht, von 13 Millionen auf 56 Millionen. Die Zahl der Milliardäre hat sich fast versechsfacht, von 470 auf 2755. Entsprechend sind die Spitzenpreise für Kunst gestiegen. Das Wachstum der größten Vermögen und das Wachstum der Preise auf dem Kunstmarkt verliefen zu achtzig Prozent analog, berechnete Kunstmarktanalystin Claire McAndrew. Die teuersten Preise auf dem Kunstmarkt lassen sich also nicht über die Angebotsseite verstehen, eher über die Nachfrage: die Nachfrage nach Kunst, klar, aber vor allem die Nachfrage nach hohen Preisen. Die Konzentration der Vermögen am oberen Ende entfaltet eine nie dagewesene Sogwirkung, die einzigartige, unvergleichliche Dinge anzieht.

Gäbe es nicht genügend davon, der Markt würde sie erfinden. Dass genau das passiert, zeigt das Beispiel des teuersten Kunstwerks aller Zeiten, des »Salvator Mundi«, der 2017 in der New Yorker Dependance des Auktionshauses Christie's für 450 Millionen US-Dollar an das Kultur- und Tourismusministerium von Abu Dhabi ging.

1958 wurde das Bild noch für 45 Pfund versteigert. Es galt als Werk des Leonardo-Schülers Giovanni Antonio Boltraffio, und es gab keine sicheren Spuren seiner Vorbesitzer. Erst später wurde ein Eintrag in der Sammlung König Karls I. aus dem Jahr 1649 gefunden. Dennoch zahlte 2005 ein Händlerkonsortium auf einer Auktion knapp 10 000 US-Dollar. Nachdem die zahlreichen Übermalungen abgetragen waren, ließ sich der Kurator der Londoner National Gallery, die gerade eine große Leonardo-Schau vorbereitete, überzeugen, es einer kunstwissenschaftlichen Prüfung zu unterziehen. Zweimal reisten Expert:innen an. Ein eindeutiges Urteil hinterließen sie nicht. Die National Gallery wies es in der Ausstellung trotzdem als authentischen Leonardo aus. Aufwändig restauriert, hofften die Händler es nun für 200 Millionen US-Dollar zu verkaufen. Aber alle Museen lehnten es ab: Entweder weil sie Zweifel an der Zuschreibung hatten, weil es durch die Restaurierungen zu viele Veränderungen erfahren hatte oder weil es zu teuer war. Das Bild war ein Ladenhüter, bis der russische Milliardär Dimitri Rybolowlew 2013 seinen Kunstberater Yves Bouvier bat, es für ihn zu erwerben.

Bouvier zahlte 80 Millionen und verkaufte es Rybolowlew für 127,5 Millionen. Die Differenz von 47,5 Millionen behielt er heimlich ein. (s. *Wie kriminell ist der Kunstmarkt?*) 2017 reichte Rybolowlew es im Auktionshaus Christie's ein. In zwölf Jahren hatte sich der Wert immerhin schon verzwölftausendsiebenhundertfünfzigfacht. Nun aber machte Christie's das

Gemälde zum Weltstar, lenkte die Fragen weg von der Authentizität der Zuschreibung hin zur Authentizität einer gemäldeförmigen Celebrity: 27000 Menschen sahen den Salvator Mundi auf einer Welttournee durch die Zentren der Superreichen, von New York über London nach Hongkong. Ein über Youtube verbreiteter Imagefilm namens »The World is Watching« unternahm einen beachtlichen Trick: Statt den Salvator Mundi selbst zu inszenieren, zeigte er den Eindruck, den das Bild angeblich machte. Zu eigens komponierter Filmmusik von Max Richter (der für »Black Mirror« und »Waltz with Bashir« komponiert hatte) sah man Betrachter, von leicht unten gefilmt, ehrfurchtsvoll in Tränen ausbrechen; darunter auch Prominente wie Patti Smith oder Leonardo (!) di Caprio. Die Investition lohnte sich: 400 Millionen US-Dollar gingen an Rybolowlew, 50 an Christie's. Das Gemälde wurde seitdem nicht mehr gesehen. 2018 sollte es im Louvre Abu Dhabi gezeigt werden. Die Ausstellung wurde verschoben. 2019 sollte es Teil einer Leonardo-Schau im Louvre werden. Im letzten Moment wurde die Leihgabe offenbar zurückgezogen. Damals war schon bekannt, dass der Käufer, der Tourismusminister von Abu Dhabi Badr bin Abdullah, nur als Mittelsmann für den saudischen Kronprinzen Mohammed bin Salman gehandelt hatte. Viel spricht dafür, dass die Expert:innen des Louvres ebenfalls Zweifel an der Echtheit des Werks hatten und es nicht so prominent zeigen wollten wie von bin Salman gewünscht.

Was für ein Show-Off: Da treffen das finanzielle und politische Kapital eines saudischen Prinzen auf das politische und kulturelle Kapital der französischen Republik. Beide haben ein Interesse, das Bild zu zeigen. Aber dann treffen sie auf das wissenschaftliche Kapital des Louvre. Und das wissenschaftliche Kapital des Louvres gewinnt. Weil Gemälde nun mal keine beliebig zuschreibbaren Fantasieobjekte sind. Sondern aus Fakten bestehen.

Der »Salvator Mundi« sorgte im Alleingang für 0,7 Prozent des globalen Marktvolumens für Kunst und Antiquitäten im Jahr 2018. Die Sensationen, die solche Preise darstellen, überschatten in der Berichterstattung und der allgemeinen Wahrnehmung seit Langem die Sensationen, die Werke selbst darstellen können. Das hat dazu geführt, dass immer mehr Menschen denken, Kunst und Kunstmarkt seien das Gleiche. Dabei ist nicht mal der Kunstmarkt das Gleiche wie der Kunstmarkt. Wir haben bisher nur das kleine oberste Spitzensegment angeschaut. Die Hälfte des globalen Umsatzes konzentriert sich in den oberen fünf Prozent der knapp 300 000 Galerien und Auktionshäuser, die es auf der Welt gibt. Die andere Hälfte verteilt sich also in einer langen, sinkenden Kurve auf die restlichen 95 Prozent des Marktes. Die allermeiste Kunst kommt nie auch nur in die entfernteste Nähe siebenstelliger Preise. Wer sich wirklich interessiert und ein bisschen Glück hat, kann ausgezeichnete Werke um die 1000 Euro finden. (s. *Ist Kunst nur etwas für Leute mit Geld?*) Umgekehrt kommt die Hälfte aller Galerien mit ihren Bemühungen gerade mal bei null raus oder zahlt drauf.

Der Kunstmarkt, von dem wir regelmäßig hören, ist also nur ein kleiner Kunstmarkt an der Spitze, gebildet durch eine überschaubare Zahl an Superreichen und Hyperreichen. Die Konzentration des Marktes hat dafür gesorgt, dass vier Megagalerien mit ihrem den Globus überspannenden Netzwerk an Dependancen den Markt beherrschen. Eine von ihnen, Gagosian, machte schon 2013 mehr Umsatz als alle deutschen Galerien, Auktionshäuser und Kunsthändler zusammen. Eine Galerie: mehr Umsatz als der ganze deutsche Kunstmarkt.

Dieses jähe Gefälle sorgt dafür, dass jede kleinere Galerie

den Erfolg ihrer eigenen Künstler fürchten muss: Denn ab einem bestimmten Preisniveau verlangt eine Künstlerkarriere einen solchen Takt und Umfang der Produktion, dass sie sich nur durch den Wechsel zu einer größeren Galerie aufrechterhalten lässt, die über mehr Kapital verfügt. Weil es aber im Kunstmarkt selten Verträge gibt und fast nie Tantiemen, kann die kleinere Galerie an diesem Wechsel nicht mitprofitieren und bleibt auf jahrelangen Investitionen sitzen.

Mit dem Markt der Superreichen bildete sich eine Illusion: Weil die Preisrekorde auch nach der Finanzkrise stiegen, musste man glauben, der Kunstmarkt wüchse immer weiter. Und das tat er, allerdings nur, wenn man auf den Gesamtumsatz schaute. Dieser verdankte sich jedoch nur dem Umsatz der allergrößten Galerien und Auktionshäuser. Auf dem Rest des Marktes gingen die Umsätze seit 2009 konstant zurück. Rückläufig ist seit Jahren auch die Zahl der insgesamt verkauften Werke. Das ergibt das Bild einer Schere: Während von 2017 bis 2018 die Umsätze um 12,5 Prozent stiegen, ging die Zahl der Verkäufe um etwa das Gleiche, um 11,2 Prozent, zurück. Die Umsätze von Galerien mit weniger als einer halben Million Dollar Umsatz gingen sogar um 18 Prozent zurück.

Das Einzige, was steigt, sind also die extremen Preise im sogenannten Top-Segment. Der Kunstmarkt aber war schon vor Corona am Schrumpfen.

Weit mehr noch als in Kunst floss das freie Kapital in Immobilien, vor allem in Innenstädten. Das grub dem Ökosystem der Kunst zunehmend die Grundlagen ab: Während die Gewinne mit den erfolgreichen Künstlern nach oben abwanderten, stiegen die Mieten. So mussten einige Dutzend Galerien, die in der Vergangenheit Pionierarbeit geleistet hatten, in den letzten zwölf Jahren schließen. Aber auch immer weniger Künstler können sich Ateliers in Innenstädten leisten. Unterdessen bleibt einstigen Kunden durch die gestiegenen Mieten weniger Geld – mit dem Ergebnis, dass der Mittelstand, der in der Nachkriegszeit zumindest in Mitteleuropa das Kunstleben zu einem beachtlichen Teil mittrug, sich weitgehend aus ihm verabschieden musste. Ja, selbst sehr vermögende Sammler:innen beklagen sich, dass sie bei der Geschwindigkeit, in der die Preise eben erst entdeckter Künstler steigen, nicht mehr mithalten könnten. Damit ist vielen eine der größten Freuden am Sammeln nicht mehr möglich, nämlich die, über viele Jahre an der Entwicklung eines künstlerischen Werkes Anteil zu nehmen. Man muss schon Milliardär sein, um auf der Art Basel mithalten zu können, erinnerte mich jemand, als ich ihm noch die Zunahme der Millionäre vorrechnete.

Der Kunstmarkt ist also nur bedingt im Bunde mit dem Reichtum. Er ist Opfer der sich immer dramatischer zuspitzenden Vermögensverteilung.

Der Vorwurf, die Preise am Kunstmarkt seien überzogen, lässt außer Acht, dass dort weniger der Wert der Kunst verhandelt wird als der Wert der Vermögen der Käufer. Der Kunstmarkt ist deshalb das realistischste Bild, das die Kunst je geschaffen hat: Er stellt die jähen Gefälle an Kaufkraft so anschaulich dar wie kaum eine andere Branche.

Warum also provozieren uns zehn Millionen mehr oder weniger für ein Kunstwerk mehr als der Zuwachs der großen Vermögen selbst? Weil wir offenbar die Botschaft nicht verstehen wollen. Seit Jahrzehnten bildet der Kunstmarkt einen gellenden, einen markerschütternden Hilfeschrei: den Hilfeschrei des Kapitalismus. Aber statt hinzuhören, beschimpfen wir den Boten.

Man vergisst leicht, dass auf dem Kunstmarkt nicht nur die Kunst aufgewogen wird. Auch das Geld wird aufgewogen, in Kunst. In jedem Warentausch beglaubigen zwei Güter gegenseitig ihren Wert, und allein das Vertrauen in Finanzpolitik, Währungsreserven und das staatliche Gewaltmonopol erlaubt es, Geld als Maßstab zu sehen statt als Ware, die selbst auf dem Spiel steht. Es sind mittelbar auch unsere Vermögen, die auf den Auktionen verhandelt werden, der Wert unserer Existenzen, unser Einfluss, unsere Macht, also vor allem unsere Machtlosigkeit. Aber wir begnügen uns mit Plätzen im Publikum, wo wir buhen und verlangen, dass man aufhöre, uns den Spiegel vorzuhalten. Wir spielen uns als Wächter echter Werte auf: einer Kunst, die wir nicht verstehen, und einer naiven Vorstellung eines fairen Marktes oder einer marktfreien Welt, die nie existiert hat. Und sind nicht mal in der Lage, auf unser eigenes Geld aufzupassen.

So gesehen ist der Kunstmarkt völlig rational. Es ist die Welt, die aus den Fugen ist. Das aber kann die Kunst nicht lösen. Darum müssen sich Menschen kümmern.

Übrigens ist der Kunstmarkt gar nicht so groß, wie alle denken. Mit 57,48 Milliarden Euro lag sein Umsatz 2021 19 Milliarden unter dem des Einzelhandelsimperiums REWE.

27

Wie kriminell ist der Kunstmarkt?

In nur zehn Jahren baute der russische Milliardär Dimitri Rybolowlew ab 2003 eine der spektakulärsten Kunstsammlungen auf, mit Werken von Gustav Klimt, Henri Matisse, Amadeo Modigliani, Auguste Rodin, Pablo Picasso und Mark Rothko. Etwa zwei Milliarden US-Dollar gab er dafür insgesamt aus. 2014 verging Rybolowlew aber die Freude an seinen Schätzen, als ihm klar wurde, dass er eine Milliarde zu viel gezahlt hatte. Und dass er dabei den Mann, der ihm die Werke vermittelt und den er jahrelang als Freund der Familie behandelt hatte, zum Milliardär gemacht hatte: den französischen Kunstspediteur Yves Bouvier. In einem der größten Rechtsstreite der Kunstgeschichte verklagte Rybolowlew ihn auf eine Milliarde Schadensersatz wegen Betrugs und Geldwäsche.

In der Kunstwelt hatte man sich schon länger gewundert, woher Bouvier das Geld nahm, um seine Zollfreilager in Singapur und Luxemburg zu eröffnen. Die Gewinne seiner Firma Natural Le Coultre lagen bei wenigen Millionen Dollar pro Jahr. Wie also konnte er sich in Singapur die 100 Millionen Dollar Baukosten leisten? Wie die drei Meter hohen Tresortüren, mit von Bouvier persönlich ausgewählten Griffen? Wie die Lichtinstallationen von Johanna Grawunder? Wie die sich die drei Stockwerke der Lobby hoch aufschwingende Gitterskulptur des Designers Ron Arads, die den sprechenden Titel »La Cage sans Frontières« trägt, »Käfig ohne Grenzen«? Und wie hatte er das Singapurer Parlament überzeugt, ein Gesetz zu ändern, um die Eröffnung zu erlauben?

Bouvier hatte in Genf, Singapur und Luxemburg Orte geschaffen, an denen die reichsten Menschen der Welt ihre Schätze lagern. Sie dienen als Sicherheitseinlage für Kredite, die es erlauben, noch mehr Schätze zu kaufen und einzulagern. Besonders beliebt sind Oldtimer, Weine, Gold und Kunst. Man kann die eigene Kunstsammlung besuchen und Freunde bewirten. Man kann seine Güter im angenehmsten Ambiente verkaufen. Der Käufer belässt sie dann gerne an Ort und Stelle, was Transport, Zoll und Steuern spart. Das Auktionshaus Christie's mietete in Singapur, günstig gelegen zwischen seinen Standorten London, Moskau und Hongkong, ein ganzes Stockwerk. Mit den sprudelnden Einnahmen plante Bouvier schon ein weiteres Freihandelslager in Dubai, beriet eine Gründung in Peking. Der Logistiker war dabei, ein weltumspannendes exterritoriales Netz für die Verwahrung und den Handel der teuersten Güter der Welt zu flechten, das diese vor staatlichem Zugriff, Steuern und den Augen normalsterblicher Betrachter schützen würde.

Doch da traf kurz vor Silvester 2014 sein wichtigster Kunde Rybolowlew bei einem Mittagessen auf der Karibikinsel St. Barth die Beraterin des Kunstsammlers Steven A. Cohen, und das Gespräch kam auf einen Akt von Modigliani. Cohen hatte ihn 2011 für 93,5 Millionen US-Dollar verkauft. Rybolowlew hatte ihn darauf für 118 Millionen gekauft. Wo waren die 24,5 Millionen Dollar Differenz? Das Misstrauen war schon seit März desselben Jahres geweckt, als die »New York Times« einen Londoner Kunsthändler zitierte, der meinte, der »Salvator Mundi«, um dessen Zuschreibung an Leonardo da Vinci bis heute gestritten wird, sei 2013 zwischen 75 und 80 Millionen Dollar verkauft worden. Rybolowlew hatte 125 Millionen bezahlt. Wo waren die 50 Millionen Dollar Differenz? Im November 2014 hatte er Bouvier gebeten, Werke zu verkaufen. Warum tat Bouvier das nicht?

Mit 6,8 Milliarden US-Dollar (Stand 2019) zählt Dimitri Rybolowlew zu den reichsten Menschen der Welt. Sein Vermögen hatte der Kardiologe im Moskau der 1990er Jahren begründet, als er den Düngemittelhersteller Uralkali aufbaute und an die Londoner Börse brachte. Wegen Verdacht auf Auftragsmord an einem Konkurrenten saß er 1996 ein Jahr im Gefängnis, bis ein Zeuge seine Aussage widerrief. Seitdem lebt Rybolowlew zwischen Monaco, New York und dem Genfer See. In Monaco übernahm er 2011 den Fußballclub AS Monaco für einen symbolischen Euro und machte ihn binnen sechs Jahren durch Spielerzukäufe für 140 Millionen Pfund zum französischen Meister. In New York kaufte er eine 629 Quadratmeter große Wohnung am Central Park, in Palm Beach Donald Trumps »Haus der Freundschaft«, auf Hawaii ein Haus von Will Smith. In Zypern kaufte er 2012 die Staatsbürgerschaft und wurde EU-Bürger. Und in seiner Villa in Cologny am Genfer See hingen vom Vorbesitzer noch Gemäldeleuchten, die nach Kunst riefen. 2002 vermittelte Bouvier ihm einen Marc Chagall für sechs Millionen US-Dollar. Rybolowlew baute Vertrauen auf. Und so kam es zu dem ungewöhnlichen Fall, dass Bouvier alle Rollen in einer Person vereinte, die sonst auf dem Kunstmarkt getrennt sind: Berater, Gutachter, Händler und Spediteur. Bouvier würde Rybolowlew Ikonen der Klassischen Moderne frei Haus liefern, gegen eine Provision von zwei Prozent. Berater alleine verlangen sonst eher fünf Prozent.

Was Rybolowlew nicht ahnte, war, dass Bouvier noch eine

weitere Rolle spielte: die eines Zwischenhändlers. Weil viele der reichsten Teilnehmer des Kunstmarkts zu Kunden seiner Spedition und seines Genfer Lagers zählten, hatte er einen Überblick über den Markt wie wenige. Bouvier schickte meist Mittelsleute vor oder Angestellte des Auktionshauses Sotheby's, die diskret Verkäufe organisierten. Wenn es nötig wurde, vertiefte er persönliche Beziehungen, bis ihm etwa eine französische Familie endlich den heiß ersehnten Mark Rothko verkaufte. Bouvier hielt Rybolowlews Berater dann per E-Mail über Preisverhandlungen auf dem Laufenden. Dabei spielte er die in der Regel nur vor, weil er schon selbst Besitzer des Werkes war. An einem Tag kaufte er Picassos »Joueur de Flûte et Femme en Nue« für 3,5 Millionen Euro. Am nächsten Tag verkaufte er es für 25 Millionen Euro an Rybolowlew. Für Gustav Klimts »Wasserschlangen II« kassierte er eine Marge von 60 Millionen US-Dollar. 150 Millionen Dollar wollten die Verkäufer des »Salvator Mundi«, schrieb er, nachdem er ihn für die Hälfte gekauft hatte, dann: 135. Er solle bis 120 gehen, meinte Ryblowlews Berater. 127,5 Millionen seien das Äußerste, antwortete Bouvier, ein hoher Preis, aber angemessen für einen »echten Leonardo«.

Bouvier will Rybolowlew vor dem Kauf des »Salvator Mundi« noch gewarnt haben. Niemand wolle das Bild haben, die Zuschreibung sei umstritten. Doch Rybolowlew gab das Geld gerne aus, wie auch für die anderen 37 Bilder seiner Sammlung. Das schienen nun mal die Preise zu sein. Er sah sich zu einem der mächtigsten Sammler heranwachsen. Tatsächlich war er, eingespannt in Bouviers Netz, vom realen Markt abgeschirmt. Bouvier imponierte ihm sogar mit der Gründung einer Kunstmesse in Moskau – dass es entscheidend sein Geld war, das dieses beeindruckende Beziehungsnetzwerk beförderte, dass er selbst der Finanzier des Zirkus war, der für ihn inszeniert wurde, war Rybolowlew nicht klar. So wurde der Oligarch Dimitri Rybolowlew zum am stärksten übervorteilten Menschen der Kunstgeschichte. Er verklagte Bouvier in Monaco, Singapur und in der Schweiz. In Monaco kam Bouvier gegen zehn Millionen Euro Kaution frei. Nachdem bekannt wurde, dass Rybolowlew seinen persönlichen Einfluss bei den Behörden in Monaco geltend gemacht hatte, gab das dortige Gericht 2020 Bouvier recht. In Singapur verwiesen die Behörden an die Zuständigkeit der Schweiz. Dort entschied die Genfer Staatsanwaltschaft im September 2021, es liege kein Betrug vor. Es war Rybolowlews neunte gerichtliche Niederlage gegen Bouvier. Nun will Bouvier, der nach eigenen Angaben 40 Millionen Franken für Anwälte ausgab, Rybolowlew selbst auf mehr als eine Milliarde Franken Schadensersatz verklagen. »Er hat mein Geschäft zerstört, meine Galerien, meine Zollfreilager, meine Restaurierungswerkstätten, meine Expertenworkshops, meine Analysewerkstätten.«

Die Bouvier-Affäre offenbart alle Probleme eines Marktes, der zwar wie andere auf Angebot und Nachfrage beruht, dessen Güter aber ebenso schwer untereinander vergleichbar sind wie Kapital und Wissensstand der Handelspartner:innen. Ein Markt, auf dem persönlicher Geschmack regiert. Und der nicht nur von dem Bedürfnis angetrieben wird, Kunst zu besitzen. Sondern auch entscheidend vom Bedürfnis, Geld loszuwerden. Richtig in Fahrt kam Rybolowlews Sammeltätigkeit erst während des Scheidungskriegs mit seiner Frau. Bouvier behauptet, Rybolowlew habe das Verfahren nur angestrengt, um den Wert seiner Sammlung zu drücken. Zudem war Rybolowlew 2010 durch die Wiederaufnahme von Ermittlungen gegen seine Firma Uralkali nach dem verheerenden Unglück infolge eines Salzwassereinbruchs 2006 in Werchnekamskoje gezwungen, seinen Mehrheitsanteil zu verkaufen und die fünf Milliarden US-Dollar außer Landes zu bringen. Bouvier sollte ihm »bewegliche Anlagen« verschaffen. Immobilien können beschlagnahmt werden. Kunstwerke lassen sich verstecken. »Wenn ich ein Problem habe«, soll Rybolowlew gesagt haben, »kann ich es mit ins Flugzeug nehmen«.

Die Bouvier-Affäre offenbart also auch die Vorteile von Kunst als Wertspeicher. Nicht nur gegenüber Banken, auch auf dem Schwarzmarkt werden mitunter Gemälde als Pfand eingesetzt.

Vor allem aber offenbart die Affäre das entscheidende Kapital in diesem Markt, der keine festen Regeln kennt und nur auf individuellen Einschätzungen und Übereinkünften beruht: Vertrauen. Bouvier handelte mit dem Vertrauen Rybolowlews. Noch mehr aber mit dem Vertrauen der Verkäufer:innen. »Wenn dich keiner kennt, bekommst du alle Informationen«, erklärte Bouvier einmal. »Es ist als wäre man ein Tintenfisch.« Kein Kunstspediteur war je auf die Idee gekommen, das Wissen über seine Kunden derart systematisch auszubeuten und sich selbst zum Händler aufzuschwingen. Bouviers Firmen sind diskreditiert, aus dem Luxemburger Zollfreilager, das nie ausgelastet war, musste er sich 2015 zurückziehen, für Singapur fand sich bisher kein Käufer.

Ein weiterer Fall schürte 2015 Zweifel an der Sicherheit von Bouviers Lagern: So staunte Pablo Picassos Stieftochter Catherine Hutin-Blay, als sie hörte, Bouvier habe zwei Gemälde Picassos für 36 Millionen Euro an Dimitri Rybolowlew verkauft. Beide gehörten zu 58 Werken, die ausgerechnet aus einem Lager von Bouviers Familienunternehmen Art Transit gestohlen worden waren. Bouvier legte zu seiner Verteidigung Dokumente vor, die eine Zahlung von immerhin acht Millionen Dollar an eine Stiftung Hutin-Blays belegen sollten.

Wer hier nun wie kriminell genannt werden darf, wird weiterhin vor Gerichten ausgefochten. Aber ja, Kriminalität gibt es auf dem Kunstmarkt wie auf allen anderen Märkten. Sie hat es hier nur ein bisschen leichter, weil er unter allen legalen Märkten noch immer der am schwächsten regulierte ist. Hier die beliebtesten Verbrechen:

1. Betrug

Man fälscht Rechnungen um die Provision aufzustocken, wie der 2015 verurteilte Kunstberater Helge Achenbach. Man malt Werke der Klassischen Moderne, die es nie gab, fälscht dazu Stempel und Zertifikate historischer Galerien und bringt sie auf den Markt – wie Wolfgang Beltracchi, der 300 Gemälde in Umlauf gebracht haben will, aber nur für 14 angeklagt wurde. Oder die New Yorker Galerie Knoedler, deren 165-jährige Geschichte 2011 endete, als aufgedeckt wurde, dass sie seit 1994 systematisch Fälschungen unter den Namen Jackson Pollocks, Willem de Koonings und anderer abstrakter Expressionisten hatte anfertigen und verkaufen lassen. Oder man malt, wenn jemand unbedingt ein Gemälde aus dem Jahr 1996 sucht und dazu ein Hollywood-Schauspieler wie Alec Baldwin ist, das Bild noch mal – so der Maler Ross Bleckner auf Betreiben seiner Galeristin Mary Boone, die 2017 über eine Million US-Dollar Schadensersatz an Baldwin zahlen musste.

2. Steuerhinterziehung

Man versteckt seinen Kunstbesitz in Steueroasen oder auf einer Yacht in internationalen Gewässern. Und wenn man ihn doch mal einführen möchte, zum Beispiel in die Schweiz, beauftragt man eine Galerie mit der Einfuhr, weil Steuern erst nachträglich im Fall eines Verkaufs fällig werden, verprellt jeden Interessenten mit überzogenen Preisen und hängt sie ins eigene Hotel – so wie es der Milliardär Urs Schwarzenbach mit 88 Werken im Wert von rund 100 Millionen Franken machte, wofür das Zürcher Bezirksgericht ihn 2021 zu einer Strafe von sechs Millionen Franken verurteilte.

3. Geldwäsche

Man zahlt in bar, was meist den Preis erheblich senkt, und erhält Kulturgüter im Tausch für kriminelles Geld. Schöner kann Geldwäsche nicht sein. Irgendwann gibt man es, versteckt hinter Mittelsmännern, auf eine Auktion. Das ist schwieriger geworden, seit das Know-Your-Costumer-Prinzip um sich greift. Seit 2020 schreibt zum Beispiel eine europäische Richtlinie gegen Geldwäsche vor, dass der Verkäufer ab einem Wert von 10 000 Euro den Käufer genau prüft. Die US-Regierung bereitet Ähnliches vor. Besser, man schiebt Geld in einen Glücksspielring. Das hat der Kunsthändler Helly Nahmad vorgemacht, der nach und nach das 51. Stockwerk des New Yorker Trump Towers aufkaufte, wegen maßgeblicher Beteiligung an einem 100-Millionen-Dollar-Glücksspielgeschäft zu einem Jahr Haft verurteilt wurde, 6,4 Millionen US-Dollar und ein Raoul Dufy-Gemälde hergeben musste, nach einem halben Jahr freikam und in den letzten Amtstagen des republikanischen Präsidenten 2020 begnadigt wurde. Die Nahmad-Familie hat eine der größten Sammlungen Klassischer Moderne, ihre im Genfer Zollfreilager deponierte Kunst wurde 2013 auf bis zu fünf Milliarden US-Dollar geschätzt. Vor allem ihre Picassos sind beliebte Leihgaben für Museumsausstellungen, wo dann auf dem Schildchen diskret »Privatsammlung« steht. 2016 enthüllten die Panama Papers, dass ein gesuchter Modigliani aus dem Besitz des jüdischen Pariser Kunsthändlers Oscar Settinger ebenfalls den Nahmads gehört – über die Offshore-Firma International Art Center, zu der sie bis dahin jede Verbindung abgestritten hatten. 2015 reiste Nahmad übrigens mit einer Sondererlaubnis des US-Bundesgerichts zur Kunstmesse Art Basel, um den Stand seiner Familie zu betreuen.

4. Umgehung von Sanktionen

Wer auf roten Listen anderer Staaten steht, kann immer noch versuchen, sein Geld mit Kunst über die Grenzen zu bringen, so wie die Putin-nahen Geschäftsleute Arkadi und Boris Rotenberg, die nach Verhängung von Sanktionen wegen der Krim-Annexion in den USA für mindesten 18 Millionen US-Dollar Kunst kauften, die sie teils über Deutschland nach Russland schufen.

5. Insiderhandel

Man spricht sich als Galerist mit Sammler:innen ab, reicht das Werk eines Künstlers zur Auktion ein und steigert es gemeinsam hoch, damit sich auch der Marktwert für alle weiteren Werke des Künstlers erhöht. Was in anderen Branchen Insiderhandel heißt, ist im Kunstmarkt, der durch und durch von persönlichen Beziehungen bestimmt ist, gar nicht so leicht vom Kerngeschäft zu trennen. Nachdem der Galerist Larry Gagosian Yves Bouvier Interessenskonflikte vorwarf, entgegnete dieser: »Ich kenne alles Gute und Schlechte im Kunstgeschäft, alles, das sich ändern sollte. Wenn Herr Gagosian einen Interessenkonflikt sieht – erstens betrete ich nie den Safe. Und wenn Herr Gagosian einen Künstler produziert, ist er ein Insider wie ich.«

Aktuell aber stehen die Zeichen auf Transparenz und Regulierung. Eine EU-Richtlinie nach der anderen verlangt Galerien immer genauere Dokumentationspflichten ab. Das berührt freilich weniger jene, die sich die legalen und illegalen Tricks leisten können. Es setzt aber die kleineren Galerien unter Druck, die im großen Kunstsystem die Pionierarbeit leisten und die nun zusätzlich Teilzeitkräfte für Bürokratie beschäftigen müssen. Weil man das eigentliche Problem, die

Steueroasen, nicht in den Griff bekommt, schichtet man als Ersatzhandlung die Aufräumarbeit auf die Kleinen um. Man darf hier durchaus die Frage der Verhältnismäßigkeit stellen: Muss man wegen einiger schwarzer Schafe einen Markt schwächen, der zur Aufrechterhaltung der gesellschaftlichen Vorstellungskraft beiträgt, und wie viel Kriminalität wird dadurch genau verhindert?

Denn bei allem oben Kolportierten handelt es sich um spektakuläre Einzelfälle, wie es sie auf jedem Markt gibt. Ich würde die Frage mal mit einer vorsichtigen Schätzung so beantworten: fünf Prozent sind kriminell, 70 Prozent völlig in Ordnung, und 25 Prozent sind einfach nur unanständig.

Diese 25 Prozent, deren Verhalten nicht justiziabel ist, sind das größere Problem. Zu ihren Machtspielen gehören folgende Aktivitäten.

1. Große Galerien erpressen Kunstmessen, indem sie ihre Teilnahme zusagen, damit auch andere Galerien zusagen – und bestehen dafür darauf, keine Standmiete zu zahlen.

2. Sammler:innen erpressen Museen, ihre Werke zu zeigen.

3. Museen erpressen Galerien, Ausstellungen ihrer Künstler zu finanzieren. Das ist im öffentlich bezuschussten deutschen Kunstbetrieb weit weniger üblich als in den USA, wo Künstler von nur fünf Galerien ein Drittel der Einzelausstellungen in Museen auf sich vereinen.

4. Nicht bezahlen:

Sammler sagen, sie kaufen ein Werk, überweisen aber das Geld nicht. Sammler nehmen das Werk schon mal mit, bezahlen aber das Geld nicht. Galerien verkaufen ein Werk, bezahlen aber die Künstler nicht. Oder die Mitarbeiter. Das ist leider das üblichste Vergehen. Dafür muss man nicht mal raffiniert sein. Nur ein bisschen mächtiger als der andere. Sodass der andere fürchtet, er hört nie wieder von einem, wenn er so indiskret ist, nach Geld zu fragen. Oder dass er den Eindruck erweckt, ein schlechter Geschäftsmann zu sein; einer, der keine Reserven hat, der so hart kalkulieren muss, dass er droht, bankrott zu gehen, wenn man ihn nicht bezahlt.

Was leider tatsächlich bei den allermeisten der souverän auftretenden, aber zerbrechlichen Geschöpfe im großen Raubtiergehege des Kunstmarkts der Fall ist.

28

Lohnt sich Kunstraub?

2015 schalteten Diebe im Kopenhagener Skulpturenmuseum während der Öffnungszeiten die Alarmanlage einer Vitrine aus, in der sich eine Bronzebüste von Rodin befand. Ein paar Tage später kamen sie wieder, ebenfalls während des laufenden Museumsbetriebs, öffneten die Vitrine und nahmen die Büste heraus. Dann steckten sie ihr Diebesgut in die Tasche und spazierten, vorbei an Aufsichten, Kameras und den anderen Besuchern, wieder nach draußen. Das auf 300 000 US-Dollar geschätzte Werk ist bis heute verschollen.

»Ein Kunstwerk zu stehlen ist tatsächlich recht einfach«, sagt Vjéran Tomic, der erfolgreichste Kunsträuber seiner Generation. Der aus Bosnien stammende Franzose entdeckte 2010 im Pariser Musée d'Art Moderne de la Ville ein Fenster, das im toten Winkel der Überwachungskameras lag. Sechs Nächte lang löste er eine nach der anderen die Schrauben im Fensterrahmen. Während eines Besuchs hatte er Lichtschranken entdeckt, die nicht auslösten. Er bewegte sich genau entlang ihrer Strahlen. Ziel des Einbruchs war Fernand Legers Gemälde »Nature morte aux chandeliers«, für das Tomic bereits einen Interessenten hatte. Aber da er schon mal da war, nahm er auch noch einen Matisse, einen Braque, einen Picasso und einen Modigliani mit. Als er wieder im Auto saß, überlegte er fünf Minuten lang, ob er nicht auch noch den anderen Modigliani holen sollte.

Wegen seiner Parcours-Künste trägt Vjéran Tomic den Namen Spiderman. Als Tomic 2004 über mehrere Tage hinweg die Wohnung des Designers Philippe Starck geplündert hatte, ohne dass dieser oder dessen Frau etwas bemerkten, verglich dieser ihn voll Bewunderung mit Arsène Lupin, dem Meisterdieb aus den Romanen Maurice Leblancs.

2017 wurde Tomic wegen des Pariser Museumsraubs zu acht Jahren Haft verurteilt. Die auf 70 Millionen US-Dollar geschätzte Beute bleibt verschollen. Dem »New Yorker« schrieb Tomic, die Bilder seien an einem sicheren Ort und warteten darauf, an ihren rechtmäßigen Besitzer zurückzugehen: ihn. 2025 wird er wieder freikommen.

Die Frage, ob jeder mit etwas Vorbereitung in ein Museum hineingehen und Kunstgeschichte für Millionen herausholen kann, steht spätestens seit dem Einbruch im Grünen Gewölbe in Dresden im November 2019 im Raum. Zum Wechsel der Wache gegen fünf Uhr morgens schalteten Unbekannte die Straßenbeleuchtung aus, durchsägten ein ungesichertes Gitter und nahmen 21 Stücke des königlichen sächsischen Hofschmucks mit insgesamt 4300 Diamanten und Brillanten mit. Mit einem geschätzten Schaden von mindestens 113,8 Millionen Euro handelt es sich um den zweitgrößten Kunstraub der Geschichte (nimmt man die Kolonialzeit, Kriege und den Nationalsozialismus aus).

Der größte war 1990 der Einbruch ins Isabella Stewart Gardner Museum in Boston: Zwei als Polizisten verkleidete Männer fesselten damals die beiden Wächter mit Klebeband und sperrten sie in den Keller, um nach eineinhalb Stunden mit drei Rembrandts, einem Vermeer, einem Manet und einigen Degas auf immer zu verschwinden. Auf 300 Millionen

Dollar wurde der Wert der Beute geschätzt. Heute wäre sie wohl mehr als das Doppelte wert. Der Fall ist inzwischen verjährt, das FBI bietet aber weiterhin zehn Millionen Dollar für Hinweise, die zum Auffinden der Werke führen.

Die philippinische Diktatorengattin Imelda Marcos hatte es leichter. Nachts klingelte sie oft den Direktor des Nationalmuseums aus dem Bett, um mit ihm durch die Räume zu gehen und das eine oder andere Bild für immer mit nach Hause zu nehmen.

So viel also zur Machbarkeit eines Kunstraubs.

Aber was dann? Was macht man mit Beute, die einen hohen Wiedererkennungswert hat und weltweit gesucht wird? Kein Händler wird sie annehmen. Seit vermisste Werke in einem internationalen Art Loss Register geführt werden, kann sich niemand mehr auf die eigene Ahnungslosigkeit berufen. Nur in der Unterwelt lässt sich Beutekunst aufhängen oder handeln – was teils auch passiert. Dann dienen Alte Meister ohne Rahmen zusammengerollt als Sicherheitseinlage oder Zahlungsmittel. Doch ihre Auftriebskraft, mit der sie wieder an die Öffentlichkeit drängen, ist hoch. Das Risiko, gefasst zu werden, auch. Wegen des Dresdner Raubs stehen vier Mitglieder des Remmo-Clans vor Gericht. Der Clan wurde schon wegen des Raubs einer hundert Kilo schweren Goldmünze aus dem Berliner Bode-Museum zu 3,3 Millionen Euro Schadensersatz verurteilt. Ließ sich die Goldmünze noch in Gold aufwiegen, so ist es bei der einzigartigen Dresdner Diamantrosen- und der Brillantgarnitur des sächsischen Königs unmöglich. Sie stehen für den kulturellen Geltungsdrang Augusts des Starken, aber auch für ein sächsisches Identitätsempfinden über alle Kriege und Systeme hinweg. Gäbe es für die Bedeutung von Kulturerbe einen Preis, läge er um ein Vielfaches höher als der Versicherungswert von 113,8 Millionen Euro. Die einzige Möglichkeit für die Diebe, ihre Beute zu Geld zu machen, war das Umschleifen der Steine – um den Preis der Vernichtung dreihundert Jahre alter einzigartiger Kunstgegenstände. Der Kunstraub von Dresden war offenbar ein schlichter Diamantenraub.

Durch Kunstraub bleibende Gewinne zu erzielen, ist also äußerst schwierig. Manche betreiben ihn vielleicht aus Leidenschaft, weil sie nicht anders können, so wie Künstler. Aber es ist doch ähnlich wie mit dem Herstellen von Kunst: Finanziell lohnt sich die Sache selten.

29

Wie groß ist die Kunstwelt?

Wenn es um Kunst geht, ist oft von der »Kunstwelt« zu lesen: Die Kunstwelt staune über dies, die Kunstwelt rede über das. Aber wer ist eigentlich diese Kunstwelt? Wer gehört dazu? Wie viele Leute bestimmen darüber, was die Kunstwelt macht, was sie denkt, was sie wertvoll findet? Und wenn es heißt, erst kam der Impressionismus, dann der Expressionismus und der Kubismus, später der abstrakte Expressionismus und die Pop Art: Wie viele Leute waren eigentlich daran beteiligt, dass die jeweils kamen, und wie viele nahmen zu jener Zeit überhaupt davon Notiz? Wie viele Menschen haben daran Anteil, dass es die Kunst gibt?

Kunst im heutigen Sinne wurde freilich immer gemacht. Aber erst während der Aufklärung, vom Ende des 18. Jahrhunderts an, begann man sie so zu nennen. Vorher gab es Architektur, Malerei, Bildhauerei, Musik und Literatur, und sie alle galten als Handwerk. Jetzt entwickelte sich eine Vorstellung davon, was sie vom Handwerk unterschied und was sie der Gesellschaft brachten, Freiheit zum Beispiel. Mit dem Bürgertum, das sich seine eigenen Geschmacksurteile bildete, entstanden Theorien der Ästhetik, und der Kunstmarkt, der im 17. Jahrhundert in den Niederlanden entstanden war, blühte auf. Jetzt wurde der 1667 von Louis XIV. gegründete Pariser

Salon, der regelmäßig neueste Kunst vorstellte, zum Ursprung der Kunstwelt. Anfang des 19. Jahrhunderts zeigte er um die 200 Werke. Anfang der 1860er Jahre waren es schon 1300. Die rund hundert Pariser Kunst- und Kuriositätenhändler begannen Werke lebender Künstler zu zeigen. Um neue Kunstrichtungen durchzusetzen, reichten oft ein Dutzend Künstler und eine Galerie. Paul Durand-Ruel kaufte ab 1871 alle Gemälde von Claude Monet und Camille Pissarro, Auguste Renoir und Edgar Degas sowie Édouard Manet; er zahlte ihnen Material und Lebensunterhalt, teils malten sie in seinem Haus. Es war ein harter Weg, bis 1886 mit einer Ausstellung in New York der Durchbruch kam. Durand-Ruel hatte quasi im Alleingang den Impressionismus erfunden, und mit ihm die internationale Kunstwelt.

Auch den Dadaisten genügte ein Dutzend Leute, um den Kunstbegriff auf immer zu verändern. Ähnlich den Surrealisten. In den 1960er Jahren noch war die Avantgarde der internationalen Gegenwartskunst – was damals eigentlich nur Westeuropa und die USA meinte – so klein, dass man sich vielleicht fünfzig Namen merken musste, und jeder kannte sich persönlich.

1964 kam überhaupt erst die Kunstwelt als Idee in den Blick, in einem Essay des Philosophen Arthur C. Danto. Damals gaben sich Kunstwerke immer seltener als Kunstwerke zu erkennen, sondern verkleideten sich als Nicht-Kunstwerke, wie Andy Warhols Brillo-Boxes. Womit sich die Frage stellte, was sie eigentlich zu Kunstwerken machte (s. *Kann ich das auch?*). Dantos Antwort: Die Kunstwelt. Mit »Kunstwelt« meinte Danto gar nicht unbedingt die Menschen, die die Kunstwelt ausmachen, eher die Gemeinschaft aller Werke und künstlerischen Ideen. In der Folge wurde der Begriff jedoch meist auf die Menschen angewandt: Die Angehörigen der

Kunstwelt prägen den Geschmack. Sie haben die Macht, Dinge in die Kunstwelt hineinzulassen, die vorher nicht als Kunst galten, und ihnen kulturellen und monetären Wert zuzuschreiben.

Diese Kunstwelt ist ab den 1980er Jahren explodiert. Mit der Auslagerung produzierender Industrien zwecks Lohndrückung und der Deregulierung der Finanzmärkte wuchsen die Finanz- und die Kreativindustrie, aber auch die großen Vermögen. Das neue Geld in den USA und Großbritannien, dann auch aus Russland und Asien floss in den weltweit blühenden Kunstmarkt. Mit den »Young British Artists« wurden Künstler Anfang der 1990er Jahre Thema für Boulevardnachrichten. Überall entstanden neue Kunsthochschulen und auf den Kunstmarkt spezialisierte Studiengänge. Bis der Begriff Kunstwelt ungenau wurde und niemanden im Besonderen mehr meinte.

Trotzdem ist sie immer noch klein genug, dass man auf Kunstmessen und Biennale-Eröffnungen immer wieder die gleichen Gesichter sieht, die zumindest in der sogenannten Kunstwelt jeder kennt. Die hundert wichtigsten bestimmt seit 2003 das Magazin »Art Review« in einer Liste namens »Power 100«. (s. *Wie kommt man ganz nach oben?*)

Wer also gehört nun alles zur Kunstwelt?

Künstler:innen natürlich. In Deutschland gibt es etwa 10 000 hauptberufliche, von denen etwa die Hälfte in Berlin lebt.

Kunsthändler:innen. Weltweit gibt es gut 300 000 Kunst- und Antiquitätenhandel mit insgesamt knapp drei Millionen Beschäftigten. Dazu 14 250 Auktionshäuser. In Deutschland sind es etwa 700 Galerien und zwanzig Auktionshäuser mit nennenswertem Umsatz. Im globalen Durchschnitt zählte jede Galerie 2019 etwa 55 Kunden (die sich freilich überschneiden). 2020 nur noch 34. (s. *Wie verrückt ist der Kunstmarkt?*)

Kurator:innen. Sie betreuen Sammlungen und Ausstellungen in Museen, leiten Kunsthallen und Kunstvereine, aber die allermeisten von ihnen entwickeln freiberuflich Ausstellungen für wechselnde Häuser. Keiner hat sie je gezählt.

Sammler:innen. Auch schwer zu zählen, zumal die meisten sich gar nicht in der Öffentlichkeit zeigen.

Kritiker:innen. Der Internationale Kritikerverband AICA zählt 5000 Mitglieder.

Aber was ist mit dem Publikum? Gehört es nicht dazu? 20 Millionen Menschen gingen 2019 in deutsche Kunstmuseen. 9,6 Millionen in den Louvre.

Und wenn man alle dazuzählt, die gerne ins Museum gehen oder sich zu Hause Bildbände oder Dokumentationen über Kunst ansehen oder die nach Feierabend Zeichenkurse besuchen oder töpfern, dann ist die Kunstwelt sehr groß.

30

Wie erkennt man ein Kunstwerk?

Stellen wir uns vor, wir müssten den Nachlass frisch verstorbener Kunstsammler sortieren und das Wertvolle vom Wertlosen unterscheiden. Alle Gemälde und Zeichnungen sind bereits von den Wänden genommen, die Skulpturen verpackt, auch die Neonröhren von Dan Flavin haben wir vorsichtig einzeln in Seidenpapier und Filzdecken eingewickelt und notiert, wie sie an der Wand angebracht waren. Selbst die in der Mitte des Salons ausliegenden Eisenplatten haben wir nicht nach ihrem Materialwert geschätzt, sondern als berühmte, unermesslich teure Pionierwerke der Minimal Art von Carl Andre aus den 1960er Jahren identifiziert. Nicht zu schweigen von dem Flaschentrockner, der unter der Decke hing.

Auch die Stühle aus bunt bemaltem Epoxidharz sind uns aufgefallen, die zwar nicht besonders wertvoll, aber sehr selbstgemacht aussahen, und so konnten wir sie nach einiger Prüfung als Werke des Wiener Künstlers Franz West identifizieren. Der Tisch mit seiner blau gefärbten Glasplatte erwies sich als Werk von Franz Wests Künstlerfreund Heimo Zobernig.

Nun stoßen wir in der Küche auf eine Reihe verschieden großer, aus der Wand ragender Nägel. An einem trocknet eine müde Artischocke. Wie sollten wir darauf kommen, dass es sich hier um äußerst wertvolle Werke der Künstlerin Karin Sander handelt, die es ebenfalls zu sichern gilt? Auch wenn die »Kitchen Pieces« tatsächlich nur aus Nägeln bestehen, die je auf Banane, Kopfsalat, Zitrone, Kürbis, Aubergine und so weiter abgemessen sind? Und wie können wir uns jetzt sicher sein, dass sich nicht noch in und unter Teppichen, in Vorhängen und verborgenen Schubladen alle möglichen Vermögenswerte in scheinbar unbedeutenden Dingen verstecken?

Handelt es sich vielleicht auch beim Raumduft um ein Kunstwerk?

Und woher wissen wir, dass das Haus selbst keines ist?

Um das herauszufinden, gibt es nur eine Lösung: Wir müssen den Aktenordner finden, in dem die Verstorbenen die Zertifikate aufbewahrt haben, die ihnen beim Kauf in den Galerien ausgehändigt wurden und die Echtheit und Eigentum der Werke verbriefen. Zwar habe ich auch schon von einem Sammler gehört, der sich eigenmächtig nach Sanders Vorbild einen Nagel in die Küchenwand geschlagen hat. Doch erst zusammen mit dem Echtheitszertifikat erhält dieser seinen Wert.

In diesem Aktenordner mögen wir noch auf alle möglichen anderen Besitztümer der Verstorbenen stoßen, die uns sonst entgangen wären: etwa die Arbeit »Measuring the Universe« von Roman Ondák, die sich auch in den Sammlungen des MoMA und der Münchner Pinakothek der Moderne befindet. Sie besteht darin, dass die Größen der Besucherinnen und Besucher an der Wand verzeichnet werden, was über die Dauer der Ausstellung eine große Strichwolke ergibt. Nur das Echtheitszertifikat wird die Erben berechtigen, die Arbeit wieder durchzuführen. (Man komme bloß nicht auf die Idee, nach Ausstellungsende die Wand aufzubewahren. Die ist womöglich von historischem Wert, nicht aber von künstlerischem, weil sie nicht die Arbeit selbst enthält, nur ihre Spur.)

Unwiederbringlich verloren aber sind die Arbeiten Tino Sehgals. Diese bestehen aus Anweisungen, nach denen Menschen im Ausstellungsraum singen, tanzen oder Besucher in Gespräche verwickeln. Nicht nur die Werke selbst enthalten keine einzige materielle Spur – sie hinterlassen auch keine, weil der Künstler darauf besteht, dass keins seiner Werke gefilmt oder sonst irgendwie dokumentiert wird. Auch die Anweisungen dürfen nur mündlich weitergegeben werden, und selbst der Kaufvertrag wird mündlich abgeschlossen – was auf dem Kunstmarkt nicht ungewöhnlich ist, nur hält man normalerweise, wenn nicht ein Objekt, doch zumindest ein Zertifikat in der Hand. Bei Sehgal gibt es nur eine Übereinkunft per gesprochenem Wort. Wurde das Werk also nicht noch am Sterbebett an die Erben weitergeflüstert, ist der Besitz nicht mehr nachweisbar.

Als Juan Gris und Georges Braque damit begannen, echte Weinetiketten zwischen die Farbe ihrer kubistischen Gemälde zu kleben, war das eine Revolution: die Wirklichkeit drang in den Rahmen ein, die Grenze zwischen Kunst und Nicht-Kunst begann durchlässig zu werden. Um 1960 gingen Künstler dann immer weiter im Versuch, der Kunst die Werke auszutreiben. Nur auf die schöpferische Idee komme es an, verkündete George Maciunas. Tomas Schmit stellte Flaschen im Kreis auf und füllte so lange Wasser von einer in die nächste, bis das Wasser aus war. John Cage ließ ein Musikstück aufführen, das aus 4:33 Minuten Stille bestand. Und Yoko Ono rahmte handgeschriebene oder maschinengetippte Anweisungen wie 1960 das »Painting to be stepped on«: »Leave a piece of canvas or finished painting on the floor or in the street«, heißt es da lapidar in Schreibmaschinenschrift auf einem Zettel. Damit löste sich der Kunstwert endgültig vom Materialwert.

1973, bei einer Feier des SPD-Ortsvereins Leverkusen-Alkenrath im örtlichen Museum Morsbroich, stießen zwei Genossinnen im Museumsdepot auf eine Badewanne, die sich gut zum Gläserspülen zu eignen schien. Sie musste vorher nur von Fett, Filz und Pflastern befreit werden. Joseph Beuys sah sein Werk als unrestaurierbar an. Sein Besitzer, der Verleger Lothar Schirmer, der es für eine Wanderausstellung der Stadt Wuppertal mit dem passenden Titel »Realität-Realismus-Realität« verliehen hatte, verklagte die Stadt auf 40 000 D-Mark Schadensersatz. Eine öffentliche Debatte entbrannte. Wenn doch, wie Beuys meine, jeder ein Künstler sei, spottete die »Frankfurter Allgemeine Zeitung«, warum sei seine Kunst dann nicht für jeden als Kunst erkennbar? Das Oberlandesgericht Düsseldorf sprach Schirmer in zweiter Instanz die 40 000 D-Mark zu. Beuys erklärte sich schließlich doch bereit, die Wanne »neu zu bearbeiten« – womit Schirmer nicht mehr das gleiche, aber doch ein gleichwertiges Kunstwerk hatte. Der Fall erregte so viel Aufsehen, dass sich noch 1987 ein Werbeclip für das Putzmittel ATA darauf beziehen konnte: Hier sind es zwei Putzfrauen, die die Badewanne zum Glänzen bringen. Sie haben in der kollektiven Erinnerung die feiernden Ortsverbandsmitglieder ersetzt.

Woran erkennt man ein Kunstwerk? Man könnte denken, daran, dass es sich von allen Dingen unterscheidet, die es gibt. Aber was ist mit all jenen Fällen, in denen der Witz eines Werks darin liegt, dass es sich nicht unterscheidet, sich in den anderen Dingen ununterscheidbar auflöst oder versteckt?

Der Künstler Tomas Kleiner macht Kunst aus persönlichen Gesprächen. Ein Beitrag zu einer Ausstellung in Wien bestand darin, dass er Menschen irgendwo in der Stadt in Gespräche verwickelte. Nachdem diese so manches über sich erzählt hatten, tauchte oft zwangsläufig die Gegenfrage auf: »Und was machst Du so?« »Ich bin Künstler«, antwortete Tomas Kleiner dann meist. »Interessant, und was machst Du für Kunst?« »Also, gerade mache ich eine Arbeit, die darin besteht, dass ich Leute in Gespräche verwickle.« Manche von Kleiners Gesprächspartner wanden sich düpiert ab. Andere trugen die Arbeit weiter. Denn Tomas Kleiner hat bestimmt, dass jeder sie fortführen kann. Die Arbeit ist immer dort, wo gerade jemand jemanden in ein Gespräch verwickelt – solange er das in der Absicht tut, es als Tomas Kleiners Arbeit zu tun. Irgendwo da draußen ist also möglicherweise gerade Tomas Kleiners Arbeit unterwegs. Kleiner selbst bekam schon mehrmals von Bekannten zu hören, die Arbeit sei inzwischen bei ihnen angekommen.

Woran also erkennt man ein Kunstwerk? Daran, dass es besonders ist? Komplizierterweise liegt die Besonderheit oft darin, dass es gar nicht besonders aussieht. Erkennt man es daran, dass es in einem Raum gezeigt wird, der dafür bekannt ist, dass das, was in ihm gezeigt wird, Kunst ist? Das ist oft gar nicht der Fall.

Daran, dass es ein Echtheitszertifikat gibt? Das ist die sicherste Lösung. Stimmt, wir wollten ja noch die Zertifikate der Verstorbenen finden. Immerhin wissen wir, dass wir sie finden müssen. Doch was wäre, wenn wir es gar nicht wüssten? Wenn wir keinen Anlass hätten, Verdacht zu schöpfen, dass wir uns in diesem Haus zwischen lauter unsichtbaren Kunstwerken befinden?

Wenn man aus allem Kunst machen kann, ist es schwierig, sie zu erkennen. Bei vielen Kunstwerken ist es nur möglich, weil jemand einem sagt, dass es sich um eines handelt.

Gibt es aber eine Eigenschaft, die alle Kunstwerke verbindet und die sie alle aufweisen müssen, um ein Kunstwerk zu sein? Vielleicht nur diese: Mehr als ein Mensch muss der Auffassung sein, dass es sich um ein Kunstwerk handelt.

Wenn man einmal weiß, dass etwas ein Kunstwerk sein soll, dann heißt das noch nicht, dass wir es einfach akzeptieren müssen, wie es ist. Sondern dass wir uns in jedes einzelne seiner Details vertiefen können, alles an ihm als Absicht begreifen und es an dieser Absicht messen. Und es, wenn wir gute Gründe haben, kritisieren oder gar verwerfen.

Wenn es aber gut ist, dann gibt es diese Rückstoßwirkung: Klarheit für den Geist, Feuer für die Fantasie, Vertrauen in die Menschheit.

31

Liegt Kunst im Auge des Betrachters?

Das ist einer der dümmsten Sprüche, die ich kenne: »Kunst liegt im Auge des Betrachters.« Da ziehen sich dann die Moderator:innen der Kunsterfahrung zurück, und die Betrachter sollen sich ermächtigt fühlen. Dabei werden sie in Wirklichkeit gar nicht ernst genommen.

Läge Kunst im Auge des Betrachters, wäre ja egal, was man vor sich hat. Alle hätten immer recht, und niemand müsste sich sagen lassen, was gut oder schlecht ist, niemand wüsste es besser, und alle könnten einander vor der Kunst in Ruhe lassen und allein sein mit sich und ihren Augen. Dann gäbe es eine unendliche Zahl möglicher Wahrnehmungen und Urteile, die alle gleich originell und berechtigt wären. Und dann wäre es auch völlig egal, was man vor sich hat, ganz egal also, was die Künstler gemacht haben. Dann bräuchte man eigentlich keine Künstler und auch keine Werke, nur Augen. So wie August Wilhelm Schlegel 1798 spottete: »Mancher betrachtet Gemälde am liebsten mit verschloßnen Augen, damit die Fantasie nicht gestört werde.«

Kunst liegt nicht im Auge des Betrachters. Sie liegt im Kunstwerk.

Na gut, ganz abwegig ist die Behauptung mit dem Betrachter nicht, und sie hat eine lange Geschichte. Es ist die Geschichte des Ausbruchs der Kunstwerke aus der Erkennbarkeit als Kunst, ihre Annäherung an die Alltagsgegenstände, ihr Rückzug aus dem Objekt in die Idee, ins »Konzept«. Es ist die Geschichte des Ausbruchs aus der bildlichen Darstellung in die Vieldeutigkeit der Abstraktion. Klar kann ein Betrachter mit viel Fantasie im Schwarzen Quadrat von Kasimir Malewitsch alles Mögliche erkennen. Am Ende wird man sich aber doch darauf einigen können, wo genau die Grenze zwischen schwarzer und weißer Farbe verläuft, und dass sonst nicht viel zu erkennen ist außer den Rissen, an denen entlang die Farbschichten im Lauf der letzten hundert Jahre aufgeplatzt sind. Also auf das, was konkret auf der Leinwand zu sehen ist.

Im Lauf dieser Geschichte der Loslösung der Kunst vom Bild und vom Objekt fragten natürlich auch die Theoretiker:innen, wo die Kunst jetzt eigentlich genau läge: Im Objekt? In der Absicht der Künstlerin? Oder eben im Kopf der Betrachterin, die kraft ihrer Kunstkenntnis aus schnödestem Material das Kunstwerk zusammenbauen konnte und damit nun geradezu selbst zur Schöpferin der Werke wurde? Dass es letztlich von der sozialen Übereinkunft abhängt, was als Kunst gilt, dass also als Kunst gilt, was als Kunst gilt, war eine spannende Entdeckung. Dass Kunst erst im Auge des Betrachters entstünde, war eine Übertreibung dieser Entdeckung. Sie verwechselt die soziale Übereinkunft mit subjektiver Beliebigkeit. Aber das Soziale ist nicht subjektiv. Es liegt zwischen dem Subjektiven und dem Objektiven. Wie die Kunst.

Gäbe es keine objektiven Eigenschaften, wären Werke untereinander völlig austauschbar. Alle wären gleich interessant oder uninteressant, gleich gut oder gleich schlecht. Dass ausgerechnet Mark Rothkos Bilder so berühmt wurden, wäre dann reiner Zufall. Oder Ergebnis dessen, dass jemand jemanden kannte, der jemanden kannte. Dann ginge es nur um Klüngel und Macht und nichts anderes. Dann wäre aber am Ende wirklich kein Kunstwerk irgendetwas wert. Dann wären aber auch die Wahrnehmungen der Betrachter:innen nichts wert.

Hat denn Duchamps Flaschentrockner gar nichts Kunsthaftes an sich? Setzt er sich wirklich erst im Auge des Betrachters zum Kunstwerk zusammen? Nein. Das Kunstwerk besteht ja nicht nur aus einem Flaschentrockner. Das Kunstwerk besteht aus einem Flaschentrockner und der Geste, zu sagen: Dieser Flaschentrockner ist mein Kunstwerk. Diese Geste liegt zwar nicht im Material selbst. Aber sie gehört zum Material des Kunstwerks. Sie wurde vom Künstler gemacht und ist vom Werk nicht zu trennen. Denn auch alles, was an einem Werk immateriell ist, gehört zu diesem Werk. Der Flaschentrockner mit Signatur im Ausstellungsraum ist nun mal etwas anderes als ein Flaschentrockner.

Der Satz, Kunst läge im Auge des Betrachters, will oft sagen, die Bedeutung läge im Auge des Betrachters. Aber bedeutet ein Kunstwerk überhaupt etwas? (s. *Was wollen uns die Künstler sagen?*)

Kunst ist uneindeutig. Selbst wenn ein Werk eindeutige Botschaften zu übermitteln scheint, fällt es sich selbst ins Wort, weil auch die Art, in der es diese Botschaften äußert, mit zum Chor der Botschaften gehört, die ein Werk übermittelt. (s. *Was ist der Unterschied zwischen einem Kunstwerk und einem Satz?*) Weil sie uneindeutig sind, kann man Werke mit allen möglichen Interpretationen versehen. Aber wenn es darum geht, woraus genau ein Kunstwerk besteht, wie es sich von ähnlichen, verwandten Kunstwerken unterscheidet und was genau es macht, dann wird es tatsächlich möglich, die Antworten voneinander zu unterscheiden: jene, die ihre

Argumente aus dem Werk selbst entwickeln und jene, die ihre Argumente eher aus dem eigenen Kopf holen und von außen auf das Kunstwerk draufstülpen, also beliebig sind und mehr vom Betrachter als vom Kunstwerk handeln. Und dann ist es möglich, so lange zu argumentieren, bis beide Streitenden einander die Augen geöffnet haben und dem Werk wirklich nahegekommen sind, ihre Augen also so nah an das Werk herangebracht haben, dass sie dem Werk erlauben, ihre Augen zu verändern: also die Art, wie sie auf dieses und alle kommenden Werke schauen.

Kunst ist nicht objektiv. Aber sie ist auch nicht subjektiv. Ein Werk besteht aus Myriaden von Details, und auf jedes dieser Details kommt es an.

32

Lässt sich über Geschmack streiten?

Stellen Sie sich vor, Sie hätten noch denselben Geschmack wie mit vier. Oder mit zwölf. Niemand hätte Ihnen erklärt, wie man sich anzieht, nie hätten Sie in der Schule, in einem Film oder auf einem Konzert Leute gesehen, die bei Ihnen einen so starken Eindruck hinterließen, dass Ihnen schlagartig klar wurde, wie Sie eigentlich waren oder sein wollten. Niemand hätte Ihnen gezeigt, was gut schmeckt, wie man es gut zubereitet und wie man es isst, und Sie wären nicht in der Lage, einen interessanten Film von einem uninteressanten zu unterscheiden.

Geschmack hat man nicht einfach so. Geschmack ist durch und durch sozial. An dem, was man mag, lesen Soziologinnen ab, zu welcher sozialen Schicht man gehört. Geschmack muss man sich leisten können. Aber man kann ihn sich nicht kaufen. Die Aristokratie endete, als die Fürsten und ihr Hof begannen, lächerlich auszusehen, weil die neue Macht der Bürger sich darin zeigte, dass sie mehr Geschmack hatten. Und woher hatten sie diesen Geschmack? Sie hatten ihn gemeinsam durch Streit ausgebildet. In den Lesezirkeln, in denen sie über gute und misslungene Literatur diskutierten. In den Ausstellungen, in denen sie über Kunst diskutierten. In den Salons, Kaffeehäusern, Theatern und Opernhäusern, in denen sie nicht nur die neuesten künstlerischen Errungenschaften begutachteten und diskutierten, sondern auch, was die anderen für Kleider trugen, worüber sie sprachen und welche Meinungen sie äußerten. Geschmack wurde zu einer Frage des gesellschaftlichen Status, und weil man Geschmack letztlich nicht begründen kann und er sich fortlaufend ändert, musste über ihn fortwährend gestritten werden. Das machte nicht nur die Streitenden geschmackvoller, es machte auch die Werke besser, weil über sie diskutiert wurde und sie sich in der Arena der Geschmackvollen behaupten mussten.

Könnte man über Geschmack nicht streiten, könnte man auch nie das Glück erleben, sich mit anderen darüber einig zu sein, was gut ist. Mein Geschmack gehört mir nicht. Ich teile ihn mir mit anderen. Und er verändert sich über die Zeit.

Warum aber sollte man sich mit Sachen beschäftigen, die einem nicht gefallen?

Nun, woher weiß man denn, was einem gefällt? Steht das immer so leicht fest? Viele Kinder mögen keine Oliven. Kaum jemandem schmeckt Bier beim ersten Schluck. Manche Musik nervt oder langweilt erst, bis jemand einen darauf hinweist, was es an ihr alles zu hören gibt und warum, und irgendwann mag man sie. Bei einem Roman bin ich oft erst mal befremdet von einer neuen Sprache, bis ich hineingefunden habe und mich fühle, als hätte ich einen neuen, einzigartigen Menschen kennengelernt, den ich vermisse, wenn er nicht da ist. Wenn man etwas zum ersten Mal isst, in einem ehrgeizigen Restaurant oder einem anderen Land, muss man sich oft erst an den Geschmack gewöhnen, muss herausfinden, auf welche Weise man es eigentlich schmecken soll. Dabei hilft die Fähigkeit, über den eigenen Geschmack nachzudenken, statt ihm blind zu folgen. Diese Fähigkeit, verschiedene Geschmäcker gegeneinander abzuwägen, heißt ja auch Geschmack: Es ist ein Kapital, das man besitzt, bestehend aus Wissen, kultureller Bildung und Urteilskraft. Es gibt verschiedene Geschmäcker. Und trotzdem haben manche mehr Geschmack als andere.

Dieses Kapital lässt sich vergrößern. Man muss nur regelmäßig die Grenzen des eigenen Geschmacks infrage stellen und überschreiten. Dann vergrößert sich das Wissen darüber, was es überhaupt alles gibt und auf welche Weise man es schätzen kann oder nicht. Nennen wir es das »kulturelle Orientierungsvermögen«. Die Sicherheit im Urteil wächst. All das passiert, wenn wir uns mit Kunst beschäftigen. Auf den ersten Blick mag ein Kunstwerk irritieren, auf den zweiten amüsieren, auf den dritten interessieren, auf den vierten faszinieren. Und auf den fünften sieht man alle weitere Kunst anders. Über die Impressionist:innen machten sich erst viele lustig, heute fallen sie vielen als erstes Beispiel für gute Kunst ein. Wie die Bilder Vermeers, die auch erst seit Ende des 19. Jahrhunderts geschätzt werden. Geschmäcker sind nicht nur verschieden. Sie ändern sich im Lauf der Geschichte.

Woran also sollte man Geschmack messen? Es gibt dafür keinen objektiven Maßstab. Gäbe es ihn, wäre zum Beispiel Kunst eine Frage messbarer Qualität. Im Film »Werk ohne Autor« wird der junge Gerhard Richter von einem Kommilitonen durch die Ateliers in der Düsseldorfer Kunstakademie geführt. Weil die Autoren des Films nur ein sehr oberflächliches Interesse an Kunst haben, ist ihnen nicht mehr eingefallen als die Klischees von Avantgarde-Kunst, Minimal Art, Performance, Zero, von ihrer lächerlichsten Seite zu zeigen, so wie kein Künstler sie machen würde. »Es ist doch eh alles subjektiv«, sagt dann der Kommilitone zu Richter. »Und wenn es nicht subjektiv ist, wäre es Handwerk.«

Das aber ist eins der größten Missverständnisse von Kunst. Dass sie nicht an objektiven Maßstäben zu messen ist, heißt noch lange nicht, dass sie subjektiv ist. Wäre alles an ihr Geschmackssache, gäbe es überhaupt kein sinnvolles Gespräch über Kunst. Dann wäre es auch schwer zu erklären, wie erstaunlich verwandt unser Geschmack mit dem von Papst Julius II. ist, der zwischen 1508 und 1512 die Decke der Sixtinischen Kapelle von Michelangelo ausmalen ließ. Wie verwandt er mit dem der Griechen ist, dem der Baumeister des Kölner Doms oder der Mäzenin und Galeristin Peggy Guggenheim, deren herausragende Sammlung von Max Ernst über Joan Miró bis Jackson Pollock man in ihrem Museum in Venedig bewundern kann.

Offenbar kann man sich über Geschmack nicht nur streiten, sondern sich auch über Jahrhunderte hinweg in ihm einig sein. Es gibt Proportionen, die einfach stimmen. Farben, die einfach stimmen. (s. *Was soll ich vor einem Kunstwerk empfinden?*) Sie sind nicht subjektiv, weil sie nicht beliebig sind. Sie sind auch nicht objektiv, weil ihre Regeln sich nur am Einzelfall zeigen lassen. Was also ist ein mögliches Maß? Nun, kein anderes als die Kunstwerke selbst. Sie formulieren die Maßstäbe für Schönheit, für Stringenz, für Stimmigkeit, für Geschmack. Aber diese Maßstäbe können wir nur dann verstehen und nutzen lernen, wenn wir uns über sie streiten. Für Kunst gibt es kein Regelwerk, das sich in Gesetzestexten niederlegen ließe. Es gibt nur die immer neue Begegnung zwischen Werk und Betrachterin, zwischen Geschmack und Geschmack. Und deshalb können wir uns nicht nur über Geschmack streiten. Wir müssen es sogar, damit er lebendig und beweglich bleibt.

33

Warum ist Gegenwartskunst nicht so gut wie die Alten Meister?

Wer sich über Kunst aufregt, über ihre Hässlichkeit, ihre Unverständlichkeit, ihre Unverschämtheit, meint in der Regel nur ihren allerkleinsten Teil, nämlich Gegenwartskunst. Zum Vergleich dient dann die alte Kunst, in der Künstler noch wirklich etwas leisten mussten. Dabei mussten diese Künstler sich oft gegen dieselbe Kritik behaupten: »Impressionisten« war zuerst ein Schimpfwort für Maler, die nur ihre eigenen oberflächlichen Eindrücke auf die Leinwand schmierten. Édouard Manets »Olympia« musste abgehangen werden, um sie vor den Angriffen mit Spazierstöcken und Schirmen zu schützen. Und Tintoretto wurde von vielen Zeitgenossen für seinen schnellen Strich verachtet, seine Bilder seien »plump«, er lasse »kaum aus dem Gröbsten gefertigte Entwürfe für vollendet stehen«, schrieb der frühe Kunstkritiker Giorgio Vasari.

Im Rückblick sehen wir in diesen Bildern Meisterwerke, an denen sich alles andere messen lassen muss. Was den Zeitgenossen unverständlich und unverschämt erschien, ist für uns unübertrefflich. Als gäbe es Maßstäbe für ewige Größe. Jan Vermeer kam erst nach zweihundert Jahren groß raus. Artemisia Gentileschi wird erst seit Kurzem angemessen gewürdigt. Die Kunstgeschichte steht nie still. In ihr wird fortwährend aus- und umsortiert. Dafür ist es zum einen nötig, alte Werke immer wieder neu anzusehen. Und dafür wiederum ist es nötig, allem, was es schon gibt, neue Werke hinzuzufügen, die vielleicht erst im Rückblick als Inbegriff gelungener, bahnbrechender, wegweisender Kunst angesehen werden – und in denen sich dann zeigt, wie viel sie mit früherer Kunst gemeinsam haben Damit diese Werke nicht gleich wieder verschwinden, müssen wir ihnen Raum geben, uns auf ihre Vorschläge einlassen. Gleichzeitig brauchen sie unseren strengen Blick, der sie fortwährend vergleichend gegen das hält, was es schon gab.

Die Künstlerinnen und Künstler früherer Jahrhunderte, die uns bis heute überzeugen, tun das nicht, weil sie die Maßstäbe ihrer Zeit befolgt haben oder weil ihre Gemälde und Skulpturen die Reichen und Mächtigen ihrer Zeit zeigen. Sie tun es, weil sie sich selbst bei der Arbeit zusahen, weil sie ihre Mittel untersuchten und die Geschichten, die sie ins Bild brachten, wirklich durchdrangen und neu zeigten. Weil sie die Kunst aufs Spiel setzten und damit voranbrachten.

Das sollten wir von jeder Kunst erwarten, auch von der gegenwärtigen. In ihr ist die Virtuosität des Pinselstrichs oft der Virtuosität des Denkens gewichen, der Navigation durch die Archive, des Zusammentragens allerhand Spezialwissens. Aber nun: Die ganze Welt stellt heute andere Dinge her als früher: Roboter, genmanipulierte Zellen, komplexe Finanzprodukte. Warum sollte ausgerechnet die Kunst stehenbleiben? Und wo genau und warum? Warum soll man nicht mit Leuchtstoffröhren, Performances oder auch einfach nur Gedanken Konsequenz, Genauigkeit und Schärfe erreichen können?

Ich kann das Misstrauen gegenüber Künstlern, die handwerklich nichts drauf zu haben scheinen, verstehen. Aber niemand kann sich eine Welt wünschen, in der ein für alle Mal fest steht ist, was es heißt, etwas draufzuhaben. Die meisten, die sich von geltenden Maßstäben lossagen, haben diese erst einmal beherrscht, bevor sie mit ihnen gebrochen haben.

Außerdem: Ist Denken kein Handwerk? Vielleicht haben Künstlerinnen handwerklich sehr viel zu bieten, nur dass ihr Handwerk sich nicht darauf beschränkt, Dinge herzustellen, sondern Beziehungen zwischen Dingen, die es schon gibt. Und dass ihr Material nicht aus diesen Dingen besteht, sondern aus den gesellschaftlichen Zusammenhängen, die mit ihnen in den Ausstellungsraum kommen.

Natürlich verändern sich mit den Themen und Mitteln der Werke auch die Kriterien für das, was gute Kunst ist. Aber wenn man etwas herauszoomt, bleiben sie doch gleich: Originalität. Höchste Kenntnis des Themas und des Materials. Formale Stimmigkeit. Hält man Gegenwartskunst und Alte Meister:innen wirklich mal nebeneinander, kann man deren Spuren erkennen. Dann hallen Aufruhr und Ungeduld in Tintorettos Strich und die Konzentration Tizians in den Deckengemälden der Bibliothek von Venedig noch in den zu Messemöbeln umfunktionierten Server-Schränken nach, die Simon Denny dort 2015 zur Venedig-Biennale ausstellte. In ihnen standen zu Spielzeug verwandelte Grafiken aus den geleakten NSA-Folien zur Massenüberwachung. Wo einst Marco Polo das Wissen der Welt versammelte, stellte Denny die heutigen Technologien für die Sammlung des Weltwissens aus. Und den Geschmack heutiger Spione, der dem 14-jährigen Gamer gleicht. Dazu den prekären Markt für freiberufliche Kreative, auf dem Denny doch tatsächlich den früheren Chefdesigner der NSA ausfindig machte und mit dem Design beauftragte.

Doch, manche können es durchaus mit sogenannten »alten Meistern« aufnehmen.

34

Wie erkennt man ein gutes Kunstwerk?

Die meisten werden sich einig sein, dass es gutes und schlechtes Essen gibt. Gut und schlecht gebaute Häuser. Gut und schlecht geputzte Fenster. Vielleicht sind wir uns nicht immer so einig, was gut und was schlecht ist, aber wir werden uns doch in den meisten Bereichen des Lebens einig sein, dass es grundsätzlich möglich ist, zwischen gut und schlecht gemachten Dingen zu unterscheiden. Und dass es auch wichtig ist, schlecht gemachte Dinge als schlecht gemachte Dinge zu bezeichnen. Nicht um die zu beleidigen, die sie gemacht haben. Sondern um ihnen zu helfen, bessere Dinge zu machen. Denn schlecht gemachte Dinge rauben Zeit, Geld und Energie. Gut gemachte Dinge geben sie.

Wenn es um Kunst geht, heißt es dagegen oft, sie sei subjektiv. Ein Kunstwerk schlecht zu finden, gilt als Überheblichkeit, als Arroganz oder Anmaßung. Mindestens aber als Unhöflichkeit gegenüber dem Künstler, der sich im Kunstwerk ausgedrückt hat.

Das ist aber eins der größten Missverständnisse gegenüber Kunst: dass sie von einzelnen Menschen handle, die sich in ihr ausdrücken. In Kunstwerken drückt sich immer die ganze Menschheit aus. Kunst ist nicht der Platz für verletzte Eitelkeiten. Kunst ist der Platz für Demut vor der Gemeinschaft aller denkenden, fühlenden, nichtdenkenden und nichtfühlenden Dinge. Je mehr Leute mithelfen, bessere Kunstwerke zu machen, desto besser für alle. Denn damit helfen alle einander, die Wahrnehmung zu schärfen, Sensibilität und Mitgefühl auszubauen, weniger Zeit mit Quatsch zu verschwenden, mehr Fantasie und Raum fürs Denken zu haben, mehr Akzeptanz, mehr Verständnis und weniger Frust. Dafür ist es wichtig, die guten von den schlechten Kunstwerken zu unterscheiden. Und sei es nur, dass man darüber ins Gespräch kommt.

Meist aber drehen sich Gespräche über Kunst nicht darum, wie erfolgreich sie selbst ist, sondern um ihren Erfolg gegenüber äußeren Kriterien, etwa wie berühmt sie ist oder wie teuer. Hilflos präsentieren Medien immer wieder die gleichen Künstler: Gerhard Richter, Anselm Kiefer, Alicja Kwade, ohne dass sie erklären könnten, was genau sie an ihnen interessiert. Von der Bekanntheit versprechen sie sich, dass Zuschauer einschalten, und den Zuschauer:innen versprechen sie Einblicke in jenes geheimnisvolle Reich der Kunst. Dabei öffnet der Blick auf jede Künstlerin, auf jedes Werk, die Tür in eine jeweils andere Welt. Immer die gleichen Künstler anzustarren, bedroht die Vielfalt der Kunst und der künftigen Kultur. Es reduziert Kunst auf ein Klischee, macht das Gespräch über sie flach und langweilig.

Wie aber soll man die interessanten von den weniger interessanten Werken unterscheiden? Wie erkennt man ein gutes Kunstwerk?

Bis ins 20. Jahrhundert hinein versuchten Kunstkritiker Regeln dafür aufzustellen, was gelungene Werke ausmacht. Dabei hatten Künstler schon im 18. Jahrhundert damit begonnen, sich von bestehenden Regeln loszusagen und eigene zu entwickeln. Was die Begründungen für das Gelingen von Kunst immer schwieriger gemacht hat.

Ich habe trotzdem einen Vorschlag für eine Checklist, von der ich glaube, dass sie auf die unterschiedlichsten Werke passt, und deren Anwendung ich gerne mal an drei Beispielen durchspielen würde:

1. Gibt es das schon?
2. Kann man es kaputtmachen?
3. Kann man es ersetzen?

Und hier drei Werke für die Probe aufs Exempel:

Ein Altarbild von Simone Martini und Lippo Memmi aus dem Jahr 1333, auf dem der Erzengel Gabriel der Jungfrau Maria die Geburt Christi verkündet.

Von der US-Polizei beschlagnahmte Fahrräder, die der Künstler Cameron Rowland ersteigert und im Museum an die Wand gelehnt hat.

Ein großes liegendes grünes Oval auf einem Druck von Andrea Büttner.

Die Werke sind so unterschiedlich, dass man wohl erst mal auf die Idee kommen muss, sie zu vergleichen. Und trotzdem will ich zeigen, dass die Checklist bei allen funktioniert.

Ich liebe Gold. Und so war ich, als ich zum ersten Mal in den Uffizien vor diesem riesigen goldenen Altarstück für den Dom von Siena stand, sofort gebannt. Unter fünf gotischen Spitzbögen überbringt auf goldenem Grund der Erzengel Gabriel der Jungfrau Maria die Nachricht, dass Gott ihr einen Sohn schenkt. AVE GRATIA PLENA DOMINUS TECUM, »Gegrüßt seist Du, Maria, voll der Gnade, der Herr ist mit Dir«, steigt ein lateinischer Schriftzug in Gold auf Gold von seinem Mund zum Ohr Marias auf, und von oben bläst der Heilige Geist als Taube Strahlen auf sie herab.

Dass ich heute immer noch jedes Mal fasziniert von Detail zu Detail springe und nicht aufhöre, mich zu freuen, liegt an der Vornehmheit, in der Simone Martini und Lippo Memmi die Figuren gestaltet haben, dieser unglaublich feinen Spannung: Höflich, aber streng und unerbittlich reckt der Engel seinen langen Hals vor. Ängstlich dreht Maria sich weg, ihre langen Finger biegen sich schützend um den Kragen ihres Kleides. Der Ausdruck der Gesichter gleicht noch den starren, frontal gemalten Ikonen des Mittelalters; ihre Haltung ist aber schon die von perspektivisch gemalten Menschen. Wie aus einer fernen Zeit, die knapp vor unserer lag, wirken diese Gesichter, wie eine den Menschen verwandte, aber fremde Gattung.

Check 1: Gab es das schon?

Wandmalereien mit Verkündigungsszenen gibt es seit dem 3. Jahrhundert nach Christus. Aber nie erschienen die Figuren so menschenähnlich. Ihre Umrisse sind noch mittelalterlich, ihr Auftreten ist schon renaissancehaft. Es kommt hier nicht nur Gottes Sohn in die Welt. Es kommt auch ein neues Bild des Menschen in die Welt. Zum ersten Mal kommt die Perspektive ins Spiel, zeigen sich die Figuren von vorne und der Seite zugleich, teilen sich einen Raum mit uns. Diese Illusion verstärken die Maler noch, indem sie den Raum im Hintergrund weglassen und die Szene auf den abstrakten Goldgrund setzen. Eine bloße Fläche, davor die räumliche Illusion der flächigen Malerei, und davor wiederum die tatsächliche Räumlichkeit des Rahmens mit seinen verspielten Säulen und Bögen. Dazu noch die Schrift: Alle eingesetzten künstlerischen Mittel verstärken einander im Kontrast. Niemand hatte vorher derart Fläche und Raum, Bild und Schrift in Spannung zueinander versetzt.

Außerdem wurde vorher nie weltlicher Luxus (Gold) mit so genauer Linienführung verbunden und so einer Zurückhaltung in den Gesten. Die Szene ist voller Demut und Sparsamkeit in Ausdruck und Form. Gleichzeitig ist das Werk eine Machtdemonstration, die die Besucher des Doms in die Knie gezwungen haben muss: der Thron einer wohlhabenden Kaufmannstochter, das goldbestrasste Gewand des Engels. Unglaublich, wie sein goldener Überwurf an vier Stellen vom Wind dramatisch umgestülpt und gekräuselt wird. Es gibt unendlich viele Darstellungen der Verkündigung. Aber jede muss sich an dieser messen.

Check 2: Kann man es kaputtmachen?

Rücken Sie Maria ein winziges Stück näher zum Engel. Sofort geht Spannung verloren und der Eindruck eines sanften, aber unaufhaltsamen Windes, der von ihm her zu ihr bläst.

Nehmen Sie Maria das Buch aus der Hand, das sie als Tochter eines wohlhabenden, humanistischen Kaufmanns ausweist. Sofort fehlt die Information, dass Maria einen Alltag hat und gerade aus der Lektüre gerissen wurde. Das Buch würde aber auch als Teil der Komposition fehlen: Es bildet zusammen mit der Schrift im Bild einen Pfeil, der auf den Engel zeigt. Ohne das kleine aufblitzende Weiß der aufgeschlagenen Seite wirkten außerdem die dunklen Rot- und Blautöne von Marias Gewand monoton.

Nehmen Sie die Vase mit den Lilien weg. Es fehlt nicht nur das Symbol der Unschuld, es fehlt auch eine Achse, die nach oben zum Heiligen Geist zeigt. Sofort ginge es weniger um Gott und stärker um die Erotik zwischen Engel und Maria, was nicht im Interesse der Maler sein konnte.

Entfernen Sie die kleine spinnenhafte Brosche auf der rechten Schulter Marias. Gleich fehlt sie als Gegengewicht und Spiegel ihres Heiligenscheins.

Also ja: Man kann das Werk kaputt machen, wenn man auch nur ein Detail verändert. Das zeigt, dass hier alle Details voneinander abhängen. Deshalb ist das Werk so gut.

Obwohl: Nehmen Sie die Seitenteile mit den Heiligen weg.

Hm, immer noch toll, aber das hat man halt damals so gemacht.

Check 3: Kann man das ersetzen?

Könnte man die Wirkung dieses Werks auch anders erzeugen? Indem man es erzählt? Mit anderen Farben, anderen Haltungen? Nein? Dann ist es gut.

Jetzt zu einem Werk, von dem weniger klar ist, was es zeigt, und auch schwieriger zu erklären, was daran gut ist. Es ist ein Holzschnitt der Künstlerin Andrea Büttner (Holzschnitt heißt, dass das Motiv spiegelverkehrt in eine Holzplatte geschnitzt wird, die dann mit Farbe bestrichen und auf Papier gedrückt wird). Ein grünes Oval liegt in einer schwarzen Fläche auf einem weißen Blatt. Das Blatt ist groß, etwa zwei Meter dreißig mal eins fünfzig.

Gibt es das schon?

Holzstempel kannten schon Babylonier und Ägypter. Und abstrakte Formen, die sich von der Darstellung von Gegenständen lösen, gibt es seit dem Kubismus, seit George Braque und Pablo Picasso, vorbereitet durch Paul Cézanne. Nichts an diesem Werk wirkt neu. Das trägt eben zu seiner Wirkung bei: dass es sich nicht demonstrativ gegen die Geschichte stellt, dass es keinen Lärm um sich macht, keine Innovation vor sich herträgt, dass es Respekt vor der Geschichte zeigt und nur eine kleine Eigenheit hinzufügt. Und sich damit doch recht viel Platz nimmt. Ja, es wirkt ein bisschen umgekehrt wie das, was man von Avantgarde erwartet: Es wirkt, als stelle es sich mit der Geschichte im Rücken gegen die Gegenwart, als hielte es die Erinnerung aufrecht an alles, was es schon gab, als verlangsamte es die Zeit. Gleichzeitig wirkt es nicht alt. Es lässt sich an nichts messen. Es ruht in sich. Auf den ersten Blick würde man also sagen: Das gibt es schon. Aber ich habe bisher noch nichts gesehen, das mir genau diesen Eindruck einer sensiblen, zugleich strengen und weichen Präzision und Wachheit in alle Richtungen vermittelt.

Kann man es kaputtmachen?

Färben Sie das Grün Orange. Sofort überstrahlt die Farbe die Umgebung. Verändern Sie die Konturen, beulen Sie das Oval leicht aus, nehmen ihm die leichte Stauchung unten: Sobald eine zu schlichte Harmonie entsteht, geht die Wirkung verloren. Andrea Büttners »Bread Pebble« ist so wenig auf eine Form festzulegen, wie ihr Titel sich festlegt: »Brot Kieselstein«. Das Auge springt an den Unregelmäßigkeiten hin und her und sucht vergeblich nach Ordnung, das macht das Werk so lebendig.

Kann man es ersetzen?

Wenn Sie bis hierher gelesen haben: Danke. Denn ich kann das Werk mit meinen Worten wirklich nicht ersetzen. Diese Form ist einfach nicht zu fassen. Sie wirkt ausgewogen, obwohl nichts in der Welt ihr entspricht. Man könnte sagen: Sie ist genau so geformt, dass nichts in der Welt auf sie passt. Sie ist komplett unabhängig von allem. Man sucht und sucht und bringt sie nicht zur Deckung. Aber wenn ich Beispiele nennen müsste für wirklich autonome Kunst, also Werke, die so unabhängig und klar über den Dingen schweben wie der Mond, gespannt und friedlich wie die besten Werke christlicher Kunst: Dann würde ich die Werke von Andrea Büttner nennen.

Wie soll man nun damit die gebrauchten Fahrräder vergleichen, die der Künstler Cameron Rowland an die Wand lehnt als wäre man nicht im Museum, sondern im Fahrradkeller? Man sieht, dass sie mal armen Leuten gehört haben. Es sind eher die billigeren der billigen Fahrradmodelle, schlechte Kopien von höheren Modellen, mit schlechten Bremsen und kaum federnden Federgabeln. Wenn man dann erfährt, dass

Rowland sie auf Auktionen der US-Polizei ersteigert hat, wo beschlagnahmtes Eigentum von Angeklagten versteigert wird, gegen die zu wenige Beweise vorlagen; und dass die Polizei in den USA sich durch solche Versteigerungen ganz legal querfinanziert; und dass die dem zugrundeliegenden Gesetze aus der Zeit der Sklaverei stammen, dann kommt man aus der Nummer nicht mehr heraus. Es ist unangenehm, als stünde man auf dem Dachboden fremder Leute. Und als seien nicht die Fahrräder, sondern die Leute abtransportiert worden.

Gut, werden Sie jetzt sagen. Fahrräder an die Wand lehnen: Das kann ich auch.

Worin besteht dieses Werk, wenn nicht nur aus Fahrrädern? Nun, aus dem Kauf durch den Künstler; darauf muss man ja erst mal kommen. Dann im Ausstellen der Fahrräder in einem Museum. Und dann in der Art und Weise, in der der Künstler die Fahrräder dem Museum oder auch Privatsammlern überlässt: Er stellt die ersteigerten Gegenstände nur im Rahmen von Leihverträgen auf fünf Jahre zur Verfügung. Und zwar zu dem Preis, den er selbst bei der Auktion gezahlt hat. So zahlte das Frankfurter Museum für Moderne Kunst für acht Fahrräder, die sich noch bis 2024 in seiner Sammlung befinden werden, 104 US-Dollar. Nach Ablauf der fünf Jahre gehen die Fahrräder wieder zurück an den Künstler.

Gibt es das schon?

Es gibt natürlich Werke mit Fahrrädern, angefangen bei dem Rad mit Gabel, das Marcel Duchamp kopfüber auf einen Sockel stellte. Dass es hier aber nicht in erster Linie um Fahrräder geht, zeigt sich schon darin, dass Rowland auch manchmal Kinderwägen ausstellt oder Laubbläser, die womöglich illegalen Immigrant:innen für ihre Tagesarbeiten dienten. Es geht um die Art, wie diese Dinge den Besitzer wechseln, es geht um die Verletzlichkeit des Lebens armer Menschen gegenüber einem Staat, der als im Eigeninteresse handelnder Unternehmer die Sicherheit seiner Bürger auf Kosten dieser Bürger finanziert.

Es gibt seit den 1960er Jahren auch viele Werke, die mit Verträgen arbeiten. Es gab auch immer wieder Künstler, die überhaupt nichts verkaufen wollten. Aber diese Art Zwischenmodell gab es vorher nicht: dass ein »Werk« erst daraus entsteht, dass es immer wieder anderen gehört, aber immer nur vorübergehend. Cameron Rowland hat für die Beziehung zwischen Museum, Künstler und den Institutionen und Menschen, von denen seine Kunst handelt, ein neues Modell erfunden. Er entzieht die Dinge der Wertsteigerung. Er behält die Verantwortung für den Umgang mit persönlichen Dingen, die durch den Staat beschlagnahmt wurden. Auch das Museum bleibt für eine Weile in der Verantwortung und muss sich um die Dinge kümmern, ohne auf Dauer etwas davon zu haben. Es gibt keinen Gewinn und keinen Trost für niemanden. Rowland hält den Prozess der Wertschöpfung durch Enteignung an und setzt ihn in einen traurigen Loop. Er lässt den Faden der Verantwortung, der die Betrachter:innen, das Museum, den Künstler, die Polizei und die Enteigneten aneinanderbindet, nicht abreißen. Dieser Faden ist das Exponat. Das gab es noch nicht.

Kann man es kaputt machen?

Klar. Stellen wir uns vor, Rowland würde heimlich einfach irgendwelche Fahrräder nehmen und die Geschichte nur behaupten. Wenn es rauskäme, wäre die Spannung weg. Stellen Sie sich vor, er würde die Fahrräder ein für alle Mal verkaufen, zu dem Preis, den Leute bereit sind zu zahlen. Er hätte explizit auf die problematische Praxis der Finanzierung der Polizei auf Kosten armer Bürger hingewiesen. Er würde dafür moralisches Lob erhalten und Geld. Außerdem wäre er die Fahrräder los. Die Moral wäre aber billig erkauft, die Wirkung schal. Damit diese Werke ihren symbolischen Wert halten, muss der Künstler ihren ökonomischen Wert gewaltsam niedrighalten und als Preis dafür auf sehr viel Geld verzichten.

Kann man es ersetzen?

Es handelt sich um das, was man geläufig Konzeptkunst nennt: Wir wissen nicht, ob Rowland malen, zeichnen oder sonst etwas Aufregendes mit seinen Händen machen kann. Aber er kann offenbar sehr scharf denken. Muss er dann aber diese Gedanken überhaupt ausführen? Reicht es nicht, wenn man von diesem Werk nur hört oder liest, wie hier? Gehen Sie mal hin und setzen sich der Traurigkeit dieser Exponate aus. Sie spüren, wie Sie von Zuhörern zu Zeugen werden. Es kommt eben tatsächlich spürbar darauf an, dass die Fahrräder mit Gewalt aus einem fremden Leben geholt wurden. Man kann sie durch nichts ersetzen, das nicht selbst durch diese wirtschaftlichen Tauschvorgänge gegangen ist. Also, ja: Es ist ein gutes, ein sehr gutes Werk, wie Büttners Oval und Martinis und Lippis Altar. Diese Werke bringen die Kunstgeschichte voran, auf ihnen können andere aufbauen: auf der Eleganz und Wachheit der Figuren, der bis aufs Äußerste getriebenen Spannung von Raum und Fläche; auf der Selbstbehauptung einer von allem unabhängigen Form; auf der konsequenten Verwandlung von Leihverträgen in das Material für Kunst.

Es ist paradox mit den gelungenen Werken: Sie sollen nicht einfach verständlich sein (sonst wären sie ersetzbar), und trotzdem sollen sie Sinn ergeben. Eben ihren eigenen Sinn (weil es sowas noch nie gab). Den zu erkennen, ist schon schwierig. Je mehr Werke man aber wirklich kennengelernt hat, desto sicherer wird das eigene Urteil.

Es ist am Ende egal, wie groß ein Kunstwerk ist, egal wie schön, egal aus welchem Material, ja, sogar egal, ob es überhaupt als Material existiert oder nur als Idee weiterlebt: Es kann sich dabei immer um ein gutes Werk handeln. Oder ein schlechtes. Nicht darauf, was Werke tun, kommt es an, sondern darauf, was sie nicht tun. Das unterscheidet sie von allen anderen Dingen, die es gibt.

35

Wie erkennt man ein schlechtes Kunstwerk?

Geht es nach dem Vorschlag eines Berliner Kunst-Preisgerichts, soll ab 2023 aus einer Verkehrsinsel neben dem Zentralen Omnibusbahnhof im Berliner Westen ein zehn Meter hohes straffes Seil aus Aluminium mit einem Knoten in den Himmel ragen. Der Entwurf des Künstlers Michael Sailstorfer fasse »den Bahnhof als zentralen ›Verkehrsknoten‹ des Fernbusverkehrs Berlins räumlich«, erklärte das Preisgericht.

Gibt es das schon? (s. Wie erkennt man ein gutes Kunstwerk?)

Ja. Googeln Sie »Skulptur« und »Knoten«. Es handelt sich um einen der billigsten Witze der Bildhauerei. Seit Franz Erhard Walther 1963 hundert Meter Schnur um seine Elle wickelte und als Werk auf einen Sockel legte (Titel: »100 m Schnur«), braucht es schon gute Gründe, um ein Seil monumental in Aluminium nachzubauen. Und wie spezifisch Knoten sein können, dafür geben die groben roten Wollzotteln ein Maß, die Cecilia Vicuña auf der Documenta 14 von der Decke hängen ließ: Die Knoten in ihnen greifen die präkolumbianische Buchführungstechnik Quipu auf, die auf Knoten beruhte. Sailstorfers Knoten ist einfach nur ein Knoten.

Kann man es kaputtmachen?

Schieben Sie den Knoten etwas nach oben. Oder nach unten. Verändert das die Wirkung des Werks? Ich finde nicht. Lackieren Sie den Stahl gelb. Verändert das die Wirkung? Gewinnt eher noch, oder? Passt dann ja auch zur Farbe der Berliner Busse. Biegen wir das Seil ein wenig, dem Bahnhof entgegen. Kann man auch machen, oder? Sollte sich die Skulptur nicht sowieso eigentlich viel lieber mit ihrer Umgebung beschäftigen, statt nur in den Himmel zu schauen? Sie ist ja auch offensichtlich nicht für die Menschen gemacht, die unter den Dächern warten. Sie werden sie nämlich gar nicht sehen, auf Augenhöhe wird da einfach nur eine Stange sein.

Kann man es ersetzen?

Ja. Man kann zum Beispiel das Wort »Verkehrsknoten« sagen. Dann ist der Witz bereits gemacht, und der Berliner Kultursenat kann sich 203 000 Euro sparen und nebenbei einen Knoten im Kopf lösen.

Der Fall ist ein gutes Beispiel dafür, was passiert, wenn Menschen nicht mit den Augen wahrnehmen, sondern sich in ihren Gedanken verstricken: Der Entwurf »fasst« den Bahnhof überhaupt nicht »räumlich«, wie behauptet. Er steht daneben, als hätte er mit ihm nichts zu tun. Wenn wir etwas räumlich fassen wollen und wir haben dafür ein Seil – würde uns dann einfallen, es gestrafft daneben zu stellen? Die Skulptur geht keine Verbindung zu den schmucklosen Flachdächern der Bahnsteige ein. Sie handelt nur vom Wort »Verkehrsknoten«. Aber der Verkehrsknoten ist nicht Teil dessen, was in der Umgebung passiert. In der Umgebung fahren Busse vor, auf die Menschen warten. Man kann so etwas »Verkehrsknoten« nennen, aber das ist nur ein Wort in den Köpfen, eine Metapher. Wenn Kunst nur die Worte und Gedanken illustriert, die wir schon kennen, kann man sie sich wirklich sparen.

Und wenn man das schon macht, dann sollte man wenigstens genau sein. Von Verkehrsknoten wünschen wir uns ja nicht, dass sich der Verkehr staut, sondern dass er fließt. Wenn man schon einen Verkehrsknoten mit einem Knoten illustrieren möchte, würde man dann nicht eher einen Achtknoten wählen, einen Kreuzknoten oder einen Rundtörn mit zwei halben Schlägen? Bei Sailstorfer denke ich an einen Strick, an dem man sich aufhängen kann. Wäre seine Skulptur ein Mensch, befände sich der Knoten ungefähr in Höhe seines Halses.

Sie lachen jetzt vielleicht oder winken ab: Wieso nimmt der es so genau? Aber genau so genau muss man es nehmen. Beim Autobauen, beim Steuern von Schiffen oder beim Lernen einer Sprache nehmen wir es doch auch genau. Warum sollte es in der Kunst nicht drauf ankommen? Kunst illustriert nicht irgendwie irgendwelche Ideen. Sie stellt Fakten in den Raum, an dem sich Ideen messen können.

36

Sind NFTs Kunst?

Als ich mit diesem Buch über Kunst schon weit gekommen war, schien es plötzlich als sei die Kunst, wie ich sie kannte, und alles, was ich über sie wusste, womöglich bald schon nichts mehr wert. Als würde sie von einer neuen Sorte Kunst überrollt, den sogenannten »NFTs«, Blockchain-basierten Eigentumszertifikaten. Deren Preise überstiegen teils das, was bislang für Kunst gezahlt wurde, und das, obwohl sie eigentlich gar nicht existierte. Oder unendlich oft existierte, weil es sich meist um digitale Daten handelte. 600 000 US-Dollar wurden für das Meme »Nyan Cat« bezahlt. Dadurch verschwand die nostalgische GIF-Animation einer fliegenden Katze mit Regenbogenschweif, die seit 2011 Millionen Internet-Nutzern Freude bereitet, nicht aus dem Internet. Es wechselte auch keine Datei den Besitzer. Dass die Nyan Cat nun einen Eigentümer hatte, der per NFT als Eigentümer auf der Blockchain eingetragen war, erzeugte nichts als einen großen Preis.

Auch dass jemand 2,9 Millionen US-Dollar für den ersten Tweet von Twitter-Gründer Jack Dorsey zahlte, änderte nichts an der öffentlichen Sichtbarkeit dieses Tweets. Und die 69 Millionen US-Dollar, für die im März 2021 bei der ersten NFT-Auktion von Christie's eine Bilddatei versteigert wurde, änderten nichts daran, dass bis heute jeder diese Datei ungeschützt herunterladen kann. Trotzdem veränderte sich alles.

Eine so gewaltige Summe, höher als alles, was je für Gerhard Richter bezahlt wurde, höher als die allermeisten Preise für Picasso, war einfach nicht zu übersehen. Auch wer sonst wenig über Kunst nachdachte, rieb sich die Augen: Das dritt-teuerste Werk eines lebenden Künstlers, eine öffentliche Datei? Was machte fiktives Eigentum so wertvoll? Welches Versprechen trugen die drei Buchstaben NFT, dass Millionen auf sie gewettet wurden, sich die Schlagzeilen überstürzten und inzwischen immer mehr Prominente, Musikerinnen, Schauspielerinnen, Sportlerinnen und sogar Aktivisten wie Edward Snowden und Julian Assange NFTs als Fanartikel versteigern? Und dabei viel höhere Preise erzielen als etablierte Künstler, die nun ebenfalls versuchen, mit eigenen NFTs etwas von dem Qualitätsanspruch und dem Geschichtsbewusstsein der bisherigen Kunst mit in die aufgeregte Blockchain-Welt hinüberzuretten?

»NFT« steht für »Non Fungible Token«, was sich frei mit »einzigartiges Zeichen« übersetzen lässt. Die Technologie gibt es im Prinzip seit 2014. Vorher wurde mit der kollektiven Buchführungstechnologie Blockchain, die 2009 mit dem Bitcoin-Netzwerk in die Welt kam, nur Geld verschickt. Man gab den Zeichencode des Empfängers und den Betrag ein. Dann mussten mindestens sechs Rechner irgendwo auf der Welt das gleiche Rechenrätsel lösen, um die Transaktion zu verifizieren. Erst dann landete diese Transaktion als »Block« in der »Blockchain«, wo sie bis zum Ende der Geschichte niemand mehr herausbekommen wird. Das liegt daran, dass die Blockchain auf keinem Rechner, in keiner Behörde, keiner Firma und bei keinem Notar gespeichert ist. Nur die Nutzer halten das dezentrale Netzwerk aufrecht. Unter ihnen sind

Zehntausende über die Welt verteilte Betreiber:innen von Serverparks, die mit ihrer Rechenleistung Transaktionen verifizieren. Dafür werden sie mit Bitcoin, Ether oder anderen Kryptowährungen belohnt. Weil auf diesem Weg neue Münzen in das Netzwerk kommen, spricht man vom »Minen«, englisch für »Schürfen«, wie das Schürfen nach Gold.

Weil sie dezentral organisiert sind, gelten Blockchains als sicher gegenüber Fälschung, Betrug und staatlicher Kontrolle. Daher rührt ihr anarchisches Versprechen auf Ermächtigung gegenüber Zentralbanken, Politik und Finanzindustrie – während inzwischen natürlich auch Banken und große Firmen Anlagen in Kryptowährungen halten und deren Kurse bestimmen. Genauso Regierungen; während andere Steuerpflichten verschärfen oder Blockchain-Mining ganz verbieten, wie im Sommer 2021 China, und versuchen, den Geldfluss durch Einführung eigener Digitalwährungen noch stärker zu überwachen als zuvor.

NFTs führten auf der Blockchain die einzigartigen Dinge ein, für die bislang Kunstwerke standen. Jetzt kann man im digitalen Geldbeutel, der »wallet«, neben Geld auch eine NFT-Sammlung anhäufen. Populär wurden NFTs 2017 durch die digitale Sammelkarten Kollektion der 10 000 Crypto Punks und das Online-Spiel Cryptokitties. Auch Christie's bot schon 2017 Käufer:innen klassischer Kunstwerke zusätzlich NFTs an, die Echtheit, Eigentum und Geschichte des Werkes verbriefen sollten. Damals wollte sie keiner haben. Unter Blockchain-Anhänger:innen aber wuchs um die digitalen Sammelgegenstände, von außen zunächst kaum bemerkt, eine Kultur.

Die Corona-Pandemie sorgte dann 2020 dafür, dass viele, wegen des Home Offices oder, vor allem in den USA, durch Arbeitslosigkeit, mehr Zeit vor dem Bildschirm verbrachten. Viele legten Hilfszahlungen ihrer Regierung in Kryptowährungen an. Damit stiegen die Kurse, und weil die Kurse auf dem Kryptomarkt extrem unberechenbar sind und der Rücktausch in Dollar oder Euro teuer und steuerpflichtig, erschien die neue Anlageform NFT schlicht als die Vernünftigste. Vor allem für Menschen, die schon nach 2009 Bitcoins angelegt hatten und durch die Wertexplosion gewaltige Vermögen angehäuft hatten. Da es für diese neue Anlageform noch keine Erfahrungswerte gab, konnten die Gebote gar nicht hoch genug sein: Hier wurde der Wert eines ganzen Marktes ausgehandelt, und jede hohe Wette auf neue NFTs erhöhte den Wert der NFTs, die man schon besaß. So entstanden die Preise, die von außen gesehen verrückt erschienen und auch größtenteils nicht hielten.

Eigentlich handelt es sich bei NFTs um nichts grundsätzlich anderes als die Echtheitszertifikate, die Galerien auch bisher schon den Käufern eines Kunstwerks überreichten. (s. *Woran erkennt man ein Kunstwerk?*) Nur dass dieses Zertifikat nun fälschungssicher und öffentlich einsehbar in der Blockchain liegt. NFTs sind also keine Kunst. Man kann sie aber als Eigentumszertifikate für Kunst verkaufen – wie auch für Immobilien, ob in virtuellen Welten oder der physischen. Oder für Sportsammelkarten, die einen noch größeren Markt darstellen als der neue Handel mit digitaler Kunst. Oder für Waffen und Kleidungsstücke in Computerspielen, wie sie sich Kinder und Jugendliche zunehmend zum Geburtstag wünschen. Die Modefirma Balenciaga hat bereits eine Kollektion für Spieler des Computerspiels Fortnite veröffentlicht. Wer heute NFTs kauft, wettet darauf, dass Mode, Kunst, Immobilien und andere Luxusgüter in virtuellen Umgebungen bald so viel wert sind wie in der physischen Welt, wenn nicht noch mehr. Ja, es ist als würde gerade die Welt noch einmal entstehen, gebaut aus Fantasie und Geld.

Obwohl NFTs also selbst keine Kunst sind, wird über sie gesprochen als handle es sich um ein Medium: Man sagt jetzt »NFT« so wie man »Foto« sagt. Es gibt Skulptur, Malerei, Video, Fotografie, und jetzt auch NFTs.

Nachdem Mitte des 19. Jahrhunderts die Fotografie aufkam, dauerte es 120 Jahre, bis sie in den 1970er Jahren als Kunst anerkannt war und deren Preise erzielte. Künstler, die in den 1960er Jahren mit Videokameras experimentierten, mussten drei Jahrzehnte warten, bis Galerien ihre Videos als Kunst verkaufen konnten. Bei NFTs scheint es umgekehrt zu sein: Die hohen Preise sorgen dafür, dass über die Kunstfrage gar nicht lange diskutiert wird, sondern Auktionshäuser und Galerien sich so früh wie möglich Anteile am neuen Markt zu sichern versuchen. Auch öffentliche Museen entdecken ihre Sammlungen als Rohstoff, der sich in digitaler Form verlustfrei verkaufen lässt – quasi als Luxusversion des Posters oder der Postkarte aus dem Museumsshop: So versteigerten die Uffizien in Florenz, das älteste öffentlich zugängliche Museum der Welt, auf dem ersten Höhepunkt des NFT-Hypes im Mai 2021 eine digitale Kopie des einzigen erhaltenen Tafelbildes Michelangelos, den »Tondo Doni«, für 140 000 Euro und glichen dadurch ihre Verluste durch die Besucherrückgänge während der Corona-Pandemie ein klein wenig aus. Und das Belvedere in Wien bot zum Valentinstag 2022 10 000 einzelne Puzzleteile eines hochauflösenden Fotos von Gustav Klimts »Der Kuss« an.

Dass es sich bei NFTs um eine neue Sorte Gegenstand handle oder gar ein Medium, ist eigentlich eine große Illusion. Ihr Medium sind, wie früher auch schon, digitale Daten. Neu ist die Buchhaltungstechnologie, mit der digitale Kunst verbrieft wird. Der Wert entsteht dann aus einer sozialen Dynamik: Der Eindruck, es handle sich um Schlüssel zu einer neuen Welt, verbunden mit dem Kitzel der einzigartigen Gelegenheit und den daraus resultierenden Preisen, haben dafür gesorgt, dass etwas, das nichts war, plötzlich etwas ist.

Was aber ist eine an die Wand geklebte Banane, wie sie der Künstler Maurizio Cattelan 2019 auf der Kunstmesse Art Basel Miami Beach verkaufte? Was ist der Unterschied zwischen diesem bequemen, faulen, schlechten Witz auf Kosten der Kunst und der bei Christie's verkauften Datei, in der immerhin 5000 teils aufwändige 3D-Grafiken stecken, an denen der Mediengestalter Mike Winkelmann, der sich Beeple nennt, über Jahre hinweg täglich gearbeitet hatte?

Und was ist der Unterschied zwischen dem Kauf eines Meisterwerks, das der Käufer im Safe belässt, ohne es je anzuschauen, und später gewinnbringend weiterverkauft, und einem NFT, das er in der Wallet hält und später gewinnbringend weiterverkauft? NFTs halten dem Kunstmarkt einen grellen Zerrspiegel vor. Schaut man lange genug in ihn hinein, erkennt man einerseits eine Welt, die nur aus Geld besteht, und andererseits die Möglichkeit, dass dieses Geld nachhaltigere und vielfältigere Ökonomien hervorbringt.

Ab dem Mittelalter ließen sich Stifter in Heiligenbilder malen. Mit der Renaissance bekamen sie dann ihre eigenen Porträts. Heute schreiben sich Kryptosammlerinnen mit ihren Trophäen in die Blockchain ein. Vielleicht ist hier am Ende weniger die Kunst der entscheidende Handelsgegenstand, sondern der Kaufvertrag selbst. Vielleicht ist die Kunst eher zu verstehen wie ein CD-Cover, und der eigentliche Gegenstand des Kaufs ist der Kauf, mit dem man sich in die Geschichte einschreibt. Die Aura liegt dann nicht mehr im Werk, sie geht auf den Moment des Kaufs, auf die Blockchain und auf die Community über, in der das Werk gehandelt wird. Und hier wird es durchaus interessant.

Auf dem klassischen Kunstmarkt ist es verpönt, Kunstwerke als Anlageobjekte zu behandeln. Wer den Gefallen an einem Werk verloren hat oder dringend Geld braucht, von dem wird erwartet, dass er seinen Kauf zuerst der Galerie anbietet, von der er ihn hat, damit diese sicherstellen kann, dass es einen neuen Käufer findet, der zum Werk und der Künstlerin passt. In den 2010er Jahren wurden diese Anstandsregeln zunehmend durch sogenannte »Art Flipper« aufgeweicht, die gemeinsam Künstlerinnen hochsteigerten, um sie dann schnell und gewinnbringend weiterzuverkaufen. Für Künstler ist es erstmal schön, wenn die Preise steigen, nur ist es auf so spekulativen Märkten die Regel, dass sie bald wieder rasant fallen. Solche Einbrüche machen den Markt einer Künstlerin oft für immer kaputt, keiner traut dann mehr ihrem Werk. Auch wenn die Preise konstant steigen, gehen Künstler meist leer aus, wenn ein Werk zum Hundertfachen dessen verkauft wird, was sie selbst einmal dafür bekamen. In der EU haben sie immerhin Anspruch auf eine kleine Vergütung, die aber selten durchgesetzt wird. Oft also müssen Künstler aus der Ferne zusehen, wie jemand, der einst 15 000 für ein Werk bezahlte, plötzlich 200 000 bekommt, ohne dass sie von der Wertsteigerung selbst etwas hätten.

Auf dem NFT-Markt ist es dagegen üblich, dass die Künstler:innen wie auch alle Vorbesitzer (und die Handelsplattform) mit jedem Weiterverkauf Tantiemen erhalten. Wie radikal sich dadurch die Ökonomie verändert, rechnete eine Studie im Magazin »Management Science« vor: Hätten Robert Rauschenberg und Jasper Johns bei jedem Weiterverkauf eines ihrer Werke einen Anteil von zehn Prozent bekommen, hätten sie im Laufe ihrer Leben tausendmal mehr verdient. Diese Beteiligung vollzieht sich mit NFTs automatisch: Ein mit dem NFT verbundener automatisierter Vertrag, ein sogenannter Smart Contract, schüttet festgelegte Anteile einfach aus. Das Weiterverkaufen nutzt also allen. Es steigert auch die Sichtbarkeit und damit den kulturellen Einfluss des Werks. Bisher müssen Galerien sich vor dem eigenen Erfolg fürchten, weil dann oft die Künstlerin zur nächstgrößeren Galerie wechselt und dort Gewinne einspielt, während sie auf ihren Investitionen sitzen bleiben. (s. *Wie verrückt ist der Kunstmarkt?*) Die Verknüpfung auch physischer Werke mit NFTs wäre eine Lösung, um das Austrocknen des Kunstmarktes aufzuhalten und ihm wieder Risiken und grundlegende Innovationen zu erlauben.

Auf dem NFT-Markt führt der ideale Weg eines Werks also nicht zu einer Sammlerin, an deren Wand es bleibt, bis diese es irgendwann einem Museum schenkt. Für NFTs ist der ideale Weg die Zirkulation des Werks durch möglichst viele Hände, und alle verdienen mit.

NFTs erlauben es Künstlern auch, die Verwertung ihrer Werke stärker in die eigenen Hände zu nehmen. Vor allem Musiker und Autorinnen nutzen NFTs zunehmend, um Anteile an ihrer Arbeit direkt in die Hände ihrer Fans zu legen oder diese zu Anteilseignern neuer Plattformen zu machen, die sie selbst kontrollieren, statt einen guten Teil ihrer Einnahmen an Spotify oder Apple abzutreten. Viele NFTs sind verknüpft mit Zugangsrechten, etwa zu einem Diskussionsforum oder zu Podcasts. Interessant werden NFTs dann, wenn man sie nicht durch die Brille des Privateigentums betrachtet, sondern als Verwaltungsmodell für gemeinsame Güter. Auch jenseits der Kunst erlauben NFTs den Zusammenschluss vieler Eigentümer. So ist mit »Dezentralen Autonomen Organisationen« (DAOs) eine neue Form entstanden, die im US-Bundesstaat Wyoming 2021 rechtlich mit GmbHs und NGOs gleichgestellt wurde. Eine der größten, die CityDAO, hat in

Wyoming Land gekauft, und nun planen zahlreiche anonyme, über die Welt verteilte Kryptoanleger miteinander den Bau einer neuen, nachhaltigen Stadt.

NFTs selbst sind also keine Kunst. Aber sie können die Ökonomie der Kunst auf lange Sicht verändern. Und es ist nicht auszuschließen, dass die neuen Verwaltungsmodelle, die diese Buchhaltungstechnologie ermöglicht, irgendwann auch neue Kunstformen hervorbringen.

Bis dahin werden dann bestimmt auch die vielen Vorteile wiederentdeckt, die physische Kunstwerke gegenüber digitalen haben: Sie teilen sich mit mir einen Raum, sie sind unabdingbar da, sie sind wirklich einzigartig, und keine digitale Simulation kann je an ihren Informationsreichtum herankommen. 69 Millionen US-Dollar hat die Firma Metapurse bei Christie's für eine Bilddatei gezahlt. Das Geld ist weg: Metapurse fügte das Bild zu ihrer schon bestehenden Beeple-Sammlung hinzu und gab Anteilsscheine für sie aus, in Form der digitalen Währung B20. Es schien nicht unwahrscheinlich, dass sich der Wert noch steigert, je mehr Menschen daran ein Interesse hätten. Zum Zeitpunkt der Auktion lagen B20s kurz bei 17 US-Dollar. Bald danach bei 70 Cent, ein gutes Jahr später bei 28. Passive Anteile an der Kunstsammlung von jemand anderem sind in diesem durch und durch gamifizierten Markt einfach nicht interessant.

69 Millionen US-Dollar: Welche bahnbrechende Sammlung an Gegenwartskunst hätte man damit aufbauen können!

37

Wozu braucht man Originale?

Kunst kann man in Büchern anschauen, auf Postern und auf dem Bildschirm. Hochauflösende Fotografien, wie sie immer mehr Museen online stellen, erlauben es, in einer Schärfe in Details hineinzuzoomen, die einem sonst gar nicht auffallen würden. Inzwischen kann man solche digitalen Kopien sogar per NFT besitzen und sie in virtuellen Umgebungen ins eigene »Museum« hängen. Warum also soll man überhaupt CO_2 verbrennen, in Schlangen warten und viel Geld bezahlen, um im Gedränge zwischen vielen Hinterköpfen und gereckten Smartphones hindurch einen Blick auf, sagen wir, die Mona Lisa zu erhaschen oder die Sixtinische Madonna? Warum werden Kunstwerke für Ausstellungen unter den wachsamen Augen von Restaurator:innen verpackt, von spezialisierten Spediteur:innen verschifft, abgesichert durch teure Versicherungen, und am anderen Ende der Welt aufgehängt, um dann acht Wochen später nach Ausstellungsende wieder mit demselben Aufwand zurückgeschickt zu werden? Warum zeigt man nicht einfach eine Kopie?

Tatsächlich ist die Vorstellung, man habe das Kunstwerk nur dann wirklich vor sich, wenn man das Original vor sich hat, relativ jung. (s. *Was ist der Unterschied zwischen einem Kunstwerk und einem Buch?*) Römer waren mit den Kopien griechischer Statuen zufrieden. In der Renaissance verkauften Maler einfach beliebig viele Ausführungen desselben Motivs. Lucas Cranach bot sogar verschiedene Standardformate zur Auswahl. Passte das gewählte Motiv nicht hinein, wurde es einfach gequetscht. Niemand hätte gefragt, welche Version das Original sei. Die Frage kam keinem in den Sinn.

Die Vorstellung des Originals tauchte erst auf, als es Kopien gab. Im 15. Jahrhundert verbreitete sich die Technik des Kupferstichs, bei der man das Motiv einmal in die Kupferplatte ritzt und dann drucken kann, solange die Platte hält. Kupferstiche galten aber gar nicht als Kopien des Gemäldes, zumal sich die Kupferstecher meist nicht am Gemälde, sondern an dessen Entwurfszeichnung bedienten. In ihr zeige sich die Erfindung des Künstlers, beharrte der Architekt und Kunsttheoretiker Leon Battista Alberti. Das Gemälde war nur eine unter vielen möglichen Ausführungen der Idee. Die Kupferstecher nahmen sich auch alle möglichen Freiheiten. Weil etwa die Brauntöne eines dunklen Schopfes im Kupferstich eine schwarze Fläche ergeben hätten, verwandelten Stecher sie in ein lebendiges Spiel feiner Locken. Teils galten sie so viel wie die Maler, wenn nicht mehr, brachten sie doch erst deren Ideen zur Vervollkommnung. Zudem war ihre Arbeit aufwändiger, und so wurden sie oft auch besser bezahlt. Friedrich Wilhelm Müller soll sieben Jahre am Stich von Raffaels Sixtinischer Madonna gesessen haben und darüber verrückt geworden und gestorben sein.

Vom Original sprach man damals nur in Bezug auf Bücher: Es gab das Original und es gab die Abschrift. Erst im 18. Jahrhundert sickerte der Begriff in die Kunst ein, aber er meinte nicht die Werke, sondern die Künstler selbst: Ein »Original« war ein herausragendes, einzigartiges Talent. Die Verwendung des Begriffs übertrug sich dann im 19. Jahrhundert von den Künstlern auf ihre Werke: Sie wurden nun wie Reliquien behandelt, die es erlaubten, in Verbindung zu ihrem Schöpfer zu treten. Damals verfestigte sich die Vorstellung der Aura des Originals, die bis heute anhält.

Erst entsteht ein Original, und dann entstehen davon Kopien: So stellen wir uns das in der Regel vor. Dass aber auch die Kopien darüber entscheiden, welche Werke entstehen, zeigt der Kunstwissenschaftler Wolfgang Ullrich in seinem unterhaltsamen Buch »Raffinierte Kunst«. Als Mitte des 19. Jahrhunderts die Fotografie aufkam, bemerkten Kritiker gleich Veränderungen an den Gemälden: Damit auf den entstehenden Fotos keine störenden Lichtreflexe an Farberhebungen den Blick auf die Komposition entstellten, wurde die Farbe jetzt möglichst glatt und flächig aufgebracht. Die Kontraste zwischen den Farben wurden erhöht, damit sie auf Schwarzweiß-Fotos gut rüberkamen. Damals ging man noch nicht so weit wie im 20. Jahrhundert, jeden einzelnen Pinselstrich als unverzichtbares Element des Gesamtwerks zu betrachten. Dass man das heute tut, liegt laut Ullrich auch nur daran, dass die Fotografie es irgendwann erlaubte, diese Details in aller Feinheit wiederzugeben.

In Ullrichs Erzählung wird die Kunstgeschichte zu einem Laufsteg, auf dem sich die Mode für die jeweils neueste Reproduktionstechnik in Szene setzt. Er erzählt, wie der Schriftsteller Jean Paul auf einer Berlinreise 1822 nicht in die Gemäldegalerie ging, weil er »von den besten Werken« schon Reproduktionen gesehen habe. Er erzählt von Kunstwerken, die als Foto berühmt wurden und dann im Original enttäuschten: etwa der Reiter aus dem Bamberger Dom, der als Postkarte Anfang des 20. Jahrhunderts Massen in Träumereien von einem ursprünglichen Deutschland in gotischem Stil versetzte. Ullrich geht so weit, dass die ausgreifenden Installationen der Gegenwartskunst nicht so viele unterschiedliche Materialien und Techniken auf einmal verwenden würden, gäbe es nicht die heutigen Kameras, die es erlauben, alle Einzelheiten zu erfassen. Das ist aber ein bisschen Unsinn, finde ich: Niemand kann auf Fotos Installationen erfassen, und Kunstwerke entstehen immer noch für den persönlichen Besuch. Fotos werben für diesen Besuch.

Als Fotos selbst Kunst wurden, ist die Unterscheidung zwischen Original und Kopie schwieriger geworden. Fotonegative kann man beliebig oft abziehen, jedenfalls solange das Negativ hält. Warum sollte das eine Foto mehr wert sein als das andere? Die in den 1970er Jahren aufkommenden Fotogalerien hatten darauf eine Antwort: Sie begannen zwischen den Abzügen zu unterscheiden, die ein Fotograf zu Lebzeiten selbst gemacht hatte und posthumen, die später gemacht wurden. Das scheint erst mal ein spitzfindiger Trick zum Geldverdienen zu sein, die künstliche Übertragung der Aura der Malerei auf ein Medium, das keine Einzigartigkeit kennt. Hält man aber etwa Man Rays eigene Abzüge gegen spätere von seinem Assistenten, sieht man tatsächlich Unterschiede. Zum einen sind sie, wenn man Pech hat, schon dabei zu verblassen. Zum anderen passiert in der Dunkelkammer doch so einiges, das über das Resultat entscheidet. Ein Profi weiß, wie man in der Dunkelkammer das beste Ergebnis erzielen kann, und ein Künstler weiß darüber hinaus, welches Ergebnis genau er erzielen will. Fotografie ist eben ein analoges Medium und damit nie hundert Prozent gleich.

Bei digital gespeicherter Kunst aber verliert die Unterscheidung zwischen Original und Kopie endgültig ihren Sinn. Deshalb war es bis vor Kurzem auch so schwer, mit ihr Geld zu verdienen. Wer Videokunst kauft, bekommt sie heute meist in Form von Daten. Weil diese sich beliebig oft kopieren lassen, ist die Lizenz der Galerie entscheidend, die nur den Käufern erlaubt, die Werke auch zu zeigen. Will ein Museum so ein Werk zeigen, zahlt es oft eine Leihgebühr für Daten, die sich problemlos kopieren lassen.

Das Gleiche gilt für manche Installationen, die erst eine körperliche Form annehmen, wenn sie gezeigt werden: zum Beispiel die Bonbons von Félix González-Torres. (s. *Kann ich das auch?*) Im Prinzip könnte sie jeder zuhause aufschütten. Aber eine Lizenz schreibt fest, wer das darf, wie und wo man die passenden Bonbons bekommt.

Als der Hype um NFTs begann, machten sich viele darüber lustig, dass Dateien wie Originale behandelt wurden. Dabei wurden die hochaufgelösten Dateien von den Käufern oft nicht einmal heruntergeladen. Nicht um den Besitz eines Originals ging es also, sondern um das Einschreiben in die Geschichte des Werkes durch Besitz. Auf ihn überträgt sich die Aura. (s. *Sind NFTs Kunst?*) Hier geht es nicht mehr um das Original, sondern um öffentlich sichtbares Eigentum, gerne auch »bragging rights«, »Angeberrechte«, genannt.

1935 fragte der Philosoph Walter Benjamin in seinem Aufsatz »Das Kunstwerk im Zeitalter seiner technischen Reproduzierbarkeit«, ob Kunst ihre Aura verlöre, je leichter es würde, von ihr Abbildungen zu machen und zu verbreiten. Nun, nie war es leichter als heute, Smartphones haben dafür gesorgt, dass die meisten Museen das Fotografieren nicht mehr verbieten, sondern sich sogar freuen, wenn Besucher ihre Eindrücke online posten. Je mehr Abbilder es vom Original gibt, desto größer wird das Bedürfnis, es einmal in echt zu sehen. Auch die NFTs, die die Uffizien oder das Belvedere von berühmten Werken ihrer Sammlung verkaufen, hätten nicht ihren Wert, wären sie nicht über Generationen hinweg von Millionen Menschen vor Ort im Original betrachtet worden.

Ullrichs Unterstellung, das Endprodukt der Kunst sei eigentlich nicht das Original, sondern seine Kopie, ist lustig, aber ein bisschen übertrieben. Vor einem Original passiert immer etwas, das vor der Kopie im Buch oder am Bildschirm nicht passiert. Auch flache Gemälde teilen sich mit uns einen Raum. Sie sind auch nie wirklich flach. Das Licht bricht sich unterschiedlich an ihren Details, wenn wir vor ihnen herumgehen. Sie sind größer oder kleiner, als wir sie uns auf dem Foto vorgestellt haben, und das verändert den Eindruck, den sie auf uns machen. Und dieser Eindruck zählt. Werke sind Fakten. Jede Reproduktion legt über diese Fakten neue Fakten (s. *Gibt es böse Bilder?*): Werke werden für das Foto extra ausgeleuchtet, die Fotos werden nachbearbeitet. Augen aber sehen anders als Kameras. Sie sind immer in Bewegung, und auch wenn sie sich auf Details konzentrieren, strömen von den Rändern des Sehfelds her immer noch bewusst oder unbewusst weitere Informationen ein. Selbst bei Videokunst macht es einen großen Unterschied, wie groß und scharf das Bild und wie plastisch der Ton ist. Für die Aufführung älterer Videokunst braucht man ratternde 8-Millimeter-Projektoren oder VHS-Geräte. Und in vielen Werken ist das Video nur Teil einer Installation, die umständlich aufzubauen ist – und deren Eindruck sich unmöglich übertragen lässt, auch wenn man sie wiederum abfilmt. Eine Kopie zu sehen ist wie ein aufregend gefilmter Heißluftballonflug. Das Original zu sehen ist wie ein Heißluftballonflug.

Multimedia-Shows, die etwa die Werke von Van Gogh inszenieren, sind unheimlich beliebt. Sie nehmen ihre Gäste an der Hand, holen sie aus ihren Körpern heraus und führen sie mitten hinein in überwältigende Bilder. Die wirklichen van Gogh-Gemälde aber belassen ihre Betrachter in den Körpern, und das Kino spielt sich im Kopf ab. Sie sind nicht *larger than life*, sie sind das Leben selbst. Sie begegnen mir auf Augenhöhe. Sie werfen mich auf mich selbst zurück. Sie verlangen mir eine Reaktion ab. Und wenn ich mich auf sie einlasse, dann verändert sich nicht nur mein Bildgedächtnis. Es verändert sich auch die Form, in der ich auf künftige Bilder schaue.

Für NFT-Sammler liegt der Wert digitaler Kunst gerade darin, dass sie dort erscheint, wo sich auch der Großteil des übrigen Lebens abspielt, nämlich auf dem Bildschirm. Steht man aber hinter so einem NFT-Sammler, während er oder sie auf den Bildschirm blickt, sieht man viel mehr: das mit einem NFT verbundene Kunstwerk, auf dem Bildschirm, selbst den starren oder zuckenden Körper der Sammlerin, den Tisch, den Stuhl, die Einrichtung, den Raum. Warum sollte man Kunst auf Abbildungen auf einem Bildschirm reduzieren wollen?

Digitale Kunst ist Teil derselben Zirkulation wie alles andere am Bildschirm. Kunstwerke, mit denen man sich den physischen Raum teilt, halten diese Zirkulation an. Sie widersetzen sich. Lenken die Zirkulation um. Natürlich können sie auch digitale Kunst enthalten. Aber die Idee, dass digitale Kunst an sich der nichtdigitalen etwas voraushätte oder dass man sich auch nur zwischen beiden entscheiden müsste, wird im historischen Rückblick ziemlich albern aussehen.

»Unser Kopf ist rund, damit das Denken die Richtung wechseln kann«, hat der Künstler Francis Picabia gesagt. Das habe ich nie verstanden. Wenn der Kopf rund ist, gehen die Gedanken doch im Kreis?

Ich denke: Kunstwerke müssen außerhalb des Kopfes sein, damit das Denken die Richtung wechseln kann.

38

Was ist wichtiger: Kunst oder Soziales?

Was ist wichtiger: Essen oder Trinken?
Nur extreme Gegner des Sozialstaats werden etwas dagegen einzuwenden haben, Kindergärten und Schulen gut auszustatten, allen Menschen die Teilnahme am Gemeinwesen zu ermöglichen und, falls das Geld reicht, öffentliche Schwimmbäder zu erhalten.

Wenn es dagegen darum geht, neue Museumsbauten zu finanzieren, Wettbewerbe für ein Kunstwerk auf einem öffentlichen Platz auszuschreiben oder die städtische Galerie einer kleineren Stadt gegen die drohende Schließung zu verteidigen, schlägt die Stunde der Skeptiker:innen. Dann wird nachgerechnet, was man mit dem Geld alles Soziales machen könnte. Ausgaben für Soziales werden als Investition in die Allgemeinheit verstanden. Ausgaben in Kunst als Investitionen in die Spinnereien Einzelner. Ausgaben für Soziales schaffen Ruhe und Frieden. Ausgaben für Kunst nur Ärger und Ungerechtigkeit. Als wären Ausgaben für Kunst nicht ebenso Investitionen ins Soziale. Als würden wir in einer besseren Gesellschaft leben, wenn sich alles vor den Bilanzen rechtfertigen müsste und niemand sich zurückziehen dürfte um den Blick auf das Gute, Schöne, Wünschenswerte für immer zu verändern. (s. *Worum geht es in der Kunst?*)

Kunst ist so viel günstiger als Soziales. Ein Beispiel: Der Künstler Gordon Matta-Clark hat 1974 ein Einfamilienhaus in der Mitte durchgesägt, sodass beide Hälften leicht zur Seite kippten und von oben Licht hineinfiel. Das Haus war jetzt unbewohnbar, was manche dem Künstler bis heute vorwerfen. Dabei stand das Haus erstens leer. Zweitens handelte es sich nur um ein einzelnes Haus. Dieses einzelne Haus vor der Kunst zu retten, hätte die Probleme von niemandem gelöst, schon gar nicht den allgemeinen Wohnungsmangel. Um das Wohnungsproblem zu lösen, reicht nicht ein Haus, dafür müsste man alleine in Deutschland viele Millionen Wohnungen bauen.

Wie viele Häuser aber braucht man, um den Blick auf alle Einfamilienhäuser der Welt auf immer zu verändern, und mit ihm die Geschichte der Skulptur? Eins. Wer Fotografien von Matta-Clarks Aktion gesehen hat, der wird sich immer wieder daran erinnern, wenn er ein Einfamilienhaus sieht, der wird vielleicht würdigen, was sie oder er hat, wenn sie in einem lebt. Weil der Symbolwert von Kunst nun mal den investierten Materialwert um Myriaden übersteigen kann.

Leider wird der Unterschied zwischen einem Symbol und seinem Träger oft vergessen und die Kunst so behandelt, als wolle sie alle Einfamilienhäuser der Welt durchschneiden. Will sie aber nicht.

Wer wirklich Kunst gegen Soziales aufrechnen möchte, der sollte das ruhig einmal tun: 341,12 Milliarden Euro geben die öffentlichen Kassen in Deutschland jährlich für Soziales aus. Für Kultur sind es 11,44 Milliarden, also 3,3 Prozent davon. Auf Museen, Sammlungen und Ausstellungen entfallen 2,183 Milliarden Euro, also 1,6 Prozent. Rechnet man richtig, sind die Kosten für Kunst fast vernachlässigbar. Dafür spielt sie fast zehn Mal so viel ein, wie sie kostet: 106,4 Milliarden

Euro betrug die Brutto-Wertschöpfung der Kultur- und Kreativwirtschaft in Deutschland 2019 – zwei Drittel des Fahrzeugbaus.

Wie viele Suppenküchen und Obdachlosenunterkünfte ließen sich finanzieren, würde man ein paar Gemälde aus öffentlichen Sammlungen verkaufen? Viele. Für ein Jahr. Und dann? Dann wäre das Geld weg. Und die Kunst auch.

Als man Winston Churchill im Zweiten Weltkrieg aufforderte, die öffentlichen Ausgaben für Kunst zu kürzen, soll er entgegnet haben: »Wofür kämpfen wir dann?« In Wahrheit hat Churchill den Satz nie gesagt. Wer auch immer ihn aber erfunden hat, hatte recht.

39

Wie wird man mit Kunst erfolgreich?

Es gibt einige Ratgeber dafür, wie man als Künstlerin oder als Galeristin erfolgreich wird. Sie geben Tipps dafür, wie man sich am besten auf einen Stil festlegt und ihn vermarktet; sie haben untersucht, dass man als Galerie einen Parkplatz braucht und so weiter. Ich halte sie alle für Quatsch.

Was ist Erfolg in der Kunst? Viel verkaufen und reich werden? (s. *Wie wird man mit Kunst reich?*)Künstler, die in diesem Sinne erfolgreich geworden sind, haben oft einen leicht gejagten, scheuen Blick: In ihren Augen blitzen der Triumph des Reichtums wie auch die Angst, von den anderen durchschaut zu werden. Sie wissen, dass es ihnen zu leicht gemacht wurde. Die Angst, gleich morgen könnte sich herumsprechen, wie unzulänglich ihre Arbeit ist und die Karriere jäh enden, plagt zwar viele erfolgreiche Künstler. Aber die, die nur reich geworden sind, besonders. Sie ahnen, dass ihr Werk vor der Geschichte nicht bestehen wird. Und dass seine Preise womöglich nur deshalb nicht fallen, weil eine Gruppe kunstfremder Investoren es sich nicht leisten kann, sie fallen zu sehen und deshalb einander die Werke regelmäßig auf Auktionen zu hohen Preisen abkauft, um sie zu halten.

Weit mehr Energie versprühen meist Künstler:innen, die nicht reich geworden sind und keine der Sicherheit versprechenden Professuren bekommen haben. Die aber ihre Lebenszeit genutzt haben, um sich bestimmten Problemen und Fragen in so einer unbedingten Offenheit auszusetzen, dass daraus Dinge entstehen, die sonst niemand machen könnte. Kritiker loben ihre Werke. Junge Künstler laufen ihnen hinterher. Und wären die Ankaufskommissionen und Sammlungsleiter der Museen weniger auf das fixiert, was der Markt wertvoll findet, dann könnten auch künftige Generationen auf ihrem Werk aufbauen.

Die Sicherheit, die Künstler ausstrahlen, die in ihrem Werk zu Hause sind, ist umwerfend. Es ist eine ganz andere Sicherheit als die, die Geld verleiht. Vor Kunstwerken zählen Berühmtheit und Geld nichts. Kunst bildet ihr eigenes Wertsystem. Die Werke selbst sind der Maßstab an Genauigkeit und Risiko, an dem sich Künstlerinnen messen lassen müssen. Wer die Sache strategisch angeht und versucht irgendwelche abgeleiteten Regeln zu befolgen, verpasst das Entscheidende und gewinnt höchstwahrscheinlich nichts.

Von anderen Künstlerinnen respektiert werden, für andere Künstlerinnen wichtig sein: Das ist der einzige geltende Maßstab für Erfolg in der Kunst. Es ist der einzige Beweis dafür, dass man in der Welt etwas hinterlassen haben wird, das für andere von Wert ist.

Aber wie schafft man das? (s. *Was braucht man, um Künstler zu sein?*) Alles kennen. Alle Attitüden ablegen. Kontakt zur eigenen Ehrlichkeit finden. Die eigene Verletzbarkeit finden und aus ihr heraus arbeiten. Das schafft man selten alleine. Man braucht andere, nicht nur, um Netzwerke zu bilden und sich gegenseitig Erfolg zu verschaffen. Man braucht andere, um einander herauszufordern und zu bestärken auf einem Weg, für den es keine Regeln gibt außer denen, die man sich selbst setzt.

Dass sich dann kommerzieller Erfolg einstellt, ist zugegeben nicht besonders wahrscheinlich. Aber wenn man statistisch gesehen sowieso scheitern wird, dann kann man sich zumindest aussuchen, wie man scheitert: So, dass man am Ende mit der Sicherheit eines geglückten Werks dasteht? Oder so, dass man ohne alles dasteht? Mit künstlerischem Erfolg ohne kommerziellen Erfolg lässt es sich jedenfalls auf Dauer erfüllter leben als mit kommerziellem Erfolg ohne künstlerischen.

Freilich schließen beide einander nicht aus. In einer idealen Welt, in der genügend Menschen etwas von Kunst verstehen und erwarten, gingen sie Hand in Hand.

40

Wie wird man mit Kunst reich?

Ignorieren Sie das vorige Kapitel. Halten Sie sich nicht mit künstlerischen Fragen auf. Verstehen Sie die Wünsche Ihrer Kundenkreise. Wollen vermögende Menschen alle Probleme durchbohren, die Künstlerinnen und Künstler quälen? Nein. Haben sie die Zeit dafür? Nein. Kann man erwarten, dass sie wissen, was Fortschritt und Freiheit in der Kunst sind und wie man sie fördert? Nein. Wollen sie etwas, das ein wenig geistigen Glanz in ihr Leben bringt? Ja. Die größten Profite winken denen, die es verstehen, das, was Experten machen, für Nicht-Experten als ansprechenden Serviervorschlag zu präsentieren. Sie fördern durchschnittliche Kunst, weil sie größere Reichweite verspricht. Das Ergebnis besteht in Dingen, die wie Kunst aussehen, aber weniger Arbeit machen. Objekte mit Spiegeln und Gold, große bunte Bilder.

Stecken Sie das Geld, das Sie damit verdienen, in Immobilien. Am besten in repräsentative Galerieräume, die durch gutes Branding zu begehrten Event-Locations werden, die Sie an Mode- und Luxusfirmen vermieten, wobei wiederum deren Publikum in Zukunft gerne zu Ihnen kommen und dort kaufen wird, ohne kritische Fragen zu stellen. Machen Sie nicht den Fehler, durch künstlerische oder kulturelle Aktivitäten Immobilien aufzuwerten, die Sie nicht selbst besitzen.

Investieren Sie in PR. Sorgen Sie dafür, dass alle über Sie sprechen. Dann können Sie sichergehen, dass sich für jede Person, die hinter Ihrem Rücken über Sie lästert, drei neue finden, die Ihre Arbeit als interessant erachten und in sie investieren.

Natürlich gibt es auch andere Wege, in der Kunst reich zu werden. (s. *Wie wird man mit Kunst erfolgreich?*)

41

Wie kommt man ganz nach oben?

Lassen Sie sich in der Schule von den reichen Kindern vornehmer Eltern nichts erzählen. Schmeißen Sie mit sechzehn hin und steigen im Sägewerk Ihres Vaters ein. Übergehen Sie Zwischenhändler, liefern Sie direkt an Endkunden, bauen Sie Ihren Betrieb zu einem der größten der Bretagne aus. Halten Sie Freunden die Treue, vor allem aufstrebenden Politikern wie Jacques Chirac. Heiraten Sie in eine kultivierte Familie ein. Kaufen Sie Einzelhandelsketten. Kaufen Sie Kunst, damit sichern Sie sich den Respekt des Kulturadels. Stoßen Sie, wenn Ihr Land sich gerade in einen Themenpark für den boomenden Luxustourismus aus Asien, Russland und der Golf-Region verwandelt, alle Einzelhandelsunternehmen ab und konzentrieren Sie sich auf das Luxusgeschäft. Kaufen Sie Gucci, Yves Saint-Laurent, Balenciaga, Bottega Veneta, Puma, Alexander McQueen und Brioni. Kaufen Sie Weingüter von Bordeaux bis Kalifornien. Kaufen Sie Christie's, das größte und älteste Auktionshaus der Welt. Eröffnen Sie ein Privatmuseum in Venedig und schmeißen Sie zu jeder Biennale ein riesiges Fest. Eröffnen Sie noch ein Privatmuseum in Venedig. Eröffnen Sie ein Privatmuseum im Zentrum von Paris. Sie kontrollieren jetzt einen guten Teil des Wertschöpfungskreislaufs auf dem Luxusmarkt: Ihre Kundinnen reisen in Ihren

Klamotten mit Ihren Handtaschen zu Ihren Museen, sehen dort Ihre Kunst und lassen sich für die Einkäufe in Ihrem Auktionshaus inspirieren, die sie mit Ihrem Champagner feiern. Sie sind François Pinault. Ihre Schwiegertochter ist Selma Hayek. Sie besitzen zwischen 41 und 49 Milliarden US-Dollar und zählen zu den reichsten Menschen der Welt.

Reisen Sie, soviel Sie können. Besuchen Sie die interessantesten Künstlerinnen und Künstler Ihrer Zeit. Zeichnen Sie jedes Gespräch auf. Stellen Sie keine kritischen Fragen. Stellen Sie Menschen einander vor. Gewinnen Sie ihr Vertrauen durch Ihr grenzenloses Interesse. Veröffentlichen Sie jedes Gespräch. Es werden einst über zweitausend sein. Erfinden Sie neue Formate. Kuratieren Sie eine Ausstellung mit bekannten Künstlern in Ihrer Küche. Lassen Sie einen Pionier der italienischen Nachkriegskunst, Alighiero Boetti, Puzzles für Fluggäste der Austrian Airlines gestalten. Verfolgen Sie immer mindestens 12 Projekte gleichzeitig. Schlafen Sie nie mehr als drei Stunden am Stück. Seien Sie überall. Sie werden das bekannteste Gesicht der Kunstwelt sein. Sie sind Hans Ulrich Obrist, Inbegriff des Kurators, Herausgeber zahlloser Bücher, Berater vermögender Schweizer Sammlerinnen. Wenn irgendwo ein neuer Name aufkommt, ist die Wahrscheinlichkeit groß, dass Sie ihn schon kennen.

Lassen Sie sich Zeit mit dem Studium. Sagen wir elf Jahre. Sammeln Sie Erfahrungen im Ausland. Drehen Sie kritische Dokumentar- und Essayfilme über anhaltenden Rechtsextremismus in Deutschland. Beeilen Sie sich nicht zu sehr mit Ihrer Promotion in Philosophie. Konzentrieren Sie sich auf Ihre Filme und auf politische Arbeit. Es dauert vielleicht drei Jahre von der ersten Beteiligung an einer internationalen Gruppenausstellung bis zur Teilnahme an der Documenta. Und dann noch mal zwei bis zu Ihrer ersten Einzelausstellung in Berlin. Kümmern Sie sich weniger um Ihre Karriere als um das politische Bewusstsein Ihrer Studierenden. Veröffentlichen Sie entlarvende Essays über Kunst und die Kunstwelt. Verbieten Sie Ihrer Galerie, an Sammlerinnen zu verkaufen, deren Geld aus dem Waffenhandel stammt. Und wenn Sie plötzlich auf Platz eins der Liste der hundert einflussreichsten Menschen der Kunstwelt stehen, dann winken Sie ab. Sie sind Hito Steyerl, eine der brillantesten Essayist:innen und Künstler:innen der Gegenwart, ein Maß an politischer Integrität und Unbestechlichkeit, analytischer Schärfe und komödiantischer Kraft. Junge Künstler:innen, ältere Sammler:innen und die Kurator:innen der größten Museen der Welt liegen Ihnen zu Füßen. Lassen Sie sich davon das Leben nicht vereinfachen. Tun Sie so, als habe Ihr Erfolg mit Ihnen nichts zu tun. Wenn Sie Ihre Einzelausstellung in der Londoner Serpentine Gallery eröffnen (kuratiert von Hans Ulrich Obrist), dann stellen Sie die Direktorin als Gattin eines Spionageunternehmers bloß, sodass sie zurücktreten muss. Sollte der Bundespräsident Ihnen das Bundesverdienstkreuz anbieten, dann schreiben Sie einen Kommentar in der »Zeit« und lehnen ab – aus Protest gegen die Schludrigkeit der Politik gegenüber Bildung, Kultur, sozialer Ungleichheit, Rassismus und Plattformkapitalismus während der Corona-Pandemie. Egal, wie sehr Sie das strahlende Licht der Aufklärung auf Ihr Umfeld und Ihre Arbeitsbedingungen richten: Ihr öffentliches Ansehen wird nur weiter steigen.

Die Künstlerin Hito Steyerl, der Kurator Hans Ulrich Obrist und der Sammler François Pinault stehen für drei völlig unterschiedliche Wege nach oben: Der von Steyerl beruht auf der Treue gegenüber alten Weggefährt:innen und politischen Prinzipien, dem Austausch mit jungen Künstler:innen und der ständigen kritischen Infragestellung der eigenen Arbeit. Der von Pinault beruht auf geschäftlichem Spürsinn und einem Ehrgeiz gegenüber Kunst, in dem sich Geltungsbewusstsein und aufrichtiges Interesse verbinden. Der von Obrist beruht auf unstillbarer Neugierde und der eigenen Verwandlung in ein wandelndes Reservoir an Wissen und Beziehungen. »Ganz oben« ist in der Kunst da, wo sich diese drei Kapitalsorten begegnen: Geld, Beziehungen und künstlerische Integrität. Die gute Nachricht: Mit Strategie allein kommt man nirgendwohin. Man muss einbringen, was einen selbst ausmacht und auf das setzen, was einen wirklich interessiert. Die zweite gute Nachricht: Auch ohne Geld schafft man es ganz nach oben, und mit Beziehungen, die auf gemeinsamen inhaltlichen Interessen beruhen statt auf strategischen. Künstlerische Integrität kann Geld und Beziehungen stechen. Während Geld und Beziehungen ohne künstlerische Integrität wertlos sind.

Am besten macht man also das, was man gut kann und steht für das ein, was einem wichtig ist. Der beste Weg nach oben führt entlang der eigenen Prinzipien, und am besten hält man durch, wenn man ihn gemeinsam geht. Wer diesen Weg geht, ist schon oben genug.

42

Ich verstehe nichts. Liegt es an mir?

Wie lange dauert es, Kochen zu lernen? Skifahren? Schreinern? Köche denken in Konsistenzen. Skifahrer denken mit den Hüften. Schreinerinnen denken in Werkzeugen, Oberflächen, Volumen. Und Künstler denken in allen möglichen Dingen. Jedes Werk spricht seine eigene Sprache. Kunst entsteht aus Beziehungen, die sich nicht planen oder vorhersagen lassen, sondern sich aus dem Verfolgen einer einzigartigen Neugierde ergeben – nur in eben jenem Material mit eben jenen Werkzeugen durch eben jene Person. Wie soll man das Ergebnis auf Anhieb verstehen? Wenn man verstanden hat, wie unwahrscheinlich es ist, es zu verstehen, hat man schon viel verstanden.

Solange es sehr viele Menschen auf der Welt gibt, und jeder dieser Menschen anders ist als andere, solange wird sich kein System finden, das es erlauben würde, dass alle das Gleiche verstehen und sagen oder dass sie auch nur in einer Sprache sprechen. Solange jede und jeder mit wachen Sinnen durchs Leben geht, wird es immer Wahrnehmungen geben, die nur eine oder einer hat. In Kunstwerken lassen sie sich mitteilen. Aber bis man sie verstanden hat, dauert es. Und bis man alle Kunstwerke verstanden hat, eine Ewigkeit.

Aber zu begreifen, wie man Kunstwerke verstehen und nicht verstehen kann, lässt sich erlernen, und jeder Schritt auf dem Weg dahin macht das Leben reicher. Ihn zu gehen, bedeutet ein Minimum an Höflichkeit gegenüber der Menschheit und der Welt, in der man lebt. Einen Wegweiser dafür gibt es nicht.

Also nein. Es liegt nicht an Ihnen. Es liegt an der Kunst. Aber es liegt an uns, zu versuchen sie zu verstehen.

43

Warum sind Texte über Kunst so unverständlich?

Ich schaue aufs Meer und merke, dass ich unbewusst an die Bilder des Renaissance-Malers Piero della Francesca denke. Dann merke ich, dass ich in Wirklichkeit an einen Text des Kunstkritikers John Berger über Piero della Francesca denke, den ich vorhin gelesen habe.

Das ist das Größte, das ein Text über Kunst leisten kann: das Werk so anschaulich machen, dass einem die Worte nicht im Weg stehen. Nicht wie:

Die Galerie x versteht sich als Ort zur Präsentation und Vermittlung zeitgenössischer Kunst und vertritt eine Reihe von Positionen in den Gattungen Malerei, Skulptur, Fotografie, Zeichnung und Installation. Schwerpunkte liegen auf Raum/Architektur und künstlerischen Verfahrensweisen.

Hier wurde nichts gesagt. Man plagt sich ab, um die Worte aus dem Weg zu räumen, und dann ist dahinter nichts.

X' Werk dreht sich um das Verhältnis von Kunst und Leben, Geschichte und Erinnerung, um Begriffe wie »Kultur«, »Gesellschaft«, »öffentlicher Raum«, »Partizipation« und »öffentliche Autorschaft«.

Begriffe? Ein Werk dreht sich doch nicht um Begriffe!

Apprious neue Arbeiten sind eine Weiterführung seiner bis-

herigen skulpturalen Praxis, die konzeptuelle Ansätze aus den Bereichen Trauma, Ökologie, Literatur, Science Fiction und Popkultur miteinander vereint.

Wenn man konzeptuelle Ansätze miteinander vereint, was kommt dabei heraus? Nichts, was man sehen könnte, nichts, worüber man sinnvoll sprechen könnte.

»Wenn man sich der Kunst mit Worten nähert, verlieren beide an Präzision«, hat John Berger geschrieben. »Eine Sackgasse.« Das ist auch wieder nicht ganz ehrlich, weil Berger sehr viele Texte geschrieben hat, die es erlauben, Werke genauer zu sehen (zum Beispiel das Buch »Sehen«). Und das erstaunlicherweise ohne dass man die Anstrengung spürt, die es bedeutet, Worte und Werke zu verbinden.

Denn Worte und Werke sind fundamental verschiedene Dinge. Sie sprechen nicht dieselbe Sprache. Legt man das Raster der bekannten Sprache auf die Werke, verpasst man meist das Entscheidende. Viele der Autor:innen unverständlicher Texte sind sehr klug und wahnsinnig belesen. Sie haben all die Texte und Theorien im Kopf, die sie gelernt haben. Sie benutzen Begriffe wie Türen in einem Gebäude. Aber sehen sie, was in den Räumen ist? Und sind sie in der Lage, neue Türen zu erkennen und dann neue Begriffe für sie zu suchen? Oder benutzen sie die Kunst nur, um das schon bekannte Gebäude abzusichern?

Es gibt fantastische wissenschaftliche Texte über Kunst, die nur Wissenschaftler:innen verstehen. So wie es sicher fantastische Texte über Quantenphysik gibt, die ich nicht verstehe, deren bahnbrechende Erkenntnisse sich aber nicht einfacher ausdrücken lassen. Nichts ist an Spezialwissen auszusetzen. (s. *Wie elitär darf Kunst sein?*) Oft liegt die Unverständlichkeit aber daran, dass die Verfasser:innen selbst nicht wirklich verstehen, was sie schreiben. Und dass sie dieses Unverständnis verbergen. Sie gehen nicht über die Grenzen ihres Verständnisses, fragen nicht ehrlich, was sie sehen und was sie empfinden. Sie stellen der Leserin lauter Behauptungen in den Weg und machen sich aus dem Staub. Und wenn man diese Barrikaden aus Behauptungen aus dem Weg geräumt hat, ist dahinter nichts.

Umgekehrt gibt es Menschen, meistens Künstler, die so sicher in ihren Urteilen sind oder in ihren Einfällen, dass sie sich durch die Formen bewegen wie mit verbundenen Augen. Ohne, dass sie das in Sprache erklären könnten.

Es sind eben zwei völlig unterschiedliche Dinge: einen ausgeprägten Sinn und ein Verständnis für Kunst zu haben oder dieses Wissen in Sprache mitteilen zu können.

Umgekehrt habe ich, *full disclosure*, die Erfahrung gemacht, dass es möglich ist, sinnvolle Texte über Kunst zu schreiben, ohne sich allzu gut auszukennen. So entstanden nämlich meine ersten Ausstellungsbesprechungen. Es handelt sich beim Vermitteln von Wissen eben um eine ganz andere Fähigkeit als beim Wissen selbst. Ein Witwer, der seine Verstorbene am besten kennt, hält nicht unbedingt die beste Grabrede. Ein routinierter Grabredner, der nur ein paar Eckdaten des fremden Lebens kennt, schon eher.

Also trauen wir besser auch den Texten nicht, die wir verstehen. Auch nicht meinen – jedenfalls nicht ohne sie an den Werken selbst zu prüfen.

44

Was ist in der Kunst alles erlaubt?

1976 stahl der Künstler Frank Uwe Laysiepen, der sich Ulay nannte, das Gemälde »Der arme Poet« von Carl Spitzweg aus der Neuen Nationalgalerie in Berlin und hing es in der Wohnung einer türkischen Gastarbeiterfamilie in Kreuzberg auf. Seine Freundin Marina Abramović fuhr den Fluchtwagen, zwei Freunde dokumentierten die Aktion auf Video. Nach 30 Stunden stellte sich Ulay der Polizei. Der Strafe wegen Diebstahl entging er, indem er das Land verließ. Als er nach zwei Jahren zurückkehrte, kauften Freunde ihn frei. »Da ist eine kriminelle Berührung in der Kunst«, nannte Ulay die Aktion, mit der er die Stilisierung von Armut in der Kunstwelt mit den realen Lebensumständen von Gastarbeitern konfrontieren wollte. Sie ist bis heute legendär und ein Beispiel für das Austesten dessen, was in der Kunst erlaubt ist. Die Strafe hatte Ulay einkalkuliert.

Dass in der Kunstwelt künstlerische Integrität und Ruhm über dem Gesetz stehen und der Bruch des Letzteren erstere noch steigern kann, zeigte sich in der Anerkennung, die Ulay entgegenschlug. Zweimal nahm er an der Documenta teil, wurde mit gemeinsamen Aktionen mit Abramović berühmt, war später Professor in Karlsruhe und wurde vor seinem Tod im Jahr 2020 mit großen Einzelausstellungen gewürdigt.

1964 fertigte Elaine Sturtevant exakte Kopien von Andy Warhols Siebdrucken von Blüten an und gab sie als ihre eigenen Werke aus. Warhol war von der Idee so beeindruckt, dass er ihr dafür seine Drucksiebe lieh. Sturtevant hatte der Kunst ein neues Material erschlossen: andere Kunst. Die »Appropriation Art« war geboren, die Kunst der Aneignung. Zu ihr zählt auch der Tisch, den Martin Kippenberger 1987 aus einem grauen Gemälde Gerhard Richters baute. Entscheidender Bestandteil dieser Abwertung eines Luxusobjekts zum scheinbaren Gebrauchsgegenstand war, dass Kippenberger für das Ergebnis weniger verlangte als er für den Richter bezahlt hatte.

2008 wollte Gregor Schneider in einem Raum seiner Ausstellung im Haus Lange in Krefeld einen Sterbenden ausstellen. Ein Künstler könne humane Orte für den Tod bauen, wo Menschen in Ruhe sterben können, erklärte er. »Der Raum schafft die Würde und den Schutz.« Einen Freiwilligen hatte Schneider schon gefunden, doch die Proteste der Politik und der Deutschen Hospiz Stiftung zwangen ihn, die Idee fallen zu lassen. Hier geriet die Kunstfreiheit zwar nicht in Konflikt mit der Würde des Sterbenden, aber mit dem Pietätsgefühl derer, die in dessen Namen sprachen.

1997 kaufte der russisch-israelische Künstler und Dichter Aleksandr Brener eine Karte für das Amsterdamer Stedelijk Museum und ging in den Saal, wo Kasimir Malewitschs weißes Kreuz auf weißem Grund hing, ein zentrales Werk der Moderne. Mit einer Spraydose sprühte er ein Dollarzeichen auf die Leinwand. Festgenommen wurde er erst, als er selbst Museumsmitarbeiter auf seine Aktion hinwies. Er habe die Korruption der Kunstwelt durch das Geld anklagen wollen, erklärte er anschließend, und nur diese radikale Geste sei geeignet, seine Botschaft über die Kreise der Fachwelt hinaus an die breite Öffentlichkeit zu tragen. Einer der wenigen, die Breners Aktion öffentlich als Kunst würdigten, war der Chefredakteur der Kunstzeitschrift »Flash Art«, Giancarlo Politi. In einem Kommentar forderte Politi »Freiheit für Brener«: »Brener ist kein Hooligan, sondern ein transgressiver Künstler mit einer starken Persönlichkeit, ganz genauso wie es zu seiner Zeit Malewitsch war. Brener hatte nicht vor, Malewitsch zu zerstören, sondern ein Werk zu schaffen, das Malewitsch noch an Bedeutung überträfe, nämlich durch Hinzufügung ästhetischen Werts. (…) Zwischen der neuen Kreativität Breners und der statischen Erfindung von Malewitsch wähle ich die erste. Malewitschs Werk kennen wir alle, und ich würde lieber das neue Werk von Brener sehen.« Aber mit dem Vorschlag, das Übermalen anderer Kunst als Kunst zu rechtfertigen, kamen weder Brener und Politi durch.

Da die Farbe noch nicht eingetrocknet war, konnte das Gemälde bis auf wenige unsichtbare Rückstände gereinigt werden und nach zwei Monaten wieder an seinen Platz zurückkehren. Der Schaden wurde trotzdem auf umgerechnet 0,7 bis 1,4 Millionen Euro veranschlagt. Die Staatsanwaltschaft forderte die Höchststrafe für Vandalismus: zwei Jahre Haft. Dass Brener Künstler sei, wertete sie als erschwerenden Umstand. Dieser Argumentation folgte das Gericht nicht, verurteilte Brener aber zu fünf Monaten Gefängnis plus fünf Monaten Bewährung. Die Geldstrafe von 7000 Euro konnte er nicht zahlen.

Klauen, Kopieren, Zerstören, Sterbehilfe: »Kunst ist das, womit man davonkommt«, hat Andy Warhol gesagt. In der Kunst ist prinzipiell alles erlaubt, womit man in einer Demokratie durchkommt.

45

Wie frei ist die Kunst?

Wirklich frei ist niemand. Wirklich frei wäre nur jemand, der alle seine Träume ohne Mühe ausleben könnte, der anderen Leuten alles nehmen könnte, auch das Leben, ohne dass ihm etwas passiert. So allein möchten die meisten Menschen gar nicht sein. Die interessantere Freiheit ist die, die man mit anderen teilt und die es erlaubt, sich gemeinsam darauf zu einigen, was es sich zu wünschen und wofür es sich zu leben lohnt.

So wie die Freiheit der meisten Menschen am eigenen Geldbeutel endet, so ist auch die Kunst nicht wirklich frei. Klar kann man hier mehr als irgendwo sonst das machen, was man will. Nur steht es natürlich anderen Menschen genauso frei, sich dafür zu interessieren oder nicht. Meine Freiheit als Künstlerin endet an der Grenze des Desinteresses der anderen. Wenn im Atelier kein Platz mehr ist, weil sich die Werke stapeln und ich gezwungen bin, sie für immer zu entsorgen, kann ich mich nicht auf meine Kunstfreiheit berufen. Ich kann kein Lager, Museumsankäufe oder ein größeres Atelier verlangen.

In Deutschland gibt es seit einiger Zeit eine Art Endlager für Kunst, das Archiv für Künstlernachlässe in Brauweiler bei Köln. Dort werden Werke unbegrenzt aufbewahrt und gepflegt. Wer reinkommt, entscheidet eine Jury. Stellen Sie sich vor, sie entscheidet sich gegen Sie. Sie werden sich auch hier nicht auf Ihre Kunstfreiheit berufen können. Am Ende eines Künstlerlebens entscheidet sich, ob man einen Platz in der Geschichte findet: Wer Pech hat, dessen Erben schmeißen erleichtert alles weg. Der Künstler ist der radikale Prototyp des Unternehmers: Er fährt mit vollem Risiko, und im Zweifelsfall ist er auf sich allein gestellt. Künstlerinnen sind also so frei und unfrei wie andere Menschen auch, denn ihr Glück hängt von anderen ab.

Wenn ich aber merke, dass die Gründe dafür, dass ich meine Arbeit nicht entfalten kann, nicht bei mir liegen; wenn zum Beispiel Museen und Kunstvereine zwar gerne meine Arbeiten zeigen, mir aber nichts für die investierte Arbeit bezahlen; oder wenn ich merke, dass ich wegen meines Geschlechts, meiner Herkunft oder meines Aussehens diskriminiert werde; dann bin ich frei, mich mit anderen zusammenzutun und an der Beseitigung dieser Gründe zu arbeiten – zum Beispiel in Künstlerbünden oder -gewerkschaften.

»Kunst und Wissenschaft, Forschung und Lehre sind frei«, heißt es in Artikel 5 Absatz 3 des Grundgesetzes. Auch in anderen Demokratien garantiert die Verfassung die Freiheit der Kunst. Damit soll verhindert werden, dass Kunst der Politik unterworfen und gleichgeschaltet wird oder dass Künstler, Schriftsteller, Musiker, Theatermacher verfolgt werden, wie es im Stalinismus und im Nationalsozialismus der Fall war und es auch heute in vielen Ländern ist. Niemand darf Künstler:innen zwingen, ihre Arbeit anderen Zwecken zu unterwerfen, als denen, die sie sich selbst setzen. Und während das Grundgesetz für die Lehre noch den einschränkenden Nachsatz enthält: »Die Freiheit der Lehre entbindet nicht von der Treue zur Verfassung«, wird der Kunst nicht mal die Treue zur Verfassung abverlangt.

Man muss sich mal klarmachen, wie radikal das eigentlich ist: Die Gesellschaft stellt sicher, dass alle ihre Werte und Normen mit den Mitteln der Kunst infrage gestellt werden können. Weil sie weiß, dass nur so die Freiheit ihrer Mitglieder gewahrt bleibt, wirklich zu verstehen, in welcher Welt sie leben und sich für sie oder eine bessere zu entscheiden. Die Gesellschaft garantiert also die Möglichkeit ihrer eigenen Infragestellung, um lebendig zu bleiben und sich weiterentwickeln zu können. Die Freiheit einer Gesellschaft lässt sich an der Freiheit der Kunst ablesen. Wenn eine Regierung die Macht auf sich zu konzentrieren versucht, setzt sie neben Journalistinnen auch Künstler und Museumsdirektorinnen als erstes unter Druck, wie zuletzt zum Beispiel in Russland, Ungarn, Brasilien und Hongkong.

Wer aber darf sich in Demokratien auf die Kunstfreiheit berufen? Wer kommt vor Gericht damit durch, dass sie oder er Künstler ist? Weil Kunst alles infrage stellen können muss, auch sich selbst, kann es keine verbindliche Definition dafür geben, was Kunst ist. Deshalb müssen Gerichte oft erst mal darüber entscheiden, ob etwas Kunst ist, um zu wissen, ob die Kunstfreiheit greift. Immer wieder sorgen dann auch die Probleme, die Künstler aufwerfen, für eine Anpassung der Gesetze. Albrecht Dürer erkämpfte sich 1511 als erster ein kaiserliches Autorenprivileg, das es ihm erlaubte, gegen Fälschungen auf dem großen Markt von Drucken seiner Werke vorzugehen. William Hogarth erreichte 1735 durch eine Kampagne, dass das britische Parlament mit dem »Hogarth's Act« den Urheberrechtsschutz auf Stiche ausweitete. Und als Künstler wie Sherrie Levine und Richard Prince sich um 1980 für ihre Werke an urheberrechtlich geschütztem Material bedienten, sorgten sie mit dafür, dass die Technik des Samplings heute als Kunst anerkannt wird.

Damit, dass die Freiheit der Kunst garantiert wird, ist es aber noch nicht getan. Um meine Freiheit zu genießen, muss ich auch wissen, was ich mit ihr anfangen möchte. Nur auf den Dingen zu beharren, die ich machen und behaupten möchte, genügt nicht. Kunst übersteigt das individualistische Klischee von Freiheit, nach dem jeder einfach machen kann, was er will. Sie hält eine kompliziertere, aber grundlegendere Idee von Freiheit aufrecht, die damit anfängt, dass man, statt spontan drauflos zu malen, erst mal die Formen und Werkzeuge befreit, mit denen man sich verständigt. Und eine wahrhaftige Beziehung eingeht zwischen den Erfahrungen und Fähigkeiten, die man nur selbst hat und den Strukturen, die es erlauben, sich über Jahrtausende hinweg zu verständigen.

Das ist eine Freiheit, die nicht vor Gericht erstritten wird, sondern immer dann, wenn jemand an einem Werk arbeitet oder es betrachtet. Sie wird mühsam erobert, indem man all die Routinen und Gewohnheiten, die einen bestimmen, wirklich versteht. Um dann etwas zu schaffen, das so frei von diesen Routinen und Gewohnheiten ist und gleichzeitig aufs Genaueste mit ihnen in Verbindung steht, dass es den Menschen, die sich damit auseinandersetzen, ebenfalls Freiheit verleiht.

Wenn das Interesse an diesen Bemühungen nachlässt, dann haben nicht nur die Künstler ein Problem, sondern die ganze Gesellschaft. Und deshalb ist es wichtig, dass sich genügend Leute für Kunst interessieren.

46

Ist nicht schon alles gemacht?

Nein.

47

Können Bilder böse sein?

Im März 2017 forderte die Künstlerin Hannah Black in einem offenen Brief an das Whitney Museum in New York, ein Gemälde der Künstlerin Dana Schutz aus der dortigen Biennale zu entfernen und zu zerstören, damit es nie wieder auf den Markt oder in ein Museum gelange. Mit der Wahl ihres Motivs hatte Schutz an ein Trauma gerührt, das einst die Bürgerrechtsbewegung mit befeuert hatte: 1955 wurde der vierzehnjährige Afroamerikaner Emmett Till in Money, Mississippi, von Rechtsradikalen massakriert und ermordet. Seine Mutter entschied sich, ein Foto von Till im Sarg zur Mahnung in der vor allem von Schwarzen gelesenen Zeitschrift »Jet« zu veröffentlichen.

Das Foto zeigt Emmett Tills zur Unkenntlichkeit verunstaltetes Gesicht. Schutz' Gemälde bildet die Gewalttat großformatig in bunten Ölfarben nach – aus Hannah Blacks Sicht und der von 47 Mitunterzeichner:innen ein Beispiel mangelnder Sensibilität: »Für alle, denen etwas am Schicksal Schwarzer Menschen liegt oder die so tun als ob, sollte das Gemälde inakzeptabel sein, weil es inakzeptabel ist, wenn eine weiße Person Schwarzes Leid in Profit und Freude verwandelt, auch wenn diese Praxis lange normalisiert worden ist.«

Der Brief löste weltweit Entsetzen aus: Künstler wollen andere Künstler zensieren? Dass eine Künstlerin die Zerstörung des Werks einer anderen Künstlerin forderte, war etwas völlig Neues. Schutz hatte nicht die Absicht gehabt, das Trauma »in Profit und Freude« zu verwandeln. Sie hatte unter dem Eindruck anhaltender Polizeigewalt gegen Schwarze ein halbes Jahr lang mit sich gerungen, bis sie sich entschied, mit dem Bild ein Zeichen der Solidarität zu setzen. Von vornherein hatte sie festgelegt, dass es nie verkauft werden dürfe. Der Brief irritierte auch deshalb, weil er direkt gegen die Kunstfreiheit zielte: »Das Sujet gehört Schutz nicht«, schrieb Black; »weiße Redefreiheit und weiße kreative Freiheit wurden auf Kosten anderer errichtet und sind keine Naturrechte. Das Gemälde muss weg.«

In einer so nie gekannten Zuspitzung standen künstlerische Freiheit und historische Verantwortung einander gegenüber, und es schien keine Vermittlung möglich. Etwas schien in der Luft zu liegen: Nur drei Monate später protestierten Mitglieder des Dakota-Stammes in Minneapolis vor einem Bauzaun des Walker Art Centers, hinter dem als Teil der Neugestaltung des Skulpturenparks gerade ein Werk des Künstlers Sam Durant in die Höhe wuchs. »Scaffold« war eine Collage historischer Galgen aus besonders grausamen Momenten US-amerikanischer Geschichte. In einem dieser Galgen erkannten die Protestierenden den, an dem nach der Niederschlagung des Sioux-Aufstandes von 1862 in der größten Massenexekution der US-amerikanischen Geschichte 38 Dakota gehängt wurden (Dakota sind eine Stammesgruppe der Sioux).

Die Skulptur war 2012 für die Documenta in Kassel entstanden, wo sie im Auepark aufgebaut war und sich niemand an ihr gestört hatte, eher diente sie als Klettergerüst. In Minnesota erschien sie als Ausbeutung und symbolische Wiederholung der Gewalt. »Nicht eure Geschichte«, stand auf den Protestplakaten, »Exekution ist keine Kunst« und »Fühlt sich an wie 1862«.

Können Bilder böse sein? Auch Sam Durant hatte sein Werk in besten Absichten geschaffen. Viele seiner Werke gemahnen an historisches Unrecht gegenüber amerikanischen Ureinwohnern: Einer seiner Leuchtkästen etwa trägt die Aufschrift »You Are On Indian Land / Show Some Respect«: »Sie befinden sich auf indianischem Gebiet / verhalten Sie sich respektvoll«. Doch in den Augen der Dakota war er zum privilegierten Vertreter der Kunstwelt geworden, der das Leid anderer in Gewinn verwandelt. Sie sahen sich damit ein weiteres Mal ihrer Stimme beraubt.

Das Whitney hatte die Forderung, Dana Schutz' Gemälde vor Ende der Ausstellung abzuhängen, zurückgewiesen. Das Walker Art Center dagegen entschuldigte sich innerhalb weniger Tage und organisierte ein Treffen zwischen den Aktivist:innen und dem Künstler. Am Ende überließ dieser die Skulptur den Dakota zur rituellen Verbrennung. In einem Interview erklärte er mir, das Werk würde durch sein Verschwinden vielleicht sogar noch besser. »Ich fühle mich auch nicht zensiert. Mir wurde klar, dass ich viel freier würde, wenn ich die Eigentumsrechte an die Dakota übertrage. Es ist, als hätte ich die Knochen ihrer Vorfahren gestohlen, und jetzt gebe ich sie den rechtmäßigen Eigentümern zurück.« Verbrannt wurde das Werk übrigens nicht, aber zerlegt und an einem geheimen Ort begraben.

Ebenfalls 2017 forderte die Kunstwissenschaftlerin Mia Merrill in einer Petition das Metropolitan Museum of Art in New York auf, das Gemälde »Thérèse, träumend« des Künstlers Balthus aus dem Jahr 1938 abzuhängen. Zumindest solle das Museum einen Warnhinweis anbringen, dass das Bild die Gefühle der Betrachter verletzten könnte, »in Anbetracht von Balthus' künstlerischer Schwärmerei für junge Mädchen«. »Thérèse, träumend« zeigt ein pubertierendes Mädchen, das auf einem Stuhl sitzt und den Kopf zur Seite gelegt, die Hände dahinter verschränkt und ein Bein aufgestellt hat, sodass der Blick unter ihrem Knie hindurch auf die Unterhose geht. Auch das Licht fällt in ihren Schritt. Dazu spiegelt sich noch das Weiß ihres Schlüpfers im Weiß eines Milchnapfes daneben, aus dem eine Katze schleckt. Ganz offensichtlich wird hier ein erotisches Spiel getrieben, wenn nicht übertrieben. Balthus fügt der langen Geschichte weiblicher Modelle in lasziven Posen ein Kind hinzu. Als Modell diente ihm die damals zwölf- oder dreizehnjährige Nachbarstochter.

Schon zu Lebzeiten stand Balthus für seine pädophilen Anspielungen in der Kritik. Ein Sammler brachte ihn sogar einmal dazu, ein Gemälde zu entschärfen und die Hand eines Jungen aus dem Schritt eines Mädchens zu nehmen. Balthus' Bilder sind Dokumente einer weit zurückliegenden Zeit, in der die Kunst sich und anderen Freiheiten auch dadurch eroberte, dass sie gegen die herrschende Sexualmoral antrat. Diese Zeit mag vorbei sein, aber etwas verbindet uns bis heute und darüber hinaus mit den Bildern Balthus', gegen den übrigens kein Vorwurf tatsächlicher pädophiler Übergriffe bekannt ist: ihre handwerkliche Meisterschaft und die Wachheit, mit der sie sich in die Malereigeschichte stellen. Betrachtet man ein Foto von »Thérèse, träumend«, sieht man ein Mädchen. Steht man vor dem Gemälde selbst, wird man von Detail zu Detail getragen: mit halb trockenem Pinsel hingekratzte Lichtflecken, die das Bild auffächern; die hingehauchten Spitzen des Unterrocks; der vom Tisch hängende Stoff, der mit seinem Schattenspiel wie ein verrücktes Sample aus einem Cézanne-Gemälde wirkt. Zuerst mag das Motiv Aufsehen erregen. Sobald man aber das tatsächliche Gemälde Detail für

Detail abtastet, erweisen sich all die einzelnen Gesten, aus denen sich das Bild zusammensetzt und die völlig losgelöst vom Motiv funktionieren, als das eigentlich Spektakuläre. Die unzähligen mitreißenden Pinselstriche sind die eigentlichen Protagonist:innen des Bildes. Sie sind nicht auf dem Foto. Sie sind nur im Gemälde selbst.

Balthus' Gemälde sind berüchtigt dafür, dass ihre Wirkung kaum in Fotos übersetzbar ist: Die Farbe versuppt, der Raum, den die Malerei öffnet, schließt sich. (s. *Wozu braucht man Originale?*) Beurteilt man solche Gemälde also aus der Ferne, verpasst man das Entscheidende an ihnen. Balthus' »Thérèse, träumend« ist ein hinterlistiges Bild. Aber ihm zu unterstellen, es würde Pädophilie befördern, ist monströs. Es ist kein böses Bild. Es öffnet den Blick und den Respekt für den unendlichen Reichtum an Einzelheiten der materiellen Welt.

Das Gleiche lässt sich von Dana Schutz' »Open Casket« nicht unbedingt sagen. Es ist in guter Absicht gemalt, mehr aus einer empfundenen moralischen Verpflichtung heraus als aus künstlerischer Notwendigkeit. Und das sieht man. Keiner der Pinselstriche steht mit der Vorlage in Verbindung. Schutz hat dieselbe cartooneske Verfremdung unternommen wie in ihren anderen Werken auch. Sie hat ihren persönlichen Stil über ein Bild gelegt, das für die unverzeihliche jahrhundertelange Gewalt gegenüber einem großen Teil der US-amerikanischen Gesellschaft steht.

Emmett Tills massakriertes Gesicht zeigt den unmittelbaren Abdruck rassistischer Gewalt. Das Foto ist als rein mechanisches Abbild ihre diskretest mögliche Darstellung. Indem Schutz ihre persönliche Interpretation darüberlegt, schiebt sie sich und die europäisch geprägte Geschichte der Malerei zwischen Emmett Till und die Betrachter. Ich kann verstehen, dass sich Leute fragen, was sie da zu suchen hat.

Und warum sie, wenn sie gegenwärtige Polizeigewalt gegen Schwarze kritisieren möchte, ausgerechnet auf die historische Vorlage zurückgreift. Noch dazu wiederholt sie die Gewalt geradezu, wenn sie im Gesicht eine braune Farbmasse auf-ragen lässt. »Open Casket« ist nicht böse gemeint. Aber dass es als böse wahrgenommen wird, als privilegienvergessene Anverwandlung eines historischen Traumas, vor dem dann eine Malerin die eigene Virtuosität performt, das ist durchaus nachvollziehbar.

Sam Durant machte mit »Scaffold« geradezu das Gegenteil: Seine künstlerische Handschrift beschränkte sich darauf, die historischen Vorlagen in ihren originalen Proportionen zu übernehmen und zu montieren. Seine Verknüpfung der unterschiedlichen Henkermorde leuchtet ein: Gemeinsam zeugen sie von einer langen Geschichte rassistischer und imperialer Gewalt im Namen der weißen US-Bevölkerung. Für Nachfahr:innen der Opfer mag es aber durchaus befremdlich wirken, derart mit anderen Opfern vermengt zu werden, Saddam Husseins Galgen war zum Beispiel auch dabei. Die Opfer werden so zum austauschbaren Objekt, und die Verteilung der Rollen – hier Entscheidende, dort Erleidende – wiederholt sich. Sam Durants Werk ist alles andere als böse gemeint. Aber der Künstler stellt dem Bösen, von dem es handelt, nichts in den Weg außer anderes Böses. Er hält sich heraus und zieht sich zurück auf die überlegene Rolle des Mahners. Zudem gibt es in seinem Werk keine Auseinandersetzung mit der Geschichte der Skulptur, auf die folgende Künstler irgendwie aufbauen könnten. Die Werkzeuge der Kunst werden für ihn zum Vehikel für eine moralische Botschaft.

Die Beispiele – wohlgemerkt alle aus den USA – wurden als neue Form des Ikonoklasmus diskutiert, des Bildersturms. Manche verglichen die Diskussionen mit den Auseinandersetzungen um die Mohammed-Karikaturen, die 2015 im Terroranschlag auf die Redaktion der Satirezeitschrift »Charlie Hebdo« eskalierten. Drohte eine neue fundamentalistische Bilderfeindlichkeit die Kunst- und Meinungsfreiheit auszuhöhlen?

Im Sommer 2022 dann der Schock auf der Documenta: Kurz nachdem die Journalist:innen, das Fachpublikum und der Bundespräsident abgereist waren, wurde im Zentrum der stadtweiten Ausstellung noch ein hundert Quadratmeter großes Riesengemälde des indonesischen Kollektivs Taring Padi aufgestellt, auf dem aufmerksame Betrachter zwei antisemitische Darstellungen entdeckten. Darunter ein finster aus blutunterlaufenen Augen blickender Anzugträger mit Raffzähnen, Schläfenlocke und SS-Rune auf dem Hut. Wie diese entsetzliche Opfer-Täter-Umkehr entstehen konnte, die auch in Deutschland immer wieder vorkommt, konnte bis zum Druck dieses Buches niemand erklären.

Auch hier bestand schnell Einigkeit, dass es sich um ein böses Bild handelte. Das Gemälde wurde verhüllt, dann abgehängt, Künstler, Kuratoren und Documenta-Leitung entschuldigten sich, und nach nicht abreißenden Rücktrittsforderungen legte die Generaldirektorin ihr Amt nieder.

Das aktivistische Riesenbanner »People's Justice« war 2002 in Jakarta auf Initiative des Kollektivs Taring Padi unter Beteiligung einer nie dokumentierten Zahl von Mitmaler*innen entstanden. Es stellt den Kampf gegen die Gewalt der Militärdiktatur unter General Suharto dar, dazu deren Unterstützung durch westliche Demokratien und ihre Geheimdienste. Es ist kein gutes Kunstwerk. Es findet, abseits der Größe, keine neue Form, es illustriert einfach, was die Künstler uns zeigen wollten: wer gut und wer böse ist. Jedes Klischee wird überreizt.

So fand sich unter Soldaten mit Schweinsnasen und Helmen mit den Namen russischer, britischer und australischer Geheimdienste auch einer mit der Aufschrift »Mossad«, dazu ein blutrotes Halstuch mit Davidstern. Die Schweinsnase erklärten Taring Padi mit der indonesischen Tradition, korrupte Politiker und Militärs als Schweine, Ratten oder Hunde darzustellen. Was in Jakarta und anderen Orten, an denen das Riesengemälde ausgestellt war, als Mossadschwein durchging, jagte nun als »Judensau von Kassel« durch die Schlagzeilen. Denn in Deutschland wurden Juden seit dem 13. Jahrhundert mit dem als unrein geltenden Schwein verknüpft. Eine Sau, die Juden an ihren Zitzen nährt, hängt zum Beispiel an der Stadtkirche zu Wittenberg. Dass das Hassbild dort auch in Zukunft hängen darf, wenn auch mit kritischer Einordnung, entschied ausgerechnet in der Eröffnungswoche der Documenta der Bundesgerichtshof. Geklagt hatte ein jüdischer Bürger.

Ein historisches Dokument der Volksverhetzung ist freilich mit anderem Maß zu messen als ein aktuelles. Im Fall von »People's Justice« fiel das Urteil in der Presse einstimmig aus. Dabei gönnte ihm einzig »Die Zeit« das eigentlich übliche Verfahren der Bildinterpretation, jedes Detail in Bezug zum ganzen Werk und seiner Entstehung zu setzen. Die Betrachtung aus dem Abstand erlaubte einen besonnenen Blick auf das Skandalon. Die Isolation der beiden Figuren dagegen verlieh dem Tatbestand der Volksverhetzung unumstößliche Plausibilität. Schon Monate vor der Eröffnung war mit Antisemitismus-Verdächtigungen das Brennglas auf die Documenta scharf gestellt worden. Mit »People's Justice« erhielten die Vorwürfe einen Gegenstand, und das mediale Band zwischen Kunst und Publikum entflammte.

Ist dieses Werk antisemitisch? Zweifellos.

Ist »People's Justice« antisemitisch gemeint? Das ist für die

Frage, ob es ausgestellt werden soll oder nicht, irrelevant. Es ist ja antisemitisch und damit volksverhetzend. Selbst wenn es einer juristischen Prüfung standhält und gezeigt werden darf, wie laut Documenta eine Expertengruppe befand, war es politisch geboten, es zumal in Deutschland nicht zu zeigen.

War der Mensch, der es gemalt hat und von dem niemand mehr weiß, wer es war, ein Antisemit? Jedenfalls kann sie oder er keine jüdischen Freunde gehabt und nicht über die jahrtausendelange Unterdrückung und Verfolgung von Juden nachgedacht haben, sonst käme man da einfach nicht drauf.

Sind Taring Padi Antisemiten? Nach eigener Auskunft haben sie das Bild vorab noch mal sorgvoll studiert, in der Befürchtung, dass die roten Sterne unangenehme Assoziationen mit dem russischen Krieg gegen die Ukraine hervorrufen könnten. Der Antisemitismus ist ihnen dabei nicht aufgefallen. Nach allem, das sie öffentlich sagten, war Antisemitismus in ihrem Leben bislang kein Thema – was einen freilich nicht vor antisemitischen Handlungen schützt.

War es aber angemessen, das Künstler:innenkollektiv aus Indonesien, das sich von der Diktatur befreit hatte, mit *NS*-Propagandisten in eins zu setzen? Ich denke: Man kann sich über den antisemitischen Charakter eines Werks und über die Notwendigkeit seiner Entfernung einig sein, ohne 1500 weitere Künstlerinnen und Künstler mit in Verruf zu ziehen, die Kunst, den »globalen Süden« und Bemühungen um die Überwindung kolonialer Verhältnisse insgesamt. *(s. Ist die Kunst noch zu retten?)*

Seit Bilder in sozialen Medien durch viele Hände gehen und weltweit zirkulieren, werden sie anders angeschaut als früher. Jede lokale Auseinandersetzung findet potenziell vor der Weltöffentlichkeit statt. Die Aufmerksamkeit legt ein Brennglas auf jeden lokalen Konflikt, und schnell scheint die

Kunstfreiheit als Ganze bedroht – oder, wie im Fall von Taring Padi, der gesellschaftliche Konsens darüber, dass Judenfeindlichkeit nicht geht.

Dabei ist es eine Sache, einem Bild einen Vorwurf zu machen oder diese Vorwürfe zurückzuweisen. Es ist eine andere Sache, ein Bild wirklich anzuschauen und darüber zu sprechen, was es macht. Ausgerechnet die Verteidigerinnen der Kunstfreiheit argumentieren oft über die Kunst hinweg. Als spiele es keine Rolle, wie genau etwas dargestellt wird. Als gäbe es keine Verbindung zwischen der Kunst und dem Leben. Als habe Kunst keine Wirkung. Als glaubten sie nicht an die Kunst. Dabei zeugt es doch von der Wirksamkeit der Kunst und davon, wie ernst sie genommen wird, wenn über sie gestritten wird.

Einerseits werden Bilder heute strenger angesehen (unter moralischen Urteilen). Andererseits werden sie weniger angesehen (unter ästhetischen Urteilen). Für die Freiheit der Kunst aber ist es entscheidend, dass die Werke für sich selbst sprechen können. Was auf den ersten Blick wie ein moralischer Streit aussieht, dreht sich auf den zweiten um Fragen der ästhetischen Form. Um gute und schlechte Kunst. Die Kunstfreiheit muss man verteidigen. Aber wenn man nicht gleichzeitig auch über Kunst spricht, wird man die Sprache verlieren für das, was man verteidigt. Kunstfreiheit schützt nicht gegen Kritik. Sie befreit nicht von der Aufgabe, die Kunst zu kritisieren, sie gemeinsam besser zu machen und das Gemeinsame in den Blick zu bekommen, das nicht in einem einzelnen Werk liegt, sondern im gesellschaftlichen Austausch über Kunst insgesamt.

Oft steckt hinter den Vorwürfen die Kritik an einer ungleichen Verteilung kultureller Deutungsmacht: Sie werfen die Frage auf, wer sich auf Kunstfreiheit berufen kann. Ihnen zugrunde liegt die Forderung nach mehr Kunstfreiheit für mehr Menschen. Und nach mehr Verantwortung im Gebrauch dieser Freiheit. Beides zusammen könnte durchaus zu besserer Kunst führen.

Eine elementare Bedingung von Freiheit steht aber in beidem auf dem Spiel, in der Bildkritik wie der Kritik an der Bildkritik: dass man weiterhin unterscheiden kann zwischen einem Galgen und der künstlerischen Darstellung eines Galgens; zwischen einem pädophilen Motiv und tatsächlicher Pädophilie. Wird Kunst nur danach beurteilt, was sie zeigt und wer sie macht, verliert sie ihre Sprache. Das geschieht aber auch, wenn die Frage danach pauschal zurückgewiesen wird. Oder wenn, wie bei Taring Padis »People's Justice«, sich das Werk gar nicht erst um eine kritische Spannung zwischen Inhalt und Form bemüht.

Kunst wird immer weniger als Kunst behandelt. Also als ästhetische Formulierung, die Distanz zur Wirklichkeit wie zu sich selbst herstellt. Immer mehr muss sie sich an den Ansprüchen der Betrachter messen lassen. Die einen wollen sich mit Bildern identifizieren, die anderen fürchten, dass diese Bilder andere infizieren oder traumatisieren könnten. Wer aber Kunstwerke als ansteckende Krankheiten wahrnimmt, muss sie ja noch nicht beseitigen. Er kann sich auch zur Stärkung der ästhetischen Abwehrkräfte mit den Herausforderungen beschäftigen, die sie uns zumuten. Oft wird dann klar, dass sie nie ganz in dem aufgehen, was in ihnen gesehen wird. Man kann mal dies, mal das in sie hineinlesen. Aber die Bilder behalten das letzte Wort. Das ist ja das Unheimliche.

48

Kann Kunst die Welt verändern?

Ja klar. Es ist aber sicher gut, sich genauer anzuschauen, wie sie das macht. Denn je höhere Erwartungen man an Kunst stellt, desto schneller ist man enttäuscht. Und die höchste Erwartung, die man an sie stellen kann, ist die, dass sie die Welt verändert. Denn die sogenannte Welt ist groß und besteht aus unvorstellbar vielen Dingen, Lebewesen und Gewohnheiten. Wenn sie sich verändert, dann meist durch Kriege, Naturkatastrophen oder Erfindungen wie die Dampfmaschine oder das Internet. Weniger wegen Kunst.

Während des spanischen Unabhängigkeitskriegs gegen die französische Besatzung fasste der spanische Hofmaler Francisco de Goya die Gräueltaten von Napoleons Armee in seinem Grafik-Zyklus »Die Schrecken des Krieges«. Die Radierungen zeigen Leichenberge, Vergewaltigungen und Hinrichtungen. Den Krieg konnten sie nicht beeinflussen, schon weil sie erst nach Goyas Tod veröffentlicht wurden. Aber wo immer heute Gewaltdarstellungen auftauchen, werden Goyas »Desastres« zum Vergleich herangezogen. Diese Kunstwerke sind für immer zum Maß für Grausamkeit geworden. Damit hat Goya die Welt verändert – wenn auch nicht sofort, sondern über den Lauf von Jahrhunderten.

Kara Walkers Malereien, Zeichnungen und Aquarelle, in

denen weiße Männer ihre Machtfantasien sexuell ausleben oder Barack Obama als Shakespeares Othello den Kopf Donald Trumps in Händen hält, machen die Zerrüttungen fassbar, die rassistische Gewalt seit der Verschleppung in die Sklaverei gerissen hat. Nicht indem sie informieren, wie es Bücher, Zeitungen und Filme tun, sondern indem sie den Blick aus Gewohnheiten holen und in lustvolle Spiele verwickeln. Sie fügen Goya ein heutiges Maß für die künstlerische Darstellbarkeit von Grausamkeit hinzu. Und sie wecken Einfühlungsvermögen, wo man vielleicht vorher gar nicht wusste, was man spüren soll.

So findet Veränderung durch Kunst statt: Sie öffnet uns, lenkt unseren Blick in neue Richtungen, zeigt, dass wir nicht alleine sind, sondern in einer Geschichte menschlicher Wahrnehmung und Empfindung stehen. Sie macht sensibler und verantwortungsbewusster, ja, sie gibt uns überhaupt erst einen Orientierungssinn. Was wir dann damit machen, kann sie nicht beeinflussen.

Für ihr Buch »2016 in Museums, Money, and Politics« hat die Künstlerin Andrea Fraser recherchiert, welche Vorstandsmitglieder US-amerikanischer Museen im Wahljahr 2016 welche politischen Spenden überwiesen. Frasers statistische Grafiken zeigen nicht nur, dass 42 Prozent der Gelder ans konservative Lager gingen. Sie zeigen auch, dass der Wille zur Einflussnahme auf die Politik in dieser vermögenden Gruppe um ein Vielfaches höher ist als im Durchschnitt der Gesellschaft – woraus Fraser die Forderung ableitet, Vorstände nicht nur nach Finanzkraft, sondern als diverse Abbilder der Gesellschaft zu besetzen.

Fraser sieht das Buch nicht als Kunstwerk. Aber nur Jahrzehnte künstlerischer Arbeit, während derer sie in satirischen Performances die Machtbeziehungen enthüllt hat, in denen

Kunst steht, erklären dieses Beispiel an Konsequenz, Präzision und Integrität.

Andrea Frasers Buch lässt aber durchaus an der Wirksamkeit von Kunst zweifeln. Wenn die Kunst, die diese Vermögenden verwalten, so sehr Empathie und kritisches Wissen fördert, wie gerne behauptet wird, wie konnten ihre Förderer dann zulassen, dass ein Zerstörer demokratischer Institutionen und Unterstützer von Faschisten Präsident wird? Wie soll man weiter an die Wirksamkeit von Kunst glauben, wenn sich Menschen mit ihr schmücken, deren ganzes Handeln sich gegen die Werte richtet, die Künstlerinnen und Künstler vertreten? Kritische Kunst ist gerade heute immens beliebt, ihre Förderung und ihr Ausstellen kann auch zur Machtdemonstration werden: Vermögende verfügen nicht nur über die Mittel zur Machtausübung, sondern selbst noch über die Mittel zur Kritik an den Folgen der Machtausübung. Deshalb verbieten viele Künstlerinnen ihren Galerien, an Sammlerinnen zu verkaufen, deren Reichtum etwa auf Waffenhandel oder der Ausbeutung von Menschen und Umwelt beruht.

Journalistische Enthüllungen können die Welt verändern. Ohne sie jedenfalls geht es nicht. Von Kunst wird oft ähnliches erwartet: dass sie aufrüttelt und sichtbar macht. Damit erwartet man zugleich zu viel und zu wenig von ihr. Denn ihr Beitrag liegt nicht in den Inhalten. Er liegt in der Findung von Formen dafür, wie wir überhaupt für Inhalte berührbar werden. Journalismus macht sichtbar. Kunst sorgt dafür, dass wir sehen können.

Kunst rollt nicht als Sturm der Veränderung durch die Welt. Picassos »Guernica« hat den faschistischen Krieg gegen die spanische Republik nicht beendet. Käthe Kollwitz' Holzschnitte hungernder Kinder haben nichts an der Vermögensverteilung verändert. David Medallas zerbrechliche, handgeschriebene Protestbotschaften haben die philippinische Diktatur nicht gestürzt. Hélio Oiticicas tragbare Stoffskulpturen haben Menschen nicht aus rassistischer Unterdrückung befreit. Aber als Maße überdauern sie alle die Generationen und entfalten ihre Wirkung, wann immer jemand vor sie tritt, Mensch für Mensch. Sie verändern die Welt nicht. Aber ohne sie verändert sich gar nichts.

Mit der Kunst fängt die Veränderung an. Was wir wahrnehmen und wie wir es wahrnehmen, das alles sind Echos von Kunst, die Energie der Brennstäbe, die in unseren Museen, Büchern oder Wohnungen glühen, wenn wir uns in sie vertiefen. Gute Werke verlassen einen nicht. Sie werden zur Orientierung, die Menschen am Leben hält, wenn sie durch die schlimmsten Krisen gehen. Abstrakter Expressionismus gibt ein Beispiel an Unternehmungslust. Chinesische Tuschemalerei gibt ein Beispiel an gelassener Aufmerksamkeit. Persische Miniaturmalerei oder aserbaidschanische Holzbaukunst geben ein Beispiel an Demut, wie die schönsten Werke christlicher Kunst auch.

Auf Bildern, Romanen und Musik bauen Politik und Wissenschaften auf. Denn die Künste schüren unsere Neugierde und formen die Fragen, die wir an die Welt stellen. Ohne Kunst laufen Politik wie Wissenschaft leer und reproduzieren nur, ohne verstehen zu können, was sie reproduzieren. Nur mit ästhetischer Freiheit kann es wirkliche Freiheit geben, denn nur sie lässt verstehen, wozu man frei sein möchte und wo die Freiheit einzelner in geteilte Freiheit übergeht. Jede Gesellschaft braucht deshalb das Spielbein der Künste.

49

Ist die Kunst noch zu retten?

Kunst hat ein Problem. Okay, Kunst hatte immer Probleme. Jedes Kunstwerk verfolgt ein Problem und ist eins. Aber jetzt scheint es, als würden sich immer weniger für die Probleme, vor die uns Kunstwerke stellen, interessieren. Und das ist ein Problem.

In der Nachkriegszeit spielte Kunst eine wesentliche Rolle für das Selbstverständnis der jungen Demokratie der Bundesrepublik. Der Nationalsozialismus, während dem sechs Millionen Jüdinnen und Juden und sieben Millionen weitere Europäer*innen systematisch ermordet worden waren, hatte auch die Kunst der Moderne geplündert und an den Pranger gestellt. Danach hatte Kunst auch eine kompensatorische Funktion: In der Beschäftigung mit ihr bewies man den eigenen Anstand, lange bevor ein Bewusstsein für die Kollektivschuld am Holocaust durchgesetzt war. Menschen strömten in Ausstellungen moderner und neuester Kunst, in die Kunstvereine und auf die Documenta. Unternehmen bauten Sammlungen auf und hängten Kunst in die Büros. Kunst verkörperte Freiheit, Fortschritt und Weltläufigkeit. Auch nachdem die Kulturpolitik der DDR Kunst in den Dienst des Sozialismus gestellt hatte, kämpften in ihr Künstlerinnen, Schriftsteller, Theatermacher bis zuletzt um Freiheit, Wahrheit und Würde.

In Ost- wie Westeuropa war die Nachkriegszeit eine Zeit künstlerischer Aufbrüche, ebenso in Lateinamerika und den Vereinigten Staaten, wo die aus Europa vertriebenen Künstler halfen, eine breite Öffentlichkeit für die Abenteuer und Herausforderungen der Kunst zu begeistern. Immer musste Gegenwartskunst sich gegen Kritik und Dünkel verteidigen. Aber es wurde über sie breit diskutiert. Ihre Bedeutung stellte niemand infrage.

Diese Selbstverständlichkeit, dass Kunst jede Mühe lohnt, scheint am Schwinden. Die Beweislast hat sich umgekehrt: Kunstwerke werden nicht mehr als Gipfel betrachtet, für deren Besteigung man Zeit mitbringen muss, um Ausblicke zu erobern, die man sonst nicht bekommen würde. Eher wartet man, dass sie sich auf einen zubewegen. Kunst wird als etwas gesehen, das einen von Dringenderem ablenkt und zusätzliche Zeit abverlangt, die man nicht hat.

Oder als verdächtige, ominöse Kraft, die die Gesellschaft zu unterwandern und zu zersetzen droht. Wie auf der Documenta 15, über die sich, Monate bevor es auch nur ein Kunstwerk zu sehen gab, der dunkle Schatten des Antisemitismus-Verdachts breitete – der schließlich durch die gezeigten Werke ein paar Tage lang entkräftet schien, bevor er, verzögert durch Restaurierungsarbeiten, durch Taring Padis Riesengemälde »People's Justice« Bestätigung fand. *(s. Können Bilder böse sein?)*

Wie zuvor mit Banksys »Love is in the Bin« schien die Kunst endlich für alle greifbar und haftbar geworden zu sein. Journalist:innen forderten Rücktritte und mehr staatliche Einflussnahme. Wochenlang wurde die Kulturstaatsministerin dafür angegriffen, dass sie eine demokratische Selbstverständlichkeit hatte walten lassen, nämlich die Unschuldsvermutung bis zum Beweis des Gegenteils. Aus redlichen Gründen, nämlich dem Kampf gegen Antisemitismus, der jüngst in Deutschland gefährlich zunimmt, fühlten sich plötzlich Politiker:innen aller Parteien für die Documenta zuständig. Jeder war nun Expertin für die Grenzen der Kunstfreiheit. Aber konnte auch jemand die Kunst erklären und die Vorwürfe ins Verhältnis setzen?

Bis zur Verbreitung der Fotografie besaß Kunst ein Monopol auf Bilder: Nur sie konnte den Blick auf andere Orte öffnen. Heute konkurriert sie am Bildschirm mit allen möglichen anderen Angeboten. Aber auch wir konkurrieren mit ihr: Smartphones und Soziale Medien erlauben uns allen, Bilder in die Welt zu bringen und uns selbst zum Exponat zu machen, das von anderen bewertet und beurteilt wird. Wer jung ist und Geld hat, investiert weniger in ruhende Objekte an der Wand als in besondere Erfahrungen mit Freunden, in Segeltörns und Partys, die wiederum auf Instagram für Inszenierungen eines gelungenen, glücklichen Lebens dienen. Und so kann man den Eindruck gewinnen, dass all die gründliche Prüfung, die wir früher jedem Detail eines Kunstwerks haben zukommen lassen, nun gegenseitig an uns Menschen vornehmen. Wir selbst sind die Exponate geworden, die mit ihren Werken in eins fallen. Das führt dazu, dass auch Museen und Galerien um ihr Publikum nicht mehr in Form von Werken, sondern in Form einzigartiger Erlebnisse werben. Die kleinste Einheit der Kunst ist nicht mehr das Werk, sondern das Ereignis, die Werke sind Kulisse, und die Hauptrolle spielt das Publikum. Das muss an sich noch nicht schlecht sein. Es verändert aber die Bedingungen, unter denen Kunst ihr Publikum findet und unter denen sie beurteilt wird. Wir begegnen ihr auf Augenhöhe und erwarten, dass sie etwas mit uns zu tun hat, statt zu erwarten, dass sie etwas radikal anderes ist als wir. Etwas, das uns an sich binden und auf immer verändern kann.

Wenn wir selbst wie Künstler:innen und Werke voreinander performen und einander fortlaufend bewerten und beurteilen, dann teilen wir unsere Zeit zunehmend strategisch ein. Dann sieht auch Kunst für uns aus wie ein weiteres Game, mit dem Leute sich Vorteile verschaffen. Ein Netz des Misstrauens legt sich auf alles, was Künstlerinnen machen. Unter größten Entbehrungen arbeitende Künstler werden pauschal in denselben Topf geworfen wie vermögend geborene Sammlerinnen, obwohl die Mehrzahl der Künstler:innen und Galerien nach wie vor nicht und immer weniger von ihrer Arbeit leben kann. *(s. Wie verrückt ist der Kunstmarkt?)* Wir beurteilen ihre Werke nicht danach, was sie mit uns machen; sondern als Teil von Strategien, mit denen jemand was erreichen möchte. Damit verlieren wir den Blick für das, was wir jeweils konkret vor uns haben, und die Sprache, uns darüber zu verständigen, womit sich die Beschäftigung aus welchen Gründen genau lohnt. Und dann wird es egal, was Künstlerinnen machen. Dann wird für Studierende das Knüpfen von Netzwerken wichtiger, als sich in der großen, alle Zeiten überdauernden Werkstatt aller je gelebt habenden Künstler und Künstlerinnen in Demut einen Platz zu suchen und geduldig an etwas zu arbeiten, das niemand anderes machen könnte. Und dann ist die Vielfalt der Ausdrucksformen in Gefahr. Kunst heißt dann nur noch: etwas veröffentlichen.

Auch Museen begegnen wir heute auf Augenhöhe, wie anderen Leuten: Sie haben einen Instagram-Account, wir haben einen Instagram-Account. Sie finden Sachen wichtig, wir finden Sachen wichtig. Sie haben Meinungen, wir haben Meinungen. Wieso sollten wir einfach akzeptieren, was sie uns als wertvoll präsentieren? Kulturelle Expertise beeindruckt niemanden mehr. Jeder ist doch Experte für sein eigenes Leben. Was früher Bildungsauftrag hieß, den Menschen zu zeigen, was man für wichtig hält und zu erklären, warum, ist einem Wettlauf darum gewichen, sich möglichst als erste das ins Haus holen, was schon ein Publikum hat. Die knubbeligen Kreuzaugen-Puppen des Designers KAWS hätten es noch vor fünf Jahren in kein Museum geschafft. Sie haben kein Interesse, der Kunst etwas hinzuzufügen, sie stehen für nichts als ihren eigenen Wiedererkennungswert. Im Januar 2022 eröffnete die städtische Serpentine Gallery in London eine KAWS-Ausstellung, die sowohl online wie vor Ort in den Räumen zu sehen war. Gemessen an den Maßen der Kunst war die Ausstellung stumm. Gemessen an der Quote war sie ein Erfolg.

Wenn die Sprache dafür verloren geht, welche Unterschiede Kunstwerke in die Welt bringen, kennt auch die Politik keine anderen Kriterien mehr für Erfolg als Besucherzahlen. Und bindet Fördermittel an Auflagen, neue Zielgruppen zu erreichen oder Themenausstellungen mit guten Absichten aufzusetzen. Zunehmend muss die Kunst sich an kunstfernen Maßstäben messen lassen wie Ticketverkäufen oder moralischen Erwartungen – statt dass sie ihre zentrale Arbeit verrichten kann, nämlich Maßstäbe zu entwickeln, die von allen bestehenden Maßen unabhängig machen. Wenn aber Künstlerinnen und Experten keine eigenen Kriterien mehr durchsetzen können, wenn sie keine Widerhaken aufstellen können und Fremdartiges, das sich nicht messen lässt, dann verliert die ganze Gesellschaft die Fähigkeit zur kritischen Selbstbefragung und zur wirklichen, nämlich kulturellen, Innovation.

Auch die documenta fifteen suchte die Fremdheit weniger in den Werken als in den Begegnungen zwischen Menschen, nach dem Motto »Make Friends, not Art!« Sie reklamierte zwar die Kunstfreiheit, war aber weniger an Werken interessiert als an neuen Formen der Zusammenarbeit. So war die

Frage nicht ganz unberechtigt, inwiefern es hier überhaupt um Kunst ging – oder ob fünfzig Jahre, nachdem Beuys auf der Documenta jeden zum Künstler ernannte, das Leben endgültig zur Kunst geworden war? Was würde dann Leute, die auf Einladung der Documenta in Kassel den Sommer verbringen, von Leuten unterscheiden, die ihr Instagram-Profil pflegen? In diesem Fall: der geduldige Austausch der Beteiligten im Vorfeld, der es erlaubte, geschützt vor öffentlicher Aufregung kollektiv über die richtige Form der Zusammenarbeit und über die gemeinsame Verwaltung von Geldern zu diskutieren. Ai Weiweis Beitrag zur Documenta von 2007 bestand darin, 1001 Chinesen nach Kassel zu fliegen. Die chinesischen Bürgerinnen und Bürger waren austauschbares Material, vor denen der Künstler mit seiner Idee stand, und vor ihm stand eine zentrale Kuratorin. Im Sommer 2022 war Kassel voller Menschen aus der ganzen Welt, von denen kein einziger Material war, sondern den Gästen auf Augenhöhe begegnete und in vielen Fällen noch etwas von den 42 Millionen Euro Ausstellungsbudget mit nachhause nahm, um dort künstlerische und soziale Projekte weiterzupflegen. Die Energie, die dadurch entstand, war, bei allen daraus resultierenden Dummheiten und Unverzeihlichkeiten *(s. Können Bilder böse sein?)*, ansteckend. Wir Betrachter waren keine Souveräne, sondern selber Gäste in einer riesigen Collage, die gar nicht erst versuchte, Thesen oder eine einheitliche Deutung der Welt zu vermitteln. In Deutschland wird immer gerne mit allem abgeschlossen. Abgeschlossen, zugewiesen und erklärt. Auf der Documenta ging es nicht um Abschließbarkeiten, sondern darum, nach rechts und links zu schauen und Verantwortung zu teilen – was eben nicht heißt, sie zu vermeiden, wie es das deutsche Verwaltungswesen erlaubt; sondern sie auch für andere zu übernehmen und gemeinsam zu tragen.

Noch etwas aber unterschied die Teilnehmer:innen der Documenta von anderen: der Nimbus der Kunst, die Übereinkunft, dass das, was auf der wichtigsten Kunstausstellung der Welt passiert, Beispielcharakter und Bedeutung für alle hat. Nur diese Voraussetzung gab der Lässigkeit, in der viele Künstler:innen hier den Kunstanspruch preisgaben, den Reiz des Neuen. Wenn Kunst als Ausnahme, als Maß, als Einzigartigkeit preisgegeben wird, von den Künstler:innen wie dem Publikum: Was bleibt dann von der Kunst? Eigentlich nur eine Arena, in der um verschiedene Geschichtsschreibungen gerungen wird, verschiedene Weltsichten und verschiedene moralische Urteile, ohne dass zwischen diese noch unabhängige Fakten träten, Kunstwerke nämlich, die ihre eigenen Welten sind und erlauben, ein bisschen Pause vom eigenen Weltbild zu machen.

Das Internet hat die Welt mit Indizien übersät, und die Sozialen Medien haben neue Arten von Brenngläsern und der Beweisführung eingeführt, unter denen diese Indizien erhärten und Evidenz annehmen. Was an einem Ort oder in einem Kunstwerk passiert, kann nun die gesamte Weltöffentlichkeit auf einmal beschäftigen. Der gesellschaftliche Frieden entscheidet sich auf jedem Pixel. Besonnene Gegenüberstellungen und Abwägungen sind unter diesen Bedingungen schwierig. So könnte sich unsere Gegenwart im Rückblick als Testphase dafür erweisen, was die Viralität von Bildern mit der Öffentlichkeit macht, also mit den Arten und Weisen, in denen eine Gesellschaft über Tatsachen, Gefahren und Wünschenswertes streitet – und welches Vertrauen dabei Einzelnen zugestanden wird, die Dinge machen, die sich per Definition bestehenden Definitionen entziehen, wie Kunst.

Wie wollen wir in dieser neuen Ordnung leben? Wie können wir uns in ihr überhaupt orientieren, damit die Verhältnisse anschaulich und verhandelbar werden? Wie behalten wir Räume, die uns erlauben, zu erfahren, wie wir die Dinge erfahren, und uns zu ihnen ins Verhältnis zu setzen? Durch Kunst. Sie setzt den umherschießenden Ängsten und Verdächtigungen Tatsächlichkeiten entgegen, die nicht in Tatsachen aufgehen. In einer Zeit, in der alles auf Eindeutigkeit zielt, hilft uns die Beschäftigung mit ihr, in einer Welt zu navigieren, in der dieselben Gegenstände auf viele unterschiedliche Perspektiven treffen.

50

Was ist Kunst?

Etwas radikal Fremdes
Etwas entwaffnend Vertrautes
Ein Maß, auf das nichts passt
Ein Portal in die Geschichte
Ein Portal in einen selbst
Ein Widerstand, an dem unsere Gewohnheiten abprallen
Ein Spreizeisen, das sich zwischen alle Gründe stemmt
Eine Ausnahme in der Welt, die es erlaubt, sie zu sehen
Die Laufmasche unserer Illusionen
Luft unter den Flügeln der Vorstellungskraft
Die Frage, die jedes gelungene Kunstwerk aufwirft und
die Antwort, die es gibt

Das Schwierigste

Anhang

Werke in der Reihenfolge ihres Erscheinens – und wo man* sie finden kann

Dieses Buch ist dem Umgang und dem Leben mit der Kunst gewidmet – und dem Sprechen über sie. Wer zu den Bildern im Kopf auch die Werke selbst sehen möchte, kann sie mit diesen Daten im Internet oder den Museen der Welt finden. Falls keine Sammlung genannt ist, sind die Werke unverkäuflich oder noch nicht verkauft. Falls Sammlungen genannt sind, heißt das nicht, dass die Werke gerade gezeigt werden, manchmal sind sie auch im Depot. Lieber vorher noch mal im Museum fragen.

Jeff Koons: *Rabbit*, 1986. Eigentümer*in unbekannt
Bruce Nauman: *Room with My Soul Left Out, Room That Does Not Care*, 1984. Sammlung Nationalgalerie im Hamburger Bahnhof, Berlin
Banksy: *Love is in the Bin*, 2018. Eigentümer*in unbekannt
Werkstatt des Rembrandt Harmensz. *Van Rijn: Selbstbildnis mit roter Mütze*, um 1660. Staatsgalerie Stuttgart
Claude Monet: *Felder im Frühling*, 1887. Staatsgalerie Stuttgart
Ambrogio Lorenzetti: *Allegorie der guten Regierung*, um 1340. Rathaus von Siena
Théodore Géricault: *Das Floß der Medusa*, 1819. Louvre, Paris
Käthe Kollwitz: *Demonstration*, 1931. Käthe Kollwitz Museum Köln
Giorgio Morandi: *Stillleben mit Flaschen*, 1958. Alte Pinakothek München
On Kawara: *FEBRUARY 7, 1966*, 1966. Museum für Moderne Kunst Frankfurt am Main
Carolee Schneemann: *Meat Joy*, 1964. Museum of Modern Art, New York

Ron Tran: *Apartment #201*. Die Tür hängt wieder in Ron Trans Wohnung.
Pieter Bruegel der Ältere: *Turm zu Babel*, um 1560. Museum Boijmans Van Beuningen, Rotterdam
Richard Serra: *Prop*, 1968 (2007 neu produziert). Whitney Museum of American Art, New York
Nancy Graves: *Kenia-Dromedar*, 1969. Sammlung Gaby und Wilhelm Schürmann
Walter Swennen: *Ceux qui sont ici, sont d'ici*, 2013. Sammlung Gaby und Wilhelm Schürmann
Heinrich Dunst: *DA*, 2014. Sammlung Gaby und Wilhelm Schürmann
Sturtevant: *Warhol Marilyn*, 1965. Eigentümer*in unbekannt
Kasimir Malewitsch: *Viereck*, 1915. Trejakow-Galerie, Moskau
Marcel Duchamp: *Flaschentrockner*, 1914 (1/8 der Neuauflage der Galerie Schwarz von 1964). Staatsgalerie Stuttgart
Cy Twombly: *Lepanto-Zyklus*, 2001. Museum Brandhorst, München
Felix González-Torres: *Untitled (Placebo – Landscape – for Roni)*, 1993. Schenkung Sammlung Hoffmann, Staatliche Kunstsammlungen Dresden
Simone Martini, Lippo Memmi: *Verkündigungstriptychon*, um 1333. Uffizien, Florenz
Kara Walker: *The Gross Clinician 2018 Presents: Pater Gravidam* (Serie von 38 Zeichnungen), Kunstmuseum Basel
Lygia Clark: *Radar* – Pq, 1960/1984. Moderna Museet, Stockholm
Franz Erhard Walther: *Über Arm (Via Arm)*, 1967. Dia:Beacon, New York
Marc Chagall: *Komposition mit rotem Vogel*, k. A. Arthothek Kassel
Wassily Kandinsky: *Abstrakte Komposition*, 1932. Arthothek Kassel
Pablo Picasso: *Knabenkopf*, k. A. Arthothek Kassel
Georges Braque: *Drei fliegende Vögel*, 1931–32. Arthothek Kassel
Lyonel Feininger: *Klein Schwabhausen*, 1917. Arthothek Kassel
Richard Hamilton: *Marcel Duchamp*, 1968. Arthothek Kassel
Josef Albers: o. T., 1967. Graphothek der Stadtbibliothek Stuttgart
Isa Genzken: ohne Titel (*29. September*), 1987. Artothek im Bonner Kunstverein
Nan Goldin: *Joey in my mirror*, 1992. Artothek im Bonner Kunstverein
Marlene Dumas: *Schets voor een monument voor de vrede*, 1993. Artothek im Bonner Kunstverein

Gerhard Richter: *Sekretärin*, 1963. Sammlung der Bundesrepublik Deutschland; als Leihgabe in der Galerie Neue Meister, Albertinum, Staatliche Kunstsammlungen Dresden

Sol LeWitt: *Floor Structure Black*, 1965. National Gallery of Art, Washington

Christo und Jeanne-Claude: *Valley Curtain*, Project for Colorado, Grand Hogback, Collage, 1971. National Gallery of Art, Washington

Richard Tuttle: *Herbert Vogel*, 1974. National Gallery of Art, Washington

Cady Noland: *Celebrity Trash Spill*, 1989. Kunstmuseum Liechtenstein, Vaduz

Andy Warhol: *White Disaster II (White Burning Car II)*, 1963. Museum für Moderne Kunst Frankfurt

René Magritte: *Verrat der Bilder*, 1929. Los Angeles County Museum of Art

Albrecht Dürer: *Selbstbildnis im Pelzrock*, 1500. Alte Pinakothek München

Lucas Cranach der Ältere: *Venus mit Cupido*, 1509. Eremitage, Sankt Petersburg

Monica Bonvicini: *It's Time Again*, 2019

Jenny Holzer: *Messages to the Public*, 1982. Man kann Videos online finden

Luigi Russolo: *Dinamismo di un' automobile*, 1913. Museum of Modern Art, New York

George Grosz: *Metropolis*, 1916–17. Museo Nacional Thyssen-Bornemisza, Madrid

Robert Rauschenberg, John Cage: *Automobile Tire Print*, 1953. San Francisco Museum of Modern Art

Nike von Samothrake, 190 v. Chr. Louvre, Paris

Jimmie Durham: *Still Life with Spirit and Xitle*, 2007. Hirshhorn Museum, Washington

Alexander Calder: *BMW 3.0 CSL*, 1975. BMW Museum, München

Andy Warhol: *BMW M1*, 1979. BMW Museum, München

Jenny Holzer: *BMW V12 LMR*, 1999. BMW Museum, München

Robert Rauschenberg: *BMW 635 CSi*, 1986. BMW Museum, München

Alice Neel: *Georgie Arce No. 2*, 1955. Sammlung Lonti Ebers

Joseph Kosuth: *One and Three Chairs*, 1965. Museum of Modern Art, New York

Mladen Stilinović: *Umjetnik radi (Artist at Work)*, 1978 (Abzüge aus 2014). Museo Nacional Centro de Arte Reina Sofía, Madrid
James Whistler: *Nocturne in Schwarz und Gold: Die fallende Rakete*, 1874/77. Detroit Institute of Arts
Utagawa Hirsoshige: *Frühlingsfeuerwerk über Edo*, 1857. Brooklyn Museum, New York City
David Hockney: *Portrait of an Artist (Pool with Two Figures)*, 1972. Eigentümer*in unbekannt
Max Klinger: *Kreuzigung Christi*, 1890. Museum der bildenden Künste Leipzig
Max Klinger: *Opus XIV* Bl. 20, 1914. Staatliche Graphische Sammlung München
Jason Dodge: *Untitled*, 2020
Pieter Bruegel der Ältere: *Die Bekehrung des Paulus*, 1567. Kunsthistorisches Museum Wien
Joseph Beuys: *Das Rudel*, 1969. Neue Galerie, Kassel
Dorothy Iannone: *Human Liberation*, 1972
Leonardo da Vinci (zugeschrieben): *Salvator Mundi*, um 1500. Sammlung Kronprinz Mohammed Bin Salman
Francis Bacon: *Three Studies of Lucian Freud*, 1969. Sammlung Elaine Wynn
Dan Flavin, *»Monument« for V. Tatlin*, 1967. Fondation Louis Vuitton
Carl Andre: *144 Steel Square*, 1967. Museum für Moderne Kunst, Frankfurt am Main
Franz West: *Künstlerstuhl*, 2011. Museum für Moderne Kunst, ebd.
Karin Sander: *Kitchen Pieces*, 2012
Roman Ondák: *Measuring the Universe*, 2007. Pinakothek der Moderne, München
Tino Sehgal: *This is so Contemporary*, 2004. Museum für Moderne Kunst, Frankfurt am Main
Tomas Schmit: *zyklus für wassereimer (oder flaschen)*, 1962
Yoko Ono: *Painting to be Stepped On*, 1960/61. Museum of Modern Art, New York
Joseph Beuys: *Badewanne*, 1960 (1977 neu bearbeitet). Lenbachhaus, München
Tomas Kleiner: *Duett mit Künstler_in*, 2017
Michelangelo: Ausmalung des Gewölbes der Sixtinischen Kapelle, 1508–12. Vatikan

Édouard Manet: *Olympia*, 1863. Musée d'Orsay, Paris
Artemisia Gentileschi: *Judith und Holofernes*, um 1620. Uffizien, Florenz
Tizian: *Die Weisheit*, 1560. Biblioteca nazionale Marciana, Venedig
Simon Denny: *Secret Power*, 2015
Simone Martini, Lippo Memmi: *Verkündigungstriptychon*, um 1333. Uffizien, Florenz
Cameron Rowland: *Group of 11 used Bikes* – item 0281-007089, 2018. Museum für Moderne Kunst, Frankfurt am Main
Andrea Büttner: *Breadpebble*, 2011. Museum für Moderne Kunst, Frankfurt am Main
Michael Sailstorfer: *Knotenpunkt*, Entwurf, 2022
Franz Erhard Walther: *100m Schnur*, 1963. Franz Erhard Walther Stiftung, Fulda
Cecilia Vicuña: *Quipu Womb (The Story of the Red Thread, Athens)*, 2017
Michelangelo: *Tondo Doni*, 1504–06. Uffizien, Florenz
Maurizio Cattelan: *Comedian*, 2019. Sammlung Sarah Andelmann
Beeple: *Everydays: the First 5000 Days*, 2021. Vignesh Sundaresan
Friedrich Wilhelm Müller: *Sixtinische Madonna*, 1809–1816. Kupferstich-Kabinett, Staatliche Kunstsammlungen Dresden
Gordon Matta-Clark: *Splitting*, 1974 (Fotografie). Art Institute of Chicago
Ulay: *Da ist eine kriminelle Berührung in der Kunst*, 1976 (Video). Zentrum für Kunst und Medien, Karlsruhe
Sturtevant: *Study for Warhol Flowers*, 1965. Art Institute Chicago
Martin Kippenberger: *Modell Interconti*, 1987. Sammlung Gaby und Wilhelm Schürmann
Kasimir Malewitsch: *Suprematismus (Weißes Kreuz)*, 1927. Stedelijk Museum Amsterdam
Dana Schutz: *Open Casket*, 2016. Im Besitz der Künstlerin
Sam Durant: *Scaffold*, 2012. Zerlegt und und an geheimem Ort vergraben
Balthus: *Thérèse, träumend*, 1938. Metropolitan Museum of Art, New York
Francisco de Goya: *Desastres de la Guerra*, 1810–1814. Museo del Prado, Madrid
Kara Walker: *Barack Obama as Othello ›The Moor‹ With the Severed Head of Iago in a New and Revised Ending by Kara E. Walker*, 2019. Sammlung Pamela J. Joyner and Alfred J. Giuffrida

Käthe Kollwitz: *Deutschlands Kinder hungern!*, 1923. Käthe Kollwitz Museum Köln
David Medalla: ohne Titel, 1972. David Medalla Archiv
Hélio Oiticica: P16 Parangolé Cape 12 *From Adversity We Live*, 1965 (1992 rekonstruiert). Museum of Modern Art, New York

Literatur

Warum soll man dieses Buch lesen?

Isabelle Graw: Banksy werttheortisch, 13. März 2019, https://www.textezurkunst.de/de/articles/banksy-werttheoretisch/ (zuletzt abgerufen am 8. Juli 2022)

Warum sollte man sich überhaupt mit Kunst beschäftigen?

David Graeber: *Bullshit Jobs. Vom wahren Sinn der Arbeit*, Klett Cotta, Stuttgart 2019

Wie elitär darf Kunst sein?

Magnus Resch, Stefan Heidenreich: Schluss mit dem Kult der Exklusivität!, in: *Die Zeit* 45/2019, S. 61

Was wollen uns die Künstler sagen?

Jochen Schuff: *Ästhetisches Verstehen. Zugänge zur Kunst nach Wittgenstein und Cavell*, Brill Fink, Paderborn 2019

Kann ich das auch?

Zuerst erschienen unter dem Titel »Warum kann nicht jeder moderne Kunst machen?«, 24. Februar 2017, https://www.faz.net/aktuell/feuilleton/familie/wie-erklaere-ich-s-meinem-kind/warum-kann-nicht-jeder-moderne-kunst-machen-14907414.html (zuletzt abgerufen am 8. Juli 2022)

Kann man über Kunst sprechen?

Ludwig Wittgenstein: Philosophische Untersuchungen § 18, in: ders.: *Werkausgabe* Bd. 1, Suhrkamp, Frankfurt am Main 1997, S. 245

Ist Kunst nur was für Leute mit Geld?

Matt Schudel: Herbert Vogel, unlikely art collector and benefactor of National Gallery, dies at 89, https://www.washingtonpost.com/local/obituaries/herbert-vogel-unlikely-art-collector-and-benefactor-of-national-gallery-dies-at-89/2012/07/22/gJQANqOf2W_story.html (zuletzt abgerufen am 8. Juli 2022)

Douglas Martin: Herbert Vogel, Fabled Art Collector, Dies at 89, https://www.nytimes.com/2012/07/24/arts/design/herbert-vogel-postal-clerk-and-modern-art-collector-dies-at-89.html (zuletzt abgerufen am 8. Juli 2022)

https://www.youtube.com/watch?v=ec7LeGgc2Do (zuletzt abgerufen am 8. Juli 2022)

Was ist der Unterschied zwischen einem Kunstwerk und einem Auto?

Filippo Tommaso Marinetti: *Manifeste des Futurismus*, Matthes & Seitz, Berlin, 2018

https://www.artcar.bmwgroup.com/de/art-car/video/robert-rauschenberg-bmw-635-csi-1986-1343-228889.html (zuletzt abgerufen am 8. Juli 2022)

Handelt es sich bei Kunst um ehrliche Arbeit?

Grischka Petri: Whistler gegen Ruskin. Zweihundert Guineen für einen Topf Farbe, in: *Kunsthistorische Arbeitsblätter* 5/2003, S. 29–40

Was ist der Unterschied zwischen einer Galerie und einem Museum?

Eileen Kinsella: Almost Half of All U. S. Museums Focus Primarily on Just Four Percent of Contemporary Artists, According to a New Study, https://news.artnet.com/art-world/new-ubs-study-finds-four-percent-of-star-artists-2125323 (zuletzt abgerufen am 8. Juli 2022)

Kolja Reichert: Die Geld-Kunst. Streitgespräch mit Esther Schipper, Amadeo Kraupa-Tuskany, Isabella Bortolozzi, Marc Spiegler, in: *Frankfurter Allgemeine Sonntagszeitung* 23/2018

Brian O'Doherty: *In der weissen Zelle /Inside the White Cube*, hrsg. v. Wolfgang Kemp, Merve Berlin 1996

Warum kosten nicht alle Kunstwerke gleich viel?

Kolja Reichert: Der Faktor Willkür, in: *Der Tagesspiegel*, 9. Februar 2012

Kolja Reichert: Der Staubsauger-Effekt, in: *Frankfurter Allgemeine Quarterly* 3/2019, S. 140–150

Wie verrückt ist der Kunstmarkt?

Dirk Boll: *Was ist diesmal anders? Wirtschaftskrisen und die neuen Kunstmärkte*, Hatje Cantz Ostfildern, 2020

Kolja Reichert: Der Staubsauger-Effekt, in: *Frankfurter Allgemeine Quarterly* 3/2019, S. 140-150

Art Basel Market Report 2019, https://www.artbasel.com/about/initiatives/the-art-market (zuletzt abgerufen am 8. Juli 2022)

Kolja Reichert: Die Drift nach oben, in: *Frankfurter Allgemeine Sonntagszeitung* 23/2019, S. 36

Chase Peterson-Withorn: *Forbes' 36th Annual World's Billionaires List: Facts and Figures 2022*, https://www.forbes.com/sites/chasewithorn/2022/04/05/forbes-36th-annual-worlds-billionaires-list-facts-and-figures-2022/ (zuletzt abgerufen am 8. Juli 2022)

Andreas Koefoed: *The Lost Leonardo*, Sony Pictures, 23. Dezember 2021

Art Basel Market Report 2022, https://www.artbasel.com/about/initiatives/the-art-market (zuletzt abgerufen am 8. Juli 2022)

Wie kriminell ist der Kunstmarkt?

Sam Knight: The Bouvier Affair. How an art-world insider made a fortune by being discreet, https://www.newyorker.com/magazine/2016/02/08/the-bouvier-affair (zuletzt abgerufen am 8. Juli 2022)

Stefan Koldehoff, Tobias Timm: *Kunst und Verbrechen*, Galiani, Berlin 2020

Giorgina Adam: Dark Side of the Boom: *The Excesses of the Art Market in the Twenty-First Century*, Lund Humphries Publishers Ltd 2018

Lohnt sich Kunstraub?

Jake Halpern: The French Burglar Who Pulled Off His Generation's Biggest Art Heist, 7. Januar 2019, https://www.newyorker.com/magazine/2019/01/14/the-french-burglar-who-pulled-off-his-generations-biggest-art-heist (zuletzt abgerufen am 8. Juli 2022)

Stefan Koldehoff, Tobias Timm: *Kunst und Verbrechen*, Galiani, Berlin 2020

Wie groß ist die Kunstwelt?

Arthur C. Danto: Die Kunstwelt. In: *Deutsche Zeitschrift für Philosophie*, 42 Jg. (1994), S. 907–919

Lena Graefe: Entwicklung der Besuchszahlen in deutschen Museen von 1998 bis 2019, https://de.statista.com/statistik/daten/studie/37304/umfrage/besuchszahlen-in-deutschen-museen-seit-1998/ (zuletzt abgerufen am 8. Juli 2022)

Lena Graefe: *Kunstmuseen weltweit in den Jahren 2019 und 2020 nach Anzahl der Besucher* https://de.statista.com/statistik/daten/studie/217825/umfrage/besucherstaerkste-kunstmuseen-weltweit/ (zuletzt abgerufen am 8. Juli 2022)

Art Basel Market Report 2021, https://www.artbasel.com/theartmarket2021 (zuletzt abgerufen am 8. Juli 2022)

Lässt sich über Geschmack streiten?

Franz Schultheis: *Kunst als Passion. Lebenswege in eine Welt für sich*, Walther König Köln 2018

Jürgen Habermas: *Strukturwandel der Öffentlichkeit*, Frankfurt am Main Suhrkamp 1990

Sind NFTs Kunst?

Kolja Reichert: Krypto-Kunst, Wagenbach, Berlin 2021

Wozu braucht man Originale?

Wolfgang Ullrich: Raffinierte Kunst, Wagenbach, Berlin 2009

Was ist wichtiger: Kunst oder Soziales?

Statistische Ämter des Bundes und der Länder: Kulturfinanzbericht 2020, https://www.destatis.de/DE/Themen/Gesellschaft-Umwelt/Bildung-Forschung-Kultur/Kultur/Publikationen/Downloads-Kultur/kulturfinanzbericht-1023002209004.pdf?__blob=publicationFile (zuletzt abgerufen am 8. Juli 2022)

Warum sind viele Texte über Kunst so unverständlich?

John Berger: Woandershin. Farben – Kunst – Porträts, hrsg. v. Hans Jürgen Balmes, Wallstein 2019

John Berger: Sehen: Das Bild der Welt in der Bilderwelt, Fischer 2016

Was ist in der Kunst alles erlaubt?

Sandra Frimmel (Hg.), Mara Traumane (Hg.): Kunst vor Gericht. Ästhetische Debatten im Gerichtssaal, Matthes & Seitz, Berlin 2018

Wie frei ist die Kunst?

Jörg Schaub: Aesthetic freedom and democratic ethical life: A Hegelian account of the relationship between aesthetics and democratic politics, in: Wiley. Eur J Philos. 2019; 27:75–97; https://onlinelibrary.wiley.com/doi/full/10.1111/ejop.12403

Juliane Rebentisch: *Die Kunst der Freiheit. Zur Dialektik demokratischer Existenz*, Suhrkamp 2011

Friedrich Schiller: *Von der ästhetischen Erziehung des Menschen*, Suhrkamp, Frankfurt am Main 2009

Gibt es böse Bilder?

Zit. Nach Alex Greenberger: ›The Painting Must Go‹: Hannah Black Pens Open Letter to the Whitney About Controversial Biennial Work, https://www.artnews.com/artnews/news/the-painting-must-go-hannah-black-pens-open-letter-to-the-whitney-about-controversial-biennial-work-7992 (zuletzt abgerufen am 8. Juli 2022)

Calvin Tomkins: Why Dana Schutz Painted Emmett Till, https://www.newyorker.com/magazine/2017/04/10/why-dana-schutz-painted-emmett-till (zuletzt abgerufen am 8. Juli 2022)

Klaus Speidel: Dana Schutz's »Open Casket: A Controversy around a Painting« as a Sympom of an Art World Malady, https://www.spikeartmagazine.com/?q=articles/dana-schutzs-open-casket-controversy-around-painting-symptom-art-world-malady (zuletzt abgerufen am 8. Juli 2022)

Kolja Reichert: Es lebe die Kunst! Nur welche? Und warum?, in: *Frankfurter Allgemeine Zeitung* vom 8. Mai 2017

Kolja Reichert: Für Erklärungen war die Situation zu explosiv, Interview mit Sam Durant, in: *Frankfurter Allgemeine Zeitung* vom 21. Juni 2017

Claas Oberstadt, Tobias Timm: Vor den Augen der Welt, *Die Zeit* Nr. 26/2022, 23. Juni 2022

Tobias Timm: Künstlerkollektiv Taring Padi: »Unser Thema ist Klasse, nicht Rasse«, *Die Zeit* Nr. 28/2022, 7. Juli 2022

A. Dirk Moses: Die documenta15, Indonesien und das Problem geschlossener Welten, https://geschichtedergegenwart.ch/die-documenta15-indonesien-und-das-problem-geschlossener-welten/ (zuletzt abgerufen am 4. August 2022)
Michael Rothberg zur Documenta: »Antisemitismus als Bumerang-Effekt«, https://www.berliner-zeitung.de/kultur-vergnuegen/antisemitismus-als-bumerang-was-die-documenta-debatte-verschleiert-li.243351 (zuletzt abgerufen am 4. August 2022)

Dank

DFG Forschungskolleg BildEvidenz, Karin Graf und Joachim Sartorius, Künstlerhaus Schloss Balmoral, Arno Brandlhuber, Anja und Christian Posthofen, Arp Museum Rolandseck.

Der Tagesspiegel, *Frankfurter Allgemeine Zeitung*, *Die Welt*, *Die Zeit*, *Spike Art Magazine*, *Monopol*, *Weltkunst*, *Art*, Bundeskunsthalle.

María Inés Plaza Lazo, Heiner Franzen, Heinrich Dunst, Chus Martínez, Ingo Niermann, Sebastian Lehmann, Albrecht Pischel, Christoph Sehl, Maria Thereza Alves.

Zum Gedenken an Jimmie Durham (1940–2021)